中外杰出人物主题阅读丛书

主　编　缪进鸿
执行主编　李　辉

有志者事竟成

李　辉　缪德民
卓　勇　钱伟刚　编写

商务印书馆
创于1897　The Commercial Press
2014年·北京

图书在版编目(CIP)数据

有志者事竟成/缪进鸿等编.—北京:商务印书馆,2011(2014.10重印)
(中外杰出人物主题阅读丛书)
ISBN 978-7-100-07411-7

I.①有… II.①缪… III.名人—生平事迹—世界 IV.①K811

中国版本图书 CIP 数据核字(2010)第 190662 号

所有权利保留。
未经许可,不得以任何方式使用。

YǑU ZHÌ ZHĚ SHÌ JÌNG CHÉNG
有志者事竟成

李 辉 缪德民
卓 勇 钱伟刚　编写

商 务 印 书 馆 出 版
(北京王府井大街36号 邮政编码100710)
商 务 印 书 馆 发 行
北京市白帆印务有限公司印刷
ISBN 978-7-100-07411-7

2011年8月第1版　　开本 787×960　1/16
2014年10月北京第2次印刷　印张 15½
定价:29.00元

序 言 一

王梓坤

青少年时代往往是梦想的时代，他们可能多次想象着自己的未来：成为科学家还是文学家？政治家还是艺术家？或许可以当个医生？当然，做个发明家也很好。

面对成才这一最普通最重要的人生课题，我们首先会联想到那些杰出人物的成才经历。他们是人类的精英，是社会文明和进步的先觉者、开拓者，每位杰出人物都是一部让我们读解不尽、获益无穷的"宝书"，他们的人生旅程和奋斗经历，是许多年轻人极感兴趣的话题。

因此，很多人都爱读名人传记。的确，人生需要阅历。而当你披览名人传记时，你就经历着不止一个人的，而是很多人的生活阅历。这样，在自己的生活经验之上又添加了别人的经验，从而能打破时空的局限，在未来的人生道路上如鱼得水、左右逢源。尤其重要的是，别人的生活经历对你很可能有着极大的启示呢！

当然，由于各人所处的时代不同，社会制度不同，成功的内在因素和外部条件也不同。在他们之中，除少数天才者外，大多是靠着勤奋取得成功的。达尔文为写《物种起源》，付出了二十多年的艰苦劳动和思考；道尔顿连续50年，坚持每天记录天气情况，直至他心脏停止跳动之前几小时；居里夫人为了提炼元素镭，与丈夫在一间破棚里连续工作了4年；李时珍为了研究某些植物的药性，广泛地向老农、渔夫、樵夫、铃医请教，足迹遍及太和山、大别山、茅山、伏牛山等地，积累了丰富的第一手资料……

也有一些成功人物，先天条件并不好，但他们克服了重重艰难险阻，最终登上了辉煌的峰顶。爱因斯坦小时候智力平平；安徒生是一个鞋匠与洗衣妇的儿子；狄更斯出身贫寒，儿时当过童工；法拉第是铁匠的儿子，自己曾是学徒；马克·吐温生来体弱；开普勒终生被病魔缠身；范仲淹自幼失怙，杜甫终生贫苦；契诃夫一生不幸。然而，他们最终成为事业上的"大家"，这正好印证了孟子的话："天将降大任于斯人也，必先苦其心志，劳其筋骨，饿其体肤，空乏其身，行拂乱其所为。所以动心忍性，增益其所不能。"

事实上，无数成功人士也曾和我们一样默默无闻，但真正使他们走向成功的是远大的志向、不懈的努力、坚毅的品性、过人的胆略与执著的勇气，这使他们熬过了人生的严冬，迎来了生命的春天。

本丛书既是高级科普作品，又是人才学研究的力作。丛书主编缪进鸿先生十余载研究比较人才学，他和他的合作者以惊人的毅力和多年的辛勤，从世界范围内筛选出最优秀的政治领袖、军事统帅、思想宗师、科学英杰、发明大家、文学泰斗、艺坛巨擘、名家名流一百六十余名，把他们的成长经历，写成一个个"小传"。本丛书选取成才的各重要因素作为不同阅读主题。在写作过程中，作者既要重点显示与每本书的阅读主题有关的因素，又要给人以"饱满"的人物形象，这就很容易把人物的"小传"写成一篇篇枯燥乏味的故事梗概。但我们眼前这套书所涉及的人物，既有一般性的介绍，也截取一些精彩的特写镜头，来勾画人物一生的轮廓及思想、成就。多数人物故事情节生动、语言精练，有新思想、新观点，令人读来兴趣盎然，大都能留下完整而深刻的印象。

希望读者能从中看到每一杰出人物的成才轨迹，看到他们如何一步步走向成功，从中感受到他们百折不回的顽强奋斗精神，探求他们成才的"秘诀"，并从中获得激励和启示。

王梓坤 2009.4.1

（王梓坤，中国科学院院士，北京师范大学原校长，数学家）

序 言 二

顾明远

　　最近大家都在讨论钱学森之问,为什么现在我们的学校总是培养不出杰出人才来?要回答这个问题并不是太容易。这是一个复杂的、带有系统性的社会问题。有文化传统的问题,也有社会环境问题,有教育制度问题,也有劳动人事制度问题等因素的制约。

　　单从教育来讲,现在我国的基础教育的最大弊端是不培养学生的兴趣爱好,不培养学生智慧能力,而是培养学生成为应付考试的机器。这个弊端人人都看见,人人都痛恨,但就是改变不了,也不愿意去改变。为什么?我只举一个例子,大家都可以明白。2007年11月我在成都市参加青羊区减轻学生学业负担座谈会,参加会议的有老师、有学生、有家长。大家都谈了减轻学生学业负担的看法。最后要我说点意见。我就说,要减轻学生的学业负担,首先老师有责任,要把每堂课都上好,让每个学生都听懂学会,这样就可以少布置课外作业;其次家长有责任,学校减少了作业,家长不要给学生加码,现在许多家长把孩子送到补习班学习,周末也不得休息,增加了学生的负担。我说:"我最讨厌奥数班,人人学奥数,这是摧残人才。"话音刚落,一位小学生就举手发言,他说:"顾爷爷,你说讨厌奥数班,但我们不上奥数班就上不了好的初中,上不了好的初中就考不上好的高中,上不了好的高中就考不上好的大学,上不了好的大学,将来就找不到好的工作,我们怎么养家糊口啊?"这样的话出于一个十来岁的孩子之口,真是又可笑又可悲。但它反映了中国社会的现实。可见教育要改革又何其之难！

但是教育并非无能为力。教育，特别是基础教育，要敢于冲破传统观念，改革培养模式和方法，对于人才的培养是至关重要的。

冲破什么传统观念？最主要的是人才观、成才观。什么样的人是人才？广义来讲，只要有社会责任心，有一定工作能力，勤奋努力，为社会作出一定贡献的都是人才。但人才是有层次的，杰出的人才只有极少的人才能达到，是人才中的精英。教育要找出培养一般人才和杰出人才的平衡点，就是要坚持公平而有差异的教育原则。所谓教育公平，从最终的结果来讲，就是使每个人通过教育都得到充分的发展。但人的天赋、生长环境是不同的，只有根据每个人的不同特点施以不同的教育，也即因材施教，才能使每个人的潜在能力得到充分发展。所以，公平和差异既是矛盾的，又是统一的。如果不顾学生之间的差异，施行同一种固定模式的教育，这对学生来讲是最大的不公平。可是我们现在的教育却违背了这条规律。每个家长都认为自己的孩子是天才，都想把他（她）培养成精英。但是事与愿违，结果却是增加了学生的负担，伤害了学生的学习兴趣和积极性，个人的特长得不到充分发展。这使我不由得想起八十多年以前鲁迅在北京师大附中的一次演讲，叫《未有天才之前》。他在演讲中讲："天才并不是自生自长在深林野里的怪物，是由可使天才生长的民众产生。"又说："在要求天才的产生之前，应该先要求可以使天才生长的民众。——譬如想有乔木，想看好花，一定要有好土，没有土就没有花木了；所以土实在较花木还重要。"当时鲁迅在师大附中讲话的那一年，钱学森正在附中读书，钱学森正是在使天才生长的民众中产生出来的。我们的中小学不可能使每个学生都成为天才，但要有使天才生长的土壤。

要改革培养模式和方法。现在的培养模式是知识的填鸭式，而不是因材施教，不是启发式。成才之路是不是知识学习得越多越好，是不是考试分数越高越好？事实证明并非如此。成才需要有综合的条件，也就是说泥土中要有多种养分，花木才能生长得好。教育最重要的是设计学生成长的环境，指导他（她）主动地、积极地学习。我总觉得，培养学生的兴趣是基础教育最

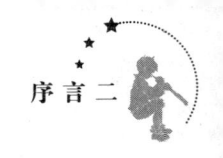

最重要的。没有兴趣就没有学习，恐怕可以说是颠扑不破的真理。如果学生较早地对某个学习领域有了兴趣，再加上勤奋努力，有克服困难的毅力，我想他将来就能成才。因此，基础教育培养学生的学习兴趣和爱好，培养他们的自尊心、自信心、自强心、责任心，培养他们克服困难的意志和毅力是十分重要的。

  以上的议论是我在看到《中外杰出人物主题阅读丛书》以后想到的。这套丛书是在缪进鸿教授主持的比较人才学研究团队中产生的。缪进鸿教授上世纪50年代至80年代在浙江大学和浙江省高教厅工作，退休以后有感于培养杰出人才的重要，开始从事比较人才学的研究。他从90年代初开始就对我国太湖地区和英国苏格兰地区三百年来的杰出人物作比较，因为这两个地域都是这两个国家人才辈出的地方，后来又扩大到对古今中外杰出人物的研究。他收集了大量史料，阅读了几千名中外各类杰出人物在百科全书上的有关条目，他们的传记、年谱、回忆录等资料；构建了26个中外杰出人物群体，如思想家与哲学家、政治家、军事人物、实业家、数学家、物理学家、化学家与化工专家、地学家与探险家、旅行家、生物学家、医学家与医家、农学家、工程技术专家与发明家、教育思想家与教育家、文学家、史学家与考古学家、音乐家、美术家、表演艺术家、新闻工作者等的相互比较研究模式；建立了有三百多项参数的数据库；归纳出大约一百个需要和可以相互比较的项目；分析了影响杰出人物成长的各种因素、他们个人的品质等，研究杰出人物成长的经历，探索人才成长的轨迹。目前缪进鸿教授正在撰写两套丛书，一套是《中外杰出人物比较研究丛书》，一套是《中外杰出人物主题阅读丛书》。前者属于学术专著性质，初步规划有八册；后者是科普读物，以面向中学生为主，由商务印书馆出版发行，一共有六册，书名分别为《兴趣是最好的老师》《自古英杰多磨难》《有志者事竟成》《贵在持之以恒》《勤奋是成功之母》及《机遇垂青有准备的人》。我读到的是第一册《兴趣是最好的老师》，刚好与我提倡的"没有兴趣就没有学习"的命题合拍。记得我在二十多年前为北师大学生刊物写过一篇小文章《兴趣加勤奋——成才之诀》。我觉得兴趣是学习最大的动力，古今中外杰出人物都是在年幼时对某种事物感兴趣，然后立志从事它，并克服种种困难而最后获得成功的。其他几本书，从书名就可以了解，都是讲杰出人物在成长过程中遇到的故事。这六本集子连接起来，正好说明杰出人物成长的规律。

这套丛书不是枯燥的说教，而是讲述杰出人物成长的故事，有史实、有情节，非常有可读性。这些内容，学生读了会有榜样作用，知道自己该立什么志向，如何对待人生，如何培养学习的兴趣，如何克服困难，执著追求，努力成才；老师读了会得到启发，知道怎样培养学生的兴趣爱好、信念意志，怎样帮助学生克服困难；家长读了会明白孩子最需要的是什么，怎样为孩子成长提供最适合的环境和条件。

最后我还想说几句，缪进鸿教授团队做这件事是十分严肃认真的，绝不同于一般的流行书籍，随便抓几个例子，说一通空话。他们这六本集子，只是他们研究成果的一部分。我和缪进鸿教授相识已二十多年，他开始研究比较人才学就和我讨论过，我觉得很有意义，但也很困难。他不断地把研究成果寄给我，不仅使我学到许多知识，而且越来越感到他的研究课题的重要。这个课题今天显得尤为重要。我们要建设人力资源强国、创新型国家，就需要培养一批杰出创新人才，就需要研究人才成长的规律。我非常佩服缪进鸿教授的远识卓见，佩服他的执著，也感谢他们的团队辛苦的劳动，他们收集了大量资料，作了科学的分析处理，其工作量是巨大的。其成果是为我们青少年的教育，为杰出人才的成长作出的一大贡献。

2010年元月9日于北京求是书屋

（顾明远，中国教育学会会长，北京师范大学教授）

目 录

导　读　1

开普勒——一个为天空"立法"的人　5
  不幸的童年与学生时代　5
  艰难而伟大的会面　7
  "天空立法者"　8
  尾声——哥白尼体系的最终胜利　11

赫　兹——一个用实验验证电磁波并从而确证麦氏理论的人　13
  弃工学理　13
  天才初显　15
  "曲径通幽"　16
  电磁理论的确立　18

普朗克——一个以伟大的创造性观念改变物理世界的人　21
  艰难的选择　21
  坚定地走向目标　22
  "不情愿的革命者"　24
  捍卫真理，捍卫正义　25
  伟人垂暮　27

居里夫人——一个"唯一没有被盛名宠坏的人"　29
  不幸的童年　29

- 家庭女教师　　30
- 求学巴黎　　31
- 镭的诞生　　33
- 享誉世界　　36

玻　尔——一个被誉为"复活的苏格拉底"的人　　38

- "我要当物理学家"　　38
- 天才思想　　39
- "哥本哈根精神"　　42
- 科学卫士　　44

费　米——一个被誉为"中子物理学之父"的人　　47

- 少年立志　　47
- "希望之星"　　48
- 第一座原子反应堆　　50
- 蘑菇云下看未来　　53

门捷列夫——一个完成了一项"科学勋业"的人　　55

- 童年　　55
- 大学生活　　57
- 从中学老师到大学教授　　57
- 门捷列夫周期律　　60
- 伟大的预言　　62

摩尔根——一个被誉为"现代遗传学之父"的人　　64

- 学习生涯　　64
- 走上研究之路　　66
- "果蝇实验室"　　67
- 一个平等自由的研究团体　　71

张 衡 ——一个"约己博艺，无坚不钻"的人　74

- 好学少年　74
- 游学长安、洛阳　75
- 天文学成就　77
- 浑天仪与地动仪　78
- 全面发展的科学家　80

钱学森 ——一个被誉为"中国导弹之父"的人　82

- 聪慧少年　82
- 立志报国　84
- 赴美深造　85
- 火箭专家　87
- 两弹一星　88

培 根 ——一个被誉为"现代实验科学的真正始祖"的人　93

- 智力早熟的少年　93
- 走上学术之路　95
- 是政客，更是科学家　97
- "科学之光"　98

笛卡尔 ——一个被誉为"近代哲学之父"的人　101

- 爱动脑筋的学生　101
- 三个梦改变了他的一生　103
- "我思故我在"　105
- 多方面贡献　107

朱 熹 ——一个集宋明理学之大成的人　109

- 立志要做圣人　109
- 做官清正有为　110

- 推行理学，不遗余力　　112
- 哲学思想　　113
- 一代儒学宗师　　115

王守仁——一个集"心学"之大成并开创阳明学派的人　　118

- 少年求学　　118
- 龙场悟道　　120
- 仕途坎坷　　122
- 阳明心学　　124

伏尔泰——一个被誉为"法兰西思想之王"的人　　127

- 立志做一个诗人　　127
- 巴士底狱的囚徒　　129
- 在英国的岁月　　130
- 大半生的漂泊　　131
- 知识分子的良心　　134

歌 德——一个无与伦比的一代文化巨人　　136

- 童年与求学　　136
- "狂飙突进"　　138
- 魏玛"练政"　　139
- 时势造英雄　　141
- 千古风流　　142

巴尔扎克——一个用笔竟拿破仑之功的人　　145

- 被压抑的童年　　145
- 风雨十年　　146
- 高度浓缩的20年　　149
- 《人间喜剧》——文学史上的丰碑　　150

雨 果 ——一个被称为"法兰西的莎士比亚"的人　154

- 初露锋芒　154
- "我要成为夏多布里昂"　156
- 流亡生涯　157
- 晚年时期　158
- 永世辉煌　159

果戈理 ——一个奠定俄罗斯现实主义文学基础的人　163

- 幻想少年　163
- 初露锋芒　165
- 走向辉煌　166
- 巨星陨落　168

屠格涅夫 ——一个善于用小说把握时代脉搏的人　171

- 反叛少年　171
- "找出自己的道路"　173
- "流放者的耳房"　174
- "艺术编年史"　175

托尔斯泰 ——一个出身贵族却怀揣平民心的大文豪　179

- 一个纯真而胆怯的少年　179
- 大学时代　181
- 牛刀小试　182
- 进入世界文豪之列　184

韩 愈 ——一个被苏轼誉为"文起八代之衰"的百代文宗　188

- 幼年依寡嫂　188
- 坎坷求仕路　190
- 文起八代之衰　192

韩笔惊今古　194

辛弃疾——一个集大词家和干臣于一身的人　196

- 少小有大志　196
- 率众归宋营　198
- 在朝为干臣　199
- 下野称词宗　201

王安石——一个集文学家与政治改革家于一身的人　204

- 少小立远志　204
- 变法图自强　206
- 得失难定论　208
- 文章飘异香　211

商博良——破解古埃及的第一人　213

- 语言天才　213
- 痴迷古埃及　215
- 埃及学之父　217

莫奈——一个开启人类感官和表达史上新纪元的人　220

- 立志绘画　220
- 巴黎沙龙画展　222
- 用画笔来留住光　223
- 光的神殿　225

王羲之——一个被后世尊为"书圣"的人　227

- 王谢子弟　227
- 勤习苦练　228
- 儒雅风流　229
- 兰亭集序　231
- 书圣千古　232

导　读

　　王安石在《游褒禅山记》里写道："世之奇伟瑰怪非常之观，常在于险远，而人之所罕至焉，故非有志者不能至也。"王安石的这句话含有两重意思：一是志在"奇伟瑰怪非常之观"，一是有志者才能达到。前一个"志"是目标或方向，后一个"志"是意志和决心。两者缺一，都不可能到达成功的彼岸。

　　人生之路亦如此。古今杰出人物之所以成功，必先有一个自己欲达到之目标。目标的作用，概而言之，有如下两点：

　　第一，目标给人以方向。在学习的道路上，一定要瞄准方向，这样才能把学习引向深入。否则，就会漫无目的地乱碰，到头来一事无成。考察古今中外，凡成功者，大都如此。

　　生物进化论最早提出者拉马克早年志向未定，他的父亲希望他长大后当牧师，他的哥哥则劝他学医，而他自己却喜欢气象学，后来又想当金融家，不久又爱上了音乐。直到24岁时，他偶然遇到法国著名思想家卢梭，从此走上了科学研究的道路。拉马克花了整整11年的时间，系统地研究了植物学，写出了名著《法国植物志》。在他50岁时，开始研究动物学，此后，他献身动物学长达35年时间，成为一位著名的博物学家。

　　第二，目标给人以力量。古往今来，任何成大事业者都有一番艰苦奋斗的经历，而他们之所以乐于苦斗，无不是因为受到远大目标的鼓舞。18世纪电灯的发明家富兰克林，少年时卖过报，当过学徒，只上过两年学。他有一个信念："我们从别人的发明中享受了很大的利益，我们也应该乐于有机

1

会以我们的任何一种发明为别人服务；而这种事我们应该自愿地和慷慨地去做。"用自己的发明自愿地、慷慨地为别人服务——正是这个崇高的志向给了他无穷的动力，使他在科学上为人类作出了伟大的贡献。

但是，目标需要进行选择。选择的依据是外部条件和自身的兴趣与能力。外部条件包括社会的需要、科学技术发展的程度、实验设备、图书资料等。目标的选择应遵守如下原则：

1. 需要。目标的确定要考虑需要，不同的方向有不同的需要。如果你要想在技术上有所发明，则应考虑社会的需要；如果想在科学研究上有所突破，则应考虑科学发展的需要；而搞学术研究者，则应考虑学术本身的需要；如果你的目标是文学艺术，则应考虑人们的审美和情感需要等。不考虑需要，目标不可能实现，实现了也不被社会承认。当然，在历史上，无论学术思想或审美情趣，超前者亦有，这些人可能被后世所称许，但当时得不到人们的认可，也是一种遗憾。

2. 可行。你的目标应该是可行的，就是说，你经过努力是能够达到的。所以，要有自知之明。自视过高，提出一些不切实际的目标，只能是劳而无功，终成画饼；当然也不可妄自菲薄，把目标定得太低，这同样是做不出什么成就来的。为此，就要对自己的能力有一个准确的判断，从而确立你的奋斗目标。每个人的天赋都不是全面的，在甲方面表现笨拙，在乙方面却可能是天才。

达尔文认为自己在理解力、机智、抽象思维、记忆力及数学方面平平，但在"那些容易被人忽略的事物，并且对它们作细致的观察"方面，却有着过人之处。正是达尔文能正确认识自己的长处和短处，选准目标，才得以取得划时代的成就。迈克尔逊青年时入海军学校，学习成绩很差，最后学校不得不把他开除。但他对物理实验却表现出非凡的才能。经过长期孜孜不倦地苦心钻研，在实验物理方面不断攀登一个又一个高峰，终于做出被称为"迈克尔逊光学实验"的伟大创举，为相对论奠定了实验基础，成为美国第一个获得诺贝尔奖的人。

3. 兴趣。古今中外，大凡成功者，多是对某些事物有着极其强烈的兴趣。一旦对某一问题产生了兴趣，其所激起的学习和探索的力量是无穷的。它会转化为不竭的动力和顽强的毅力，使得你能在艰苦的环境中而不觉其苦，并执著追求，百折不挠。兴趣可以使达尔文把甲虫放进嘴里，使舍勒去尝氢氰酸，使爱因斯坦忘记自己的家门，使陈景润头碰电线杆而不自知……在科学史上，由于兴趣而取得成功，从成功中又获得最大乐趣的人比比皆是。

开普勒在发现行星运动第三定律时，喜不自胜："……认识到这一真理，这是超出我的最美好的期望。大功告成，书已写出来了，可能当代就有人读它，也可能后世才有人读，甚至可能要等待一个世纪才有读者，就像上帝等了六千年才有信奉者一样。这我就管不着了。"兴奋之情，溢于言表。

在证明了可以用牛痘接种法使人们不受天花感染时，詹纳兴高采烈，得意洋洋："我想到我命里注定要使世界从一种最大灾难中解脱出来时……我感到一种巨大的快乐，以致有时沉醉于某种梦幻之中。"巴斯德和贝尔纳甚至认为这是"人类所能感到的一种最大的快乐"。

当然，社会是复杂的，现在社会更是变化无穷。我们自己的能力和兴趣也在变化。所以，当你苦心孤诣而毫无成功的希望时，不妨冷静思考一下，重新选择突破口，及时调整自己的目标，从现实中踏出一条新路来。

可能很多人在入学之初，就萌发了志向，开始勾画朦胧而美好的理想蓝图。然而，并不是每个人都能把志向付诸实施，很多人经不起困难和挫折的磨砺，或半途而废，或浅尝辄止。成功人物的经验表明，只有那些意志坚强、事业心强、能适应各种社会压力、经受各种磨难的人，才有可能攀登光辉的峰顶。也就是说，成功除需要目标外，还需要意志和决心。

少年时代的徐霞客，便立下遍游祖国名山大川和探索长江源头的宏愿。22岁时，他辞别老母和新婚的妻子，踏上了远游的征途。从那年起，到56岁生命的终结，整整34年间，他拄一根手杖，携一床被褥，攀险峰，涉危涧，饥啖野果，渴饮清泉。为了探索大自然的奥秘，他走遍大半个中国，写出著名的《徐霞客游记》，开辟了系统观察自然、探索自然的新方向，在世界地理史上占据了一个重要位置。

巴尔扎克之所以成为艺术大师，除法国19世纪上半叶这一极具典型意义的时代为他提供了素材与自己的才能外，他始终怀有一个明确的目标——做文学上的拿破仑。为了实现这一目标，他持之以恒，百折不挠。在不到二十年的时间里，居然写出近百部相互关联的小说。这是伟大艺术家的气魄，更是一个伟大人格的实现。

本书所述27个杰出人物的成功经历，向我们昭示了一个真理："古之立大事者，不惟有超世之才，亦必有坚忍不拔之志。"（苏轼语）而那些胸无大志，浑浑噩噩，走一步算一步的人，是决然没有什么前途，更不要说事业上的成功了！

（李辉）

★ 开普勒

——一个为天空"立法"的人

托勒密[①]"地心说"理论统治了人类思想达1500年之久，直到伟大的哥白尼"日心说"问世，才逐渐动摇了它的根基。伽利略以大量观测材料为依据，揭示了托勒密体系的矛盾百出，并令人信服地证明，哥白尼体系具有无可比拟的优越性。但他的证明，毕竟是间接的，而且行星的"真实轨道"尚需考证。另外，哥白尼体系还残留着托勒密体系的若干成分，没有完全摆脱匀速圆周运动及本轮、偏心圆的设计。最终，承哥白尼事业之功，揭开行星运动之谜的是不朽的德国天文学家约翰·开普勒。

不幸的童年与学生时代

1571年12月27日，开普勒（Johannes Kepler，1571～1630）出生于德国符腾堡魏尔市的一个小市民家庭。他一来到人世间就遭遇了许多不幸。他的父母亲感情不好。在开普勒出生三年后，父亲就离家去尼德兰，帮助西班牙统

[①]托勒密（Claudius Ptolemaeus），古希腊著名天文学家，集古代天文学之大成，创立了系统的地球中心学说。

治者镇压人民的暴动。不久，他的母亲就将开普勒丢给祖父，自己找丈夫去了。

童年的开普勒，体弱多病。他是个早产儿，在4岁那年得了一次天花，差点夭亡，后来落了一脸麻子。他的视力很差，这使他看到的图像只能是重叠而模糊不清的。他的身体状况给他的学习和生活带来很多不便，但开普勒是一个有着强烈求知欲和坚定意志的人，他凭着坚强的意志和聪明才智，如饥似渴地学习着各方面的知识。

少年时期，开普勒曾在阿德尔格的毛尔布龙的修道院附属学校预备学习，并取得了优异成绩。1589年9月17日，不满18周岁的开普勒获得了符腾堡公爵奖学金，并作为奖学金生进入了德国著名的图宾根神学院。在图宾根神学院，天资聪颖、善于思考的开普勒，每门功课的成绩都是最优异的，他对哲学尤其感兴趣。对开普勒影响最大的大学老师是麦斯特林教授，他精通哥白尼的天文学理论，并把该学说作为一种数学假说介绍给自己的学生，还告诫他们要把天文学中纯数学的论点和物理验证结合起来。由此，开普勒心中种下了改革天文学理论并发展新天文学的种子。

1594年，开普勒还没有结束图宾根神学院的学习，就接到了到格拉茨教会学校担任数学教授的任命。在那里，他一边从事教学，一边开始了编制年历的工作。

当时的历书上有图、有表，老百姓都很喜欢。每年出版时，人人都很兴奋，都以特殊的兴趣阅读有关收获、气象、灾情、政治事件的预报。最初，开普勒很不喜欢这种带有"占星术"性质的历书，但他相信星宿对地球上的事情尤其天气的变化有影响。他预言1595年冬季会出现少见的奇寒天气和土耳其的侵袭，这两者都应验了。这使开普勒出了名。

这并没有使开普勒摆脱家庭的不幸和反宗教改革带来的灾难。1596年4月27日，开普勒与一位磨坊主的女儿巴尔巴拉结了婚，本想从此生活有了保障。但没有料到的是，在他婚后两年内接连失去了一个儿子和一个女儿。他们都是出生后没有几个星期就夭亡了。

就在开普勒处在痛苦之中时，他被丹麦大天文学家第谷·布拉赫邀请到布拉格去一起研究天文学。第谷当时在布拉格鲁道夫二世国王宫廷任职。开普勒欣然接受第谷的邀请，于1600年携眷来到布拉格，成为第谷的助手。

开普勒
——一个为天空"立法"的人

△ 捷克首都布拉格街头的第谷和开普勒雕塑

艰难而伟大的会面

开普勒和第谷的会面乃是科学史上最重大的事件。这两位个性迥异的天文学家的相会标志着近代自然科学两大基础——经验观察和数学理论的结合。没有第谷的观察,开普勒就不可能改革天文学;而如果没有开普勒,第谷的观察资料可能就是一堆废纸。

1600年2月,开普勒应第谷之邀,来到了布拉格。当第谷听到开普勒到来的消息时,真是喜出望外。在此后的三个多月里,开普勒和第谷朝夕相处,共同研究他们感兴趣的问题。

四个月后,开普勒返回了格拉茨,非常想与开普勒继续合作的第谷去要求皇帝下一道令:命令开普勒在布拉格居住两年。这样第谷就可以和开普勒一起完成行星理论的研究和出版工作。开普勒回到格拉茨后,却不曾想遭到了天主教的迫害。那时,反宗教改革的浪潮达到顶点。在被宣布永远放逐的几千名市民和官员中,开普勒也在其中。

开普勒获悉放逐令后,将他的困境告诉了第谷。第谷马上要他尽快赶到布拉格,因为皇帝至少已在口头上同意任用开普勒。就在带着全家前往布拉格的途中,开普勒染上了疟疾,整日发高烧。同时,他的经济状况由于被放逐而日益窘迫。

正在开普勒贫病交加之时,又是第谷伸出友谊之手。第谷在以极大的努力帮助开普勒家庭的同时,还筹划了一项大规模的计划——和开普勒一起着手大规模的天文计算工作。这项工作是确定行星的运行,为了尊崇皇帝,它被命名为《鲁道夫星行表》。开普勒成为第谷的一名得力助手。

不幸的是,1601年10月24日,第谷在短期病重后意外逝世。临终前,他将开普勒选定为他的科学遗产——二十多年观测资料的继承人。开普勒知道,他应该怎样感激这位天文学家以及和这位大研究者的科学遗产联结在一起的那项任务的重大。

"天空立法者"

开普勒和哥白尼一样,接受了古希腊学者们的观点,十分重视数的作用,总想在自然界寻找数量的规律性。他之所以信奉哥白尼学说,正是由于日心体系在数学上显得更简单、更和谐。他深信上帝是依照完美的数学原则创造世界的。

开普勒在他早期所著的《宇宙的神秘》(1596年)一书中设计过一个有趣的、由许多有规则的几何形体构成的宇宙模型。他试图解释为什么行星的数目恰好是6颗,并用数学描述所观测到的各个行星轨道大小之间的关系。他发现6颗行星的轨道恰好跟5种有规则的正多面体相联系。这些不同的几何形体,一个套一个,每个都按照某种神圣的和深奥的原则确定一个轨道的大

开普勒
——一个为天空"立法"的人

小。不过当他在分析第谷的观测数据、制订行星运行表时却毫无用处,不得不把它摒弃。不论是哥白尼体系、托勒密体系还是第谷体系,没有一个能与第谷的精确观测数据相符合。这就使他决心查明理论与观测不一致的原因,全力揭开行星运动之谜。为此,开普勒决定把天体空间当做实际空间来研究,用观测手段探求行星的"真实"轨道。

开普勒首先需要了解行星轨道所描出的曲线的几何特征是什么。为此,他必须先作某种假设,然后把它用到一大堆数字上去试,看它是否能和第谷的数据吻合。

开普勒用一个绝妙方法把这种杂乱无章的现象理出一个清楚的头绪来。他同哥白尼一样,敏锐地领悟到,"要研究天,最好先懂得地",他也把着眼点放在地球上,力图先摸清地球本身的运动规律,然后再研究行星的运动。而要确定地球的运动,其关键是必须确定地球同太阳之间的距离在一年中是怎样变化的。只有弄清这种变化后,才能确定地球轨道的真实形状及它的运行方式。

其实,开普勒所用的方法就是普通的三角测量法。他就是这样以令人赞叹的巧妙手法把地球轨道的形状测了出来。地球的轨道一经测定,地球及其向径(地球与太阳间的连线)在任何时刻的实际位置和变化,也就成为已知条件。反过来,以地球向径作为基线,从观测数据中推求其他行星的轨道和运动,对开普勒来说不再是太困难的事了。

1609年,开普勒发表了《新天文学》一书和《论火星运动》一文,公布了两个定律:①所有行星分别在大小不同的椭圆轨道上运动。太阳的位置不在轨道中心,而在轨

△2009年圣马力诺发行一枚纪念银币,纪念开普勒行星运动定律的前两个定律发表400周年

道的两个焦点之一。②在同样的时间里，行星向径在其轨道平面上所扫过的面积相等。

　　这两个重要定律的相继发现，使得所有行星运行的秘密一目了然。

　　然而开普勒并不满足已取得的成就，他感到自己还远没有揭开行星运动的全部奥秘。他相信还存在着一个把全部行星系统连成一个整体的完整定律。

　　摆在他面前的是一大堆观测数据，要在它们背后找出隐藏着的规律，需要常人难以想象的毅力和耐心！而开普勒毫不畏惧，在很少有人了解和支持的情况下，他顽强奋战9年，经过无数次的失败，终于发现了一个奇妙的规律，即行星绕太阳运行周期的平方等于它与太阳距离的立方。这就是行星运动的第三定律。

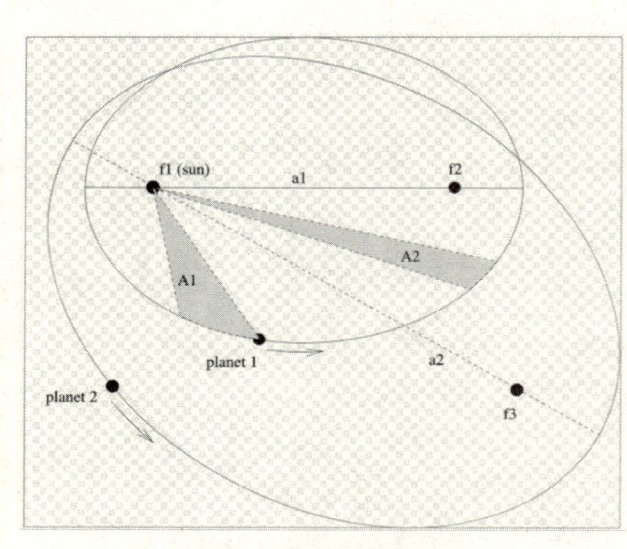

　　这是一个十分重要的自然定律。不仅行星遵循着它，连同行星的卫星以及太阳周围的其他天体概无例外。从而可以确定，太阳和围绕着它的所有天体不是偶然的、没有秩序的"乌合之众"，而是一个有严密组织的天体系统——太阳系。

▲ 开普勒行星运动定律图示

　　开普勒在获得这一成就时喜不自胜："……（这正是）我16年以前就强烈希望要探求的东西。我就是为这个而同第谷合作，……现在我终于揭示出了它的真相。认识到这一真理，这是超出我的最美好的期望。大事告成，书已写出来了，可能当代就有人读它，也可能后世才有人读，甚至可能要等待一个世纪才有读者，就像上帝等了六千年才有信奉者一样。这我就管不着了。"

　　由于开普勒在天文学上的卓著功绩，从而被后世学者尊称为"天空立法者"。

尾声——哥白尼体系的最终胜利

开普勒三定律在天文学上有着十分重大的意义：首先，开普勒定律在科学思想上表现出无比的创造性。远在哥白尼创立日心体系之前，许多学者对于天动地静的观念曾提出过不同见解，但对天体遵循完美的均匀圆周运动这一观念，从未有人提出过怀疑。是开普勒首先否定了这一观念。其次，开普勒定律彻底摧毁了托勒密的本轮系，把哥白尼体系从本轮的桎梏下解放出来，使它更加完整和严谨。第三，开普勒定律使人们对行星运动的认识得到明晰概念。开普勒定律证明行星世界是一个匀称的"和谐"系统，这个系统的中心是太阳，太阳位于每个行星轨道的焦点之一。行星公转周期决定于各个行星与太阳的距离，与行星本身的质量无关。

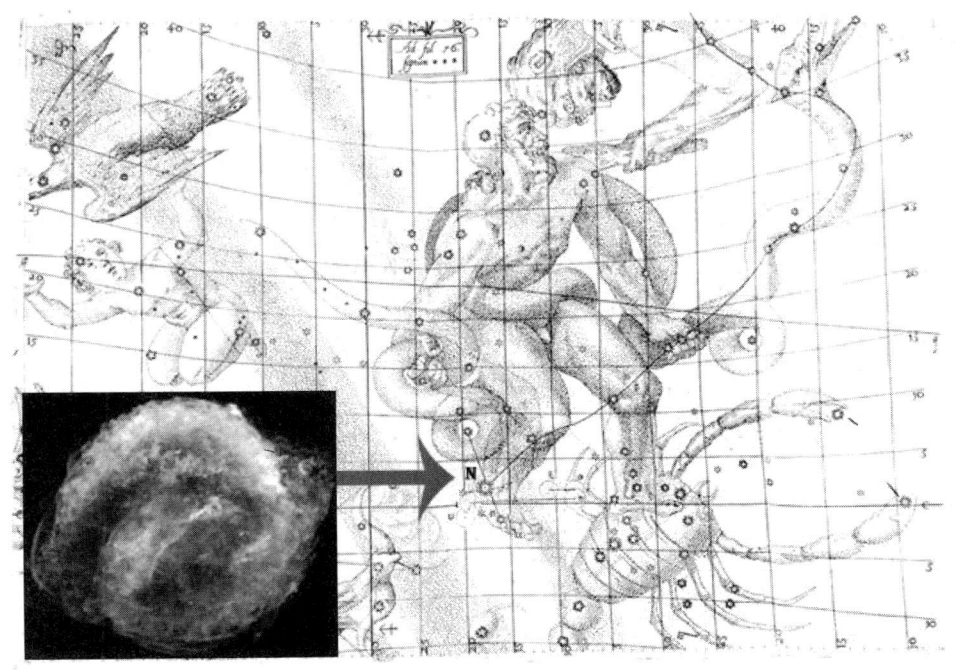

◎ 1604年10月，开普勒发现一个新的发光体，后被命名为开普勒超新星
（左下图为开普勒超新星爆发后的遗骸）

开普勒,一位为科学发展开拓道路的勇士,一生却是在极端艰难的条件下度过的。连年的战争,长期的漂泊,生活贫困以及来自教会的迫害,不断困扰着他。在花甲之年,他不得不长途跋涉,为的是向宫廷索取二十余年的欠薪。令人叹息的是,1630年11月15日,开普勒染伤寒死于索薪途中,身边只有几件衣服和一些书籍。

他的墓碑上刻着他自己写的诗:

> 我曾测过天空,
> 而今将测地下的阴暗。
> 虽然我的灵魂来自上苍,
> 我的躯体却躺在地下。

在开普勒三定律发表之后半个多世纪,牛顿总结了前人特别是伽利略所发展起来的力学理论,提出了三大运动定律,并用他自己创立的微积分,根据力学原理从开普勒三大定律推导出太阳对行星的引力定律,即万有引力定律。他还证明只要有这种距离平方反比的引力,开普勒三定律就是必然的推论,而且是在行星质量远比太阳质量为小的条件下粗略近似。

牛顿用万有引力定律解决了一系列宇宙间的重大问题,从而奠定了天体力学这一新科学的基础,从此天体力学便从它的幼年期进入到成年期。到这时,哥白尼的日心说经过布鲁诺、伽利略、开普勒和牛顿等人的完善和发展,已被公认为阐明太阳系实际结构的学说,再很少有人反对了。

另外,由于天王星、海王星和冥王星的发现,充分证明了牛顿万有引力定律的正确性,并进而证实和发展了哥白尼学说。到此,哥白尼学说经历了三百余年的时间,其间历经无数次曲折和斗争,冲破了宗教和传统观念、习惯势力的重重阻力,也克服了这个学说自身存在的缺陷,哥白尼的日心说终于取得了最后的胜利。

(李辉)

★ 赫 兹

——一个用实验验证电磁波并从而确证麦氏理论的人

  赫兹的智慧火花，燃起了新技术的火炬，播下了无线电的火种。在近代历史发展的一百多年里，电磁波在人类文明中扮演了一个十分重要的角色。在我们身边的事物中，赫兹的影响更是随处可见。无线电报、无线电广播、电视、雷达等现代科学技术成就是与他的实验和理论分不开的，就是现在最流行的手机、无线网络，又何尝不是得益于他的科学实践呢？

弃工学理

  1857年2月22日，亨利希·鲁道夫·赫兹（Heinrich Rudolf Hertz，1857~1894）生于德国汉堡市。父亲是一位进取心很强的律师，后来当上了汉堡市的参议员。他对儿子寄予很大希望，在培养和教育上倾注了大量心血。

  赫兹天资聪颖，悟性出众，具有很强的逻辑思维能力和记忆力。他有着强烈的求知欲，对几乎一切课程都有强烈的兴趣。此外，他还养成了动手操作的习惯，尤其爱好做力学和光学方面的实验。这种把动手与动脑结合起来的习惯，对他一生的科学实践都有着积极的影响。

  赫兹很早就表现出对技能和技术的爱好。在课余时间，他向一位细木工

有志者事竟成

学习技艺，还按照职业水平的要求学习车工技术。父母没有限制他的这一兴趣，而且还为他买了一台车床。小赫兹在明师的指点下，苦练功夫，车工技术提高很快。车工师傅对赫兹的进步非常惊讶，对他的父母说，赫兹一定会成为一个优秀的车工。

1875年，赫兹在约翰奈斯中学获得了毕业证书，这时，他已经18岁了。为了更好地进行理论学习，赫兹先进入了法兰克福市设计局从事实际工作，以便为他所选择的职业作准备。1876年春，赫兹离开法兰克福，前往德累斯顿市，进入高等技术学校工程部，学习工程科学。不过，他很快发现自己选择的职业并没有原来想的那样吸引他。测量、绘图、结构……这些大量的日常课程让他感到枯燥乏味，兴趣索然。这期间，赫兹还在柏林的铁道兵团服了一年的兵役。

1877年秋天，赫兹结束了服役生活，前往慕尼黑，进入那里的高等技术学校继续学习工程科学。在那里，他对工程科学的爱好有所下降，开始转向自然科学。他选修了菲利普·冯·约里的物理课和数学课。约里是著名的物理学家和数学家，他的课使赫兹在内心里产生了一个坚定的信念：只有科学工作和学术活动才能使他真正的心满意足。经过认真地思考，赫兹决定弃工学理。

就这样，赫兹中断了工程学的学习，专心致志地在大学中攻读物理学和数学。约里教授对赫兹给予了极大的帮助。教授从基础抓起，向这位求知欲极强的大学生介绍了一些数学方面的基本著作，如拉格

▲ 德国汉堡的赫兹电视塔

朗日、拉普拉斯及精密科学其他经典作家的著作。他还建议赫兹注意自然科学史，因为这有助于理解和研究自然的迫切问题。对约里的指导和建议，赫兹都严格执行。他在很短的时间内细致地研究了大量的科学史著作，特别是数学和数学史问题。这些准备工作，为他以后的研究与开拓打下了坚实的基础。

随着学习的深入，赫兹感到有更多的知识需要学习和掌握。能满足他这种求知欲望的最好学府，无疑是位于帝国首都的柏林大学——那里有世界著名的数学和实验物理学专家亥姆霍兹①和基尔霍夫。1878年10月，赫兹离开了慕尼黑和约里教授，进入柏林大学，成为亥姆霍兹的学生。

天才初显

亥姆霍兹不仅善于发现科学规律，而且善于发现科学研究人才。他很快以敏锐的眼光发现赫兹身上具有的非凡天赋和卓越才能，并决心尽力帮助他、培养他。当时，亥姆霍兹正好接受了一项为哲学系的大学生们出物理竞赛题目的任务，他选择了电动力学的问题：用实验证明，沿导线运动的电荷，作为电流来说，到底是否具有韦伯所说的惯性。赫兹对这个问题表现出了极大的兴趣。于是，在亥姆霍兹的支持下，赫兹参加了这项实验竞赛。

在亥姆霍兹的培养下，赫兹初步感受到了科学研究的神圣和乐趣。真是名师出高徒，赫兹顺利地完成了竞赛任务，但实验并没有发

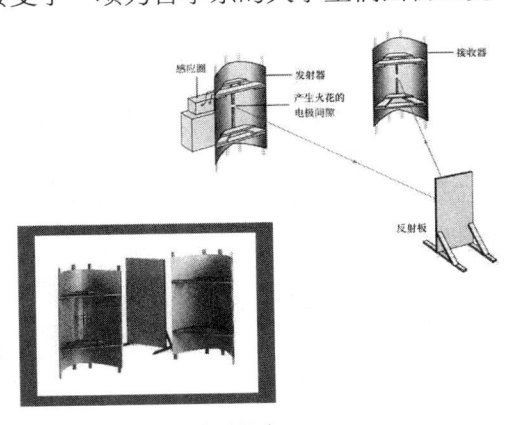

○ 赫兹的实验设备
（现存于慕尼黑德意志博物馆）

---

①亥姆霍兹（Hermann Von Helmholtz，1821~1894），德国著名生理学家、物理学家和数学家。他是医生出身，在研究动物生理和动物热的过程中独自发现了能量守恒定律，并充分地阐述了这个定律的普遍意义。从1870年开始，亥姆霍兹运用能量守恒定律研究电磁学，并着手统一纽曼、韦伯与麦克斯韦的理论，但他很快就发现，韦伯的理论与能量守恒定律相矛盾。随后，亥姆霍兹与韦伯之间展开了论战，欧洲大陆的电学家们也由此逐步熟悉了麦克斯韦的理论。

现根据韦伯理论本应发现的那种形式的惯性质量。赫兹的实验结果让亥姆霍兹感到高兴，尤其令他高兴的是，赫兹在研究中并没有局限于竞赛题目，而是超越了竞赛的范围。亥姆霍兹认为，这些实验向赫兹显示了前所未闻的电的流动性，并帮助他找到了一条即将引导他通向重大发现的道路。

1879年夏季学期期末，在柏林大学的大礼堂内举行了一次隆重的授奖仪式。为了表彰赫兹在物理学竞赛中取得的成就，柏林大学校长爱德华·策勒尔教授将一枚金质奖章授予了他。这是赫兹得到的第一个科学奖赏，也是他向成为世界著名物理学家迈出的成功的第一步。

不久，根据亥姆霍兹的倡议，柏林科学院以"用实验建立电磁力和绝缘体介质极化的关系"为题，展开竞赛。这次竞赛的目的是为了证明麦克斯韦的位移电流是否存在。要完成这一命题，必须证明如下三个假设的成立，即：①如果位移电流存在，必定会产生磁效应。②变化的磁力必定会使绝缘体介质产生位移电流。③在空气或真空中，上述两个假设同样成立。亥姆霍兹后来考虑到第三条证明太难，就把它删掉了，只要能证明前两项便算成功。亥姆霍兹仍寄希望于赫兹能顺利获得此奖项，但赫兹通过近似的计算确信，目前要解决这一问题困难太多，便没有接受这一攻关任务。况且，赫兹当时手头上也有一项重要的工作要做：准备博士论文。

1880年3月15日，赫兹获得了柏林大学的博士证书。这时，他刚刚23岁。

"曲径通幽"

在赫兹获得博士学位后不久，亥姆霍兹把他招到自己领导的物理研究所里，使他成了自己的助手。在亥姆霍兹领导的物理研究所里，赫兹得到了一个绝好的学习机会，在亥姆霍兹的指导下，他对法拉第—麦克斯韦的电磁学理论有了更深刻、更全面的领悟。研究所提供的优越的实验条件及学术气氛，也激励着他的工作。他做了大量的实验和研究，涉及热力学、弹性理论、固体和蒸发等问题，并发表了一些实验结果，也在物理学会的聚会上作过几次报告。

从那时起，年轻的赫兹已经开始显示出成熟的科学家和实验大师所应具有的某些素质了。1882年夏天，赫兹开始研究稀薄气体中光的现象。在用阴极射线管进行试验时，赫兹被那色彩奇特的现象深深吸引，同时他敏锐地感觉到，在这个当时还非常模糊不清的领域里进行的研究，将具有重要的理论意义，因此他以极大的毅力坚持实验研究。

1883年，赫兹到基尔大学工作，那里的学术气氛令他失望。他只好把大量的时间用在读书和思考上。他广泛地阅读了一些社会科学方面的著作，如歌德和席勒的作品等，但他主要的精力还是放在对科学问题的思考和研究上。

从1884年起，赫兹系统考虑了电动力学的实验及有关电磁辐射的问题，还有光的电磁理论，麦克斯韦的电动力学等。

1886年10月的一天，赫兹在准备一次放电实验，使用了一种名叫黎氏线管的振荡线圈，这种线圈具有初级和次级。赫兹偶然发现，如果给初级线圈输入一脉动电流，在次级线圈两端的狭缝中间便会产生电火花。他当即断定这种现象是初级线圈中电流振荡感应的结果。他还发现，如果调整初级线圈与次级线圈的相对位置，火花会有明显的变化，而且当次级线圈在某些位置上时就根本不会产生电火花。赫兹马上想到：①既然初级线圈中的振荡电流能激起次级线圈的电火花，那么它应当具有使介质产生位移电流的能力。②根据麦克斯韦的理论，这种位移电流也应是迅变的或振荡的，它反过来又会影响次级线圈，使它产生的电火花发生明显的强弱变化。

赫兹敏锐地感觉到，解决柏林科学院竞赛题的时机到来了。偶然的发现激起了赫兹进一步研究的欲望，但现有的仪器无法满足需要，他只能自己动手设计制造实验工具。他巧妙地设计了一种直线型开放振荡器，用来代替黎氏线圈中的初级线圈。

△ 赫兹用来研究电磁波的装置和实验示意图

1886年12月2日，赫兹惊喜地发现，在两个电振荡器之间成功地产生了共振。为了进行下一步实验，赫兹于1887年又在直线型振荡器的基础上设计了一台"感应平衡器"。感应平衡器除包括直线振荡器外，还有一个电磁谐振器，它起检验器的作用，相当于黎氏线管中的次级丝圈。电磁谐振器是一个有断口（火花隙）的导体圈，断口的两个端点上各安置了一个小圆珠，可以用螺丝调整它们之间的距离。实验时，给直线振荡器输入脉动电流，使之起振，同时调整谐振器的位置，直到它的火花隙不产生火花时为止。如果这时将一块金属靠近感应平衡器，谐振器会重新发射出电火花。这是由于金属块感应出变化的电流，从而产生了一个附加电磁场作用于谐振器的结果。也就是说，直线振荡器产生的电磁波激起金属块中的感生电流，这种感生电流又发射出一种附加电磁波，致使谐振器的"平衡"状态被破坏，因而产生电火花。

赫兹先后用沥青块、纸、干木、砂石、硫黄、石蜡以及盛着45升汽油的橡皮槽等绝缘介质做实验，都产生了位移电流，并对感应平衡器的平衡状态造成了一定的破坏。此时，已是1887年的10月了。长期实验的劳累被成功的喜悦一扫而光，赫兹清楚，自己已成功地解答了柏林科学院的竞赛题。不仅如此，实验的成功，将有助于确立真正科学的电磁学理论——法拉第－麦克斯韦理论。赫兹怀着激动的心情，把他的实验成果写入《论绝缘体中电扰动产生的电磁效应》一文中，并于11月5日将此文寄给了亥姆霍兹，请他提交柏林科学院。此外，赫兹还发现，传播在磁源以外空间的电磁场，实际上就是麦克斯韦早就预言的电磁波。

电磁理论的确立

攻克了柏林科学院的竞赛题，赫兹自然十分高兴，因为这对于法拉第－麦克斯韦电磁理论的确立非常重要。但深刻领会麦克斯韦电磁场理论的赫

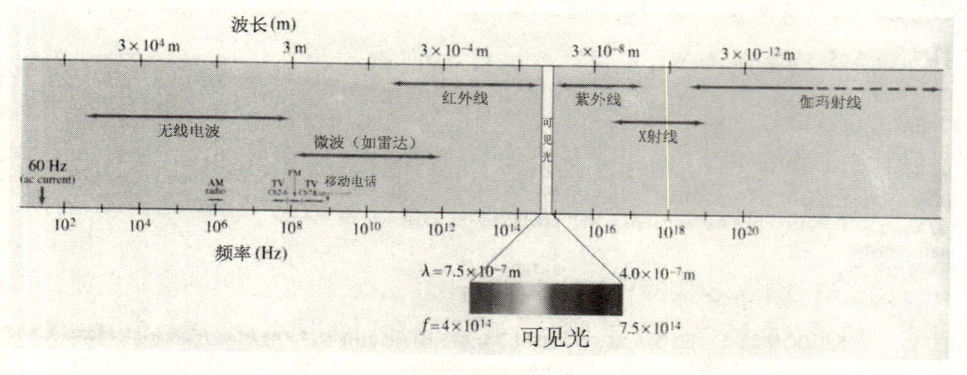

△ 电磁波谱

兹同时也意识到，只是证明位移电流的存在对这一理论的确立来说还远远不够，还必须证明空气中或真空中同样存在极化和位移电流，因为这才是麦克斯韦理论的宗旨和特殊意义之所在，是这一理论不可缺少的前提。

赫兹决定向第三个假设发起"冲锋"。

早在1845年，法拉第就提出了光、电同一的假设，麦克斯韦于1862年从理论上论证了光与电的同一性，并得出了"电磁波在真空中的速度等于光速"的划时代的理论，但验证这一理论的实验却一直没有取得突破性进展。

赫兹决定从证明电磁波与光波的同一性入手，确立麦克斯韦的电磁场理论，从而证明第三条假设。要证明电磁波就是光波，首先得确定电磁波的速度是否像麦克斯韦所预言的那样等于光速。

对赫兹的思路产生有益启迪的是美国物理学家亨利。亨利最早认识到电流是一种波动形式，他在1837年就提出载流导线的表面存在着一种电流波，并预言，如果在一根导线的正中部输入电流，电流波将从导线的两个端面反射回来，在导线中形成驻波。1870年，物理学家贝佐尔德根据亨利的预言做了一个电流驻波实验，并测出电流波长为15厘米。赫兹决定不去直接测量电磁波的速度，而是用驻波的方法先测出一个驻波波节的间距即半个波长，然后再根据开尔文的振荡频率公式计算出电磁驻波的频率，由此算出电磁波速。

1888年1月，赫兹将自己的这一实验成果写进了《论电动效应的传播速度》一文中。赫兹的实验具有划时代的意义，文章在柏林科学院会议记录中发表后，引起了科学界的高度关注。

赫兹清楚，证明电磁波速等于光速并不等于证明了电磁波就是光波，因为光波具有的反射、折射和偏振等性质还没有在电磁波身上得到印证；只有证明了电磁波具有光波的一切特性，才能肯定二者的同一性。为此，赫兹又开始了下一步的实验。

1889年，赫兹的科学专著《论电力射线》出版，这是他最重要的著作之一。在这部著作中，赫兹报道了他的实验，用事实向人们证明，光从其本质上说也是一种电磁波。从此以后，光学便可包括到电磁学领域中去了。

赫兹以其天才的、创造性的工作，把麦克斯韦开创的电的世纪带到了人间。

电磁波的发现与证明，引起了科学界的极大震动，也给赫兹带来了极大的荣誉。柏林科学院将他选为通讯院士，莫斯科科学协会聘请他为名誉会员，古老的利奥波尔迪纳自然科学院吸收他为成员。另外，维也纳科学院、法国科学院、伦敦皇家学会及都灵科学院等授予他奖章和奖金。

1889年春天，赫兹作为正式教授来到了波恩大学，成为物理学家克劳修斯的继任者。赫兹在波恩大学主要的实验研究是有关阴极射线穿透薄金属片的问题。在这一研究中，赫兹得到了一个重要发现：原子不可能是不能渗透的小球，但原子的质量应集中在原子所占据的空间微小粒子之中。他的这一发现，为英国物理学家卢瑟福的原子模型奠定了基础。

进入19世纪90年代后，赫兹常常被病痛折磨着。勤奋的工作有时使赫兹忘掉了病痛，但病痛却一刻也未消失。一开始，他还勉强支撑病体去为学生上课，但到1893年10月，他已无力与病魔抗争，只得放弃了教学工作。他的牙疾已经引发了血液中毒。

1894年元旦，赫兹与世长辞，享年仅36岁。

（李辉）

★ 普朗克

——一个以伟大的创造性观念改变物理世界的人

也不知从哪一天起,普朗克家的窗口,每天下午都传出美妙动听的琴声。好奇的邻居相互打听:"是谁在弹琴?"路过的行人也忍不住停下脚步,听一会儿之后,不由自主地发出感叹:"弹得多好啊!"当大家得知弹琴的只是一个5岁的小男孩的时候,无不为之赞叹!这个小男孩就是后来成为伟大的物理学家、"量子"概念的提出者普朗克。

艰难的选择

1858年4月23日,马克斯·普朗克(Max Planck,1858~1947)出生于德国基尔。他的祖父是哥廷根大学的神学教授,父亲是民法教授。在这有着严肃正派的学术气氛的家庭里,普朗克和他的三个哥哥、两个姐姐及后来出生的弟弟,受到了良好的教育。

普朗克从小就显示出他的音乐才华,尤其擅长弹奏钢琴和风琴。母亲为了让他练习钢琴而又不骚扰邻居,就在木板上用黑色和白色的油漆刷成琴键,让普朗克练习,等他把指法练得熟练了,才在真的钢琴上练。所以,当邻居听到琴声时,小普朗克已达到相当的水平了。

到5岁时,普朗克弹琴的手法已是轻巧灵活,对乐感的准确把握已达到专业音乐家的演奏水平,跳跃的音符仿佛从他的指尖倾泻而出,让人听得如醉如痴。当人们问起他的志向时，他大声宣布："我要成为舒伯特！"

1867年，普朗克已完成小学低年级课程。这一年，他们全家迁居慕尼黑。在那里，普朗克考入古典皇家马克西米连大学预科学校。他天分极高，加之刻苦用功，学习总是名列前茅。

在这段时间里，普朗克又对古典文学产生了兴趣，他仔细阅读了莎士比亚、弥尔顿、但丁、歌德等名家的作品，甚至自己动手尝试写诗剧。但数学老师赫尔曼·米勒尔发现普朗克有杰出的数学才能。米勒尔不但鼓励普朗克学好数学，同时还利用业余时间教他天文学、力学，激发起他探求世界奥秘的强烈愿望。

普朗克是个不怕困难的人，他总有办法克服面对的一切障碍。可当他于1874年以优异成绩结束预科学校的学习时，却遇到了困难，这就是如何选择自己的未来。这一问题久久地纠缠着他，使他陷入苦恼之中：音乐是由来已久的爱好，而且他曾说过要成为舒伯特的，这应是优先考虑的；古典文学是他近年来的爱好，而米勒尔老师还像往常一样，继续鼓励他献身于自然科学。

普朗克反复地思考着：父亲的朋友、慕尼黑有名的钢琴演奏家科林认为，他不适合专搞音乐；同学认为他写的诗剧很刻板，缺乏技巧和热情；而当时的社会轻视自然科学，他怕选择了数学后会受人轻视……

父亲对他说："你始终在注意别人的意见，你的意见在哪里？如果你老是斤斤计较别人的想法，那么你不妨问一下自己，你打算为谁活这一辈子？"

父亲的话像一柄重锤，重重地敲打在他的心上，使他茅塞顿开。是啊，我为什么要那么在乎别人的意见呢？这样一想，他顿时感觉一身轻松。

1874年10月21日，普朗克考入慕尼黑大学，主攻数学。

坚定地走向目标

普朗克进入慕尼黑大学，最初他主攻数学，但很快又被物理学所吸引。他的老师约里曾极力劝说他不要研究物理，认为"物理学是一门高度发展的、几乎是尽善尽美的科学。现在，能量守恒定律的发现给物理学戴上桂冠

普朗克
—— 一个以伟大的创造性观念改变物理世界的人

之后，这门科学已接近于最终稳定的形式"。但普朗克还是坚持抛弃纯数学，因为他对宇宙本质问题有浓厚的兴趣。这是他不顾老师的劝阻而独自作出献身物理研究的决定。

1875年冬，普朗克不幸得了肺病，不得不休学。在家养病期间，他并没有停止学习，他认为时间是无比宝贵的。他了解到，在柏林大学有许多人在从事理论物理学研究，如亥姆霍兹、基尔霍夫、克劳修斯和玻耳兹曼等，这些人都是德国理论物理学中的杰出人才。他迫不及待地想去柏林。

1877年，普朗克的身体刚一康复，就向柏林大学提出申请，要求转到那儿去完成学业。经过努力，他终于如愿以偿，在亥姆霍兹和基尔霍夫门下攻读物理学。

在柏林大学，普朗克一边听课，一边自学。他自修了热学领域的权威克劳修斯的名作《力学的热力理论》，使他受益颇多。克劳修斯的作品以其阐述的清晰和令人信服的力量吸引着他。克劳修斯的一些主要热力学观念，如不可逆性、熵增原理①等给他留下了极其深刻的印象。

1879年，21岁的普朗克提交了博士论文《论热力学的第二定律》，对热力学第二定律作了详细的论述，研究了导热过程不可逆的问题，还提出了表达熵最初的一般公式。这就超越了克劳修斯提出的熵概念定义的范围。他把熵概念变为甚至适用于不平衡

△ 普朗克纪念章

状态的科学抽象，因而创造性地概括了熵概念。然而，这一远远超越科学发展的著作，"给当时科学界的印象等于零"。主考之一A.拜耳对年轻的普朗克表现出了极为轻视的态度；普朗克把他的论文寄给亥姆霍兹，而这位导师也许根本没有翻阅过它；基尔霍夫倒是仔细地读了这篇文章，但他把普朗克的思维

---

①这是一条与能量守恒定律有着同等地位的物理学原理，这个原理是说：在孤立系统内部进行的热力学过程，其熵变不减少，用数学表达为 $\Delta S \geq 0$。如一个孤立系统，一开始处于非平衡态（如温度、密度不同），后来逐渐向平衡态过渡，在此过程中熵要增加，最后当系统达到平衡态时，系统的熵达到最大值。这一过程为不可逆过程。

过程当做错误的想法予以否定，甚至连克劳修斯本人对它也未予理睬。

面对这样的挫折，普朗克并没有停步不前，也没有陷入失望和丧失勇气。他是那样地坚信自己观点的正确性和结论的合理性。1880年6月14日，也就是普朗克博士论文发表的第二年，为了获得在大学教授"理论物理学"的权利，他又提交了《不同温度条件下物体的平衡熵》一文，并顺利地通过答辩。普朗克回到慕尼黑，成为慕尼黑大学讲师，讲授"气体力学理论原理"。

我们可以看出，在普朗克的热力学思想中，熵增原理和非平衡态向平衡态发展过程的不可逆性，始终占有最根本的地位。他把熵增原理看成和能量原理一样是物理学中一条不可缺少的独立定律。这个在他青年时期形成的中心思想，一直主导着他的科学工作。

"不情愿的革命者"

在慕尼黑大学，普朗克当了5年讲师。1885年5月12日，他被委任为基尔大学理论物理学特约教授，主讲理论物理。除了授课外，普朗克仍致力于研究热力学。他对能的概念提出了新的理论解释，并力图把它的应用范围扩大到稀释溶液和热电学领域。他把研究成果编成《普通热化学原理》和《热力学讲义》两本专集，使后人受益匪浅。

1888年11月29日，普朗克应柏林大学的聘请前往任教。第二年春天，基尔霍夫教授逝世，普朗克接替他的教职兼任新设的物理研究所所长。1892年，普朗克被升为教授，直至1926年退休。

在19世纪后半叶，黑体辐射与频率关系问题受到物理学界的普遍关注。英国物理学家瑞利在对黑体辐射的研究中，得出一个关于辐射的公式[1]。这个公式在长波或高温情况下，与实验结果相符，但在短波范围，与实验结果相矛盾。英国数学家维恩在研究热辐射时，也得到一个公式，这个公式在短波段与实验符合得很好，但在长波段与实验却明显地偏离。

1900年10月19日，在柏林物理学会上，普朗克在黑板上写出一个自己推出的公式。这个式子无论对长波、短波、高温、低温都惊人地适用，瑞利-金

---

[1] 天体物理学家金斯于1905年修正了瑞利公式中的一个数值错误，此后，此公式被称为瑞利-金斯公式。

斯公式和维恩公式被和谐地统一到一起。虽然还没有一个人能完全弄清楚这个公式的意义，但在事实面前却再无人能提出反对意见。会后普朗克的一篇只有三页的短文在物理学会通报上发表了，它成为物理学史上的一块里程碑。两个月后，即12月14日①，亥姆霍兹研究所专门召开会议，特请普朗克介绍这项新发现。

但普朗克公式只有在一种崭新的观念中才是正确的，即只有假定在辐射过程中能量是不连续的、不可分的份额——"量子"——释放或吸收时才是正确的②。人们承认那个与实验相符的辐射公式，却不接受普朗克的量子假说，因为它不能纳入经典物理学框架，以至于连普朗克本人对这一点也长期惴惴不安，总想回到经典理论，并为此白白耗费15年的精力。相反地，几年之后，爱因斯坦和洛伦兹等人明确论证了能量子概念是不能纳入经典物理学构架之中的一种全新的要素。当量子逐渐成为微观世界的基石，物理学家因之取得越来越大的成功时，人们才开始正式承认它，并逐渐掀起一场物理学的革命。

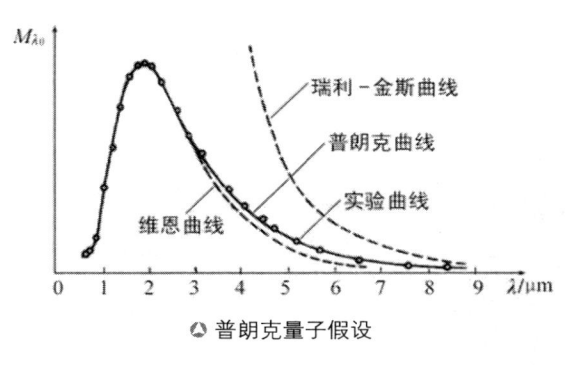

▲ 普朗克量子假设

就这样，稳健的、虔诚的、彬彬有礼的普朗克，像是一位站在世纪分界线上的巨人，正是他亲手揭开了物理学革命的帷幕，立下了伟大的历史功勋。但他把自己的量子假说称为"孤注一掷"的办法。就是说，只是在实验事实的逼迫下，他才不得不如此。因此，人们常说他是一个"不情愿的革命者"。

捍卫真理，捍卫正义

普朗克生活在多灾多难、动荡不安的战乱年代，他经历过两次世界大

---

①现在公认1900年12月14日为"量子理论"的诞生日。
②用数学形式表示就是：$E=h\nu$。E是量子的能量，ν是量子的频率，h是一比例常数，即普朗克常数，也被称作用量子，数值是$6.62×10^{-27}$尔格·秒。

战,饱受战争折磨之苦。

　　1914年夏天,第一次世界大战前夕的德国掀起了民族主义狂热。柏林大学在德意志帝国各学校中起着示范的作用。该大学大多数教授认为,把德国其他科学家集合在战斗激情的旗帜下是自己的爱国主义义务。在形势的压力下,1914年从夏至秋,在普朗克的讲话中开始出现了至今听起来仍令人不悦的言论。他欢迎宣战的那一天,把那一天看做是德国人民"重新掌握"自己命运的一天。他赞扬那些离开教室和研究所投笔从戎的大学生和青年科学家,宣称战死沙场是青年科学家可能得到的"最珍贵的奖赏"。他还在1914年10月由93名德国知识分子发起的臭名昭著的呼吁书上签了名。

　　当然,我们不能过分苛责这位科学巨人。他不是政治家,他接受的其实是伪装在"爱国主义"之下的狭隘的"种族主义"。这是普朗克的悲哀,也是整个时代的悲哀。庆幸的是,经过这一次洗礼,普朗克认识到虚伪的"种族主义"的残酷,从而走上了反对军国主义和法西斯的道路。

△ 普朗克(左)为爱因斯坦(右)颁发普朗克奖

　　第一次世界大战之后,德国人觉得自己受到了不公平的待遇,于是又有一些人出来大肆煽动群众中的种族主义情绪。他们全力攻击犹太人,妄称以相对论和量子论为代表的新物理学是伪科学,是犹太人搞出来的欺人之谈。特别是当希特勒夺取德国政权之后,以普朗克为代表的正派人士当然就越来越陷入了十分不利的境地。

　　普朗克不赞成纳粹的政治原则,谴责它根据种族和世界观的原因而对科学家的迫害。为此,他专门与希特勒进行过一次会谈。当爱因斯坦受到纳粹排挤而退出科学院时,普朗克内心十分痛苦。他说:"我深信,爱因斯坦的名字将作为柏林科学院最光辉的名字之一,受到未来历史的尊敬。"他认为,相对论的创立者在科学中的意义是"难以估价"的。普朗克在声明中说:"爱因斯坦先生不仅是许多杰出物理学家之一,他在我们科学院发表的著作对本世纪的贡献是如此巨大,以致他的意义只有约翰奈斯·开普勒和伊萨克·牛顿的贡献可与之媲美。"

1935年1月,纪念著名化学家、反法西斯主义和政治流亡者弗里茨·哈伯的大会在柏林举行。普朗克说:"如果我不被警察逮捕的话,我要组织这个纪念会的。"奥托·哈恩在其回忆录中说:"普朗克使大家感到惊讶,他勇气十足地举行了纪念大会。"

1938年,普朗克被迫辞去柏林科学院院长的职务。

1946年夏,普朗克应邀赴伦敦参加了牛顿诞生300周年庆祝大会。这个邀请,是对他反法西斯功劳的承认,是尊重他在法西斯年代里不得不承受重大的个人牺牲的证明。普朗克向全世界证明,他是一个以行动捍卫真理和正义的人。

伟人垂暮

普朗克虽然在科学上作出了无与伦比的贡献,获得了无限荣誉[①],但在个人生活中,普朗克却饱尝人间艰辛。1909年,普朗克的妻子去世。两人一起生活了23年,生有一子二女。夫人的病逝使他悲痛万分。1911年,他第二次结婚,两次婚姻使他拥有二子二女。然而,普朗克不得不面对接二连三的打击。

1916年5月,长子卡尔在残酷的凡尔登战役中因伤重不治身亡。女儿马加丽特和爱玛分别于1917年和1919年死于难产。小儿子埃尔文在魏玛共和时期担任高级军官,因一贯反对纳粹于1944年7月20日被捕,第二年1月被秘密处决。

[①]1912年,普朗克54岁时被选为普鲁士科学院四名常务秘书之一;1919年,61岁的普朗克获得迟到的1918年度诺贝尔物理学奖;1926年,他被选为伦敦皇家学会外国会员,并获得该会的科普莱奖;同年,美国物理学会聘他为名誉会员;1928年,在他70岁大寿时,德国总统兴登堡赠给他一块德国银鹰盾牌;1930年,普朗克被任命为德皇威廉大帝科学研究会会长;1946年普朗克再次当选为德皇威廉大帝科学研究会会长;1947年,德皇威廉大帝科学研究会为了尊敬他,经他同意后,改名为"马克斯·普朗克协会"。

这是对普朗克的一个致命打击，他写信给索末菲说："我失去了一位最亲近的人，我竭尽全力让理智的、诚实的工作来填补我未来的生活。"此后，他身心均受到严重伤害，也失去了生活的勇气和乐趣。

第二次世界大战的战火蔓延到了德国本土。1943年春，为了躲避空袭，普朗克迁居乡下。1944年2月，英美空袭柏林，普朗克的房子也焚为焦土。他收藏的所有书籍、讲义和手稿全都毁于战火，其中包括他在几十年中坚持不懈写成的日记——这对科学史是无法弥补的损失。

普朗克（后排左二）在1911年的首届索尔维会议上

在战争的最后几个月里，普朗克在易北河边的罗根茨庄园里受到了殷勤的款待。但是，该地区不久成了盟军进攻部队和希特勒武装力量残部会战之地。80岁高龄的普朗克和这个地方的居民躲在附近的森林里，受尽了饥寒交迫、流离失所之苦。回到村里后，普朗克在一位卖牛奶的人家里度过了两个星期。1945年5月中旬，美国人发现了生活在极度困苦中的普朗克，就把他送到他哥廷根的侄女家中。

1947年10月4日，普朗克因摔倒骨折而在哥廷根大学医院中逝世。他的遗体安葬在哥廷根市的公墓中，墓碑上只刻了他的姓名和以他的名字命名的物理常数：$h=6.62\times10^{-27}$尔格·秒。

（李辉）

★ 居里夫人

—— 一个"唯一没有被盛名宠坏的人"

她热爱科学，孜孜不倦地追求科学知识，并为此付出了常人难以想象的艰辛；她热爱人民，生性善良，先人后己，对劳苦大众充满同情，时刻为别人着想，毕生为人类美好前途而奋斗；她热爱生活，热爱亲人和家庭。对父母，她是最孝顺、最可爱的女儿；对丈夫，她是志同道合、体贴入微的妻子；对孩子，她又是最慈祥、最成功的母亲。她一生淡泊名利，无私奉献，真正做到了家庭、事业、社会等诸多方面的协调。她是科学巨匠，也是贤妻良母。她就是居里夫人。

不幸的童年

居里夫人（Marie Sklodowska Curie，1867～1934）原名玛丽·斯可罗多夫斯卡，1867年11月7日生于波兰华沙，父母亲切地称她"玛妮雅"。父亲叫乌拉狄斯拉夫·斯可罗多夫斯基，他既是一位严肃、慈爱的父亲，又是一位民族自尊心强烈的教师，一生都在追求知识。每当周末，一家人围坐在茶炉周围，他便给孩子们朗读波兰爱国诗人的作品。母亲从小受过良好教育，也是一位教师。她本性善良，风度娴雅。玛丽在这样一个学术气氛很浓的家庭中成长，使她自幼便养成了爱好读书的习惯，并逐渐对实验科学发生了兴趣。

父亲由于当局的迫害，加上受一个亲戚游说，将自己的全部积蓄3万卢布拿去投资，结果赔得一干二净。为了维持家庭生活，父亲被迫接收寄宿学生，以便增加经济收入。这些寄宿生的到来，不仅搅乱了家庭生活的宁静，而且还带来可怕的疾病。1876年1月，一名寄宿生患斑疹伤寒，很快传染给玛丽的两个姐姐素希雅和布罗妮雅，几个星期之后，大姐素希雅被夺去了生命，年仅9岁的玛丽和悲痛欲绝的家人为姐姐送葬，她生平第一次遭受与亲人生死离别的痛苦。

家庭的不幸，并没有使玛丽的学习热忱有所衰减。每天晚上，她和姐姐以及其他住在家中的寄宿生一块儿读书学习，她总是提前做完自己的功课，余下时间有时她会帮助学习有困难的孩子，更多的时候则是独自一人坐在桌边读书。她对读书有一种特别的爱好，读书时专心致志，旁若无人。

△ 居里夫人纪念章

1878年5月9日，母亲离世。这个刚刚十岁多一点的女孩，在两年多的时间里先后失去了大姐和母亲，同时也失去了她这个年纪应该享有的快乐与幸福，但是玛丽并没有因此而绝望消沉。相反，多灾多难的生活环境培养了她的独立精神和坚强性格，使她成为一个不向命运低头的女性。

家庭女教师

1883年6月12日，玛丽中学毕业，因为成绩优异，她荣获金质奖章。父亲已年老体衰，身为一家之主，他常为自己无力供养儿女们到国外继续读书而自责，他的工资又日渐减少，不久便只剩下一点可怜的养老金了。因此，他的儿女们必须自己赚钱谋生。

这时的玛丽只有一个目标：追求知识。然而当时的波兰大学不收女生，如果想进一步深造必须到国外学习。玛丽和姐姐布罗妮雅的最大愿望是到巴黎求学，可是费用从哪里来？

有教师传统的家庭，他们只有谋求家庭教师的职位。这样，还不满17岁的玛丽和哥哥、姐姐一样，成了一名家庭教师。这项工作不仅辛苦而且地位低微。父亲微薄的薪水连全家生活都无法维持，姐妹俩也只有半卢布一小时的可怜酬金，要想积攒起出国深造的费用谈何容易！

一个不满17岁的女孩，为了挣学费，远离亲人和朋友，到异乡去教书，过着寄人篱下的生活，这对于玛丽来说是相当艰难的。但即使如此，玛丽也没有放弃自己的理想。当她看到附近乡村农民的孩子不仅穿得破烂，而且大都一字不识时，她便产生帮助这些孩子的强烈愿望。她要教他们学习波兰的语言文字，要他们知道波兰民族的历史。她把自己的想法告诉顾主，得到顾主的支持后，便将自己的想法付诸行动。

这样一来，玛丽一方面尽力去教给别人知识，另一方面自己还努力学习新的知识。她每天都在书桌前读到深夜，没有人指导，她独自向知识的高峰顽强地攀登。她也常常碰到困难，但她从不退缩。为了多学习多工作，她虽然睡得很晚，但每天早晨6点准时起床，有时读书读得非常疲倦，她便改做代数和三角习题，以惊人的毅力勤奋地学习着。

1888年4月，父亲拿到养老金。为了帮助女儿们求学，他接受了一个儿童感化院的工作，尽管工作环境不太理想，但报酬较高。他得到这份工作后，立即从每月的薪水中拿出一部分帮助在巴黎念书的布罗妮雅。这样，玛丽才得以增加自己的积蓄。

6年的家庭教师工作，使她积蓄了到巴黎求学的钱。1891年，玛丽终于登上开往巴黎的列车，她绝没有料到此去竟是她生命的重要转折点：她从此告别了平庸乏味的生活，献身于伟大的科学事业，并且取得了辉煌的成就。

求学巴黎

玛丽来到巴黎，进入著名的索尔本学院。她终于成了这所著名大学理学院的一名学生。她如饥似渴地学习着，几乎把所有的时间都用在了学习上，只有晚饭时才回到姐姐布罗妮雅家里。后来她意识到姐姐家的环境不适合她专心读书，特别是从姐姐家到索尔本路上要花费一小时，如果乘马车，天长日久，又嫌开支太大。所以，经过反复思索，在征得姐姐姐夫的同意后，玛丽决定搬到靠近大学、实验室、图书馆的拉丁区居住。

玛丽找到一所价格便宜的小房子，开始自己独立生活。她屋子中的陈设用具十分简单，只有一张折叠铁床、一个火炉、一个蒸锅、一张桌子和一把椅子。

每当天黑时，玛丽便跑进"圣日内维埃尔"图书馆，在那里学习到晚间10点，图书馆闭门时才回到自己的房间，点上油灯继续学习到凌晨2点，直到熬得两眼发红，才躺到床上。玛丽的饮食极其简单，没钱进饭馆，又不肯花半小时去做饭，所以一连几个星期，她只喝茶、吃抹黄油的面包，至多有时去买两个鸡蛋、一块巧克力或几个水果。这种清苦的生活损害了她的健康，她的身体很快变得极度虚弱，经常昏倒。

玛丽生活在书的世界中。她觉得自己像一个坚韧不拔的探险家，正在一片陌生的海洋中探索前进。物理、化学、数学、诗、音乐、天文——整个苍天和大地，都成了她智慧驰骋的园地。但她最感兴趣的是科学实验。

玛丽非常喜欢物理实验室，喜爱那样一种宁静、特殊的气氛。她站在排烟罩前面，专注地看着排烟罩底下被火管烧得沸腾的溶解材料，她沉醉了。她给自己定的目标是：考取数学和物理学两个硕士学位。为了达到这个目标，她抛弃了一切物质享受，也不去结交朋友，尽管许多男孩对她非常友好，而且她身边也有不少爱慕者，但玛丽和他们始终保持相当的距离，她只埋头于自己的学问。她唯一的消遣就是设法挤出一点钱去看一次夜戏，或到城外去散步。她最喜欢到巴黎郊外的树林中去，那里鲜花盛开，空气里弥漫着花香，她常常采一些花带回住处。

玛丽成功了。1893年7月，她以第一名的成绩考取物理学硕士学位。随即于第二年通过了数学硕士学位。

在巴黎求学的4年里，玛丽以非凡的毅力，克服了常人难以想象的困难，沉浸于科学的汪洋大海中。在漫长的冬季，当她因寒冷而无法入睡时，便从箱子里取出所有的衣服穿在身上或盖在被子上，有时她甚至把椅子拉过来压在被子上取暖。为实现自己的抱负，她放弃一般年轻女子的快乐享受，过着与世隔绝的枯燥生活，萦绕在她头脑中的只有学习和工作。就是凭着这种坚韧不拔、永远进取的顽强精神，才使她在科学领域里逐渐显露头角，并且最终成为一颗耀眼的明星。

居里夫人
——一个"唯一没有被盛名宠坏的人"

镭的诞生

一次偶然的机会,玛丽认识了一位法国青年皮埃尔·居里。1859年5月15日,皮埃尔出生于巴黎的医生之家。他从小便迷上科学,18岁便获理科硕士,19岁时已经是巴黎化学和物理学院的实验室主任。他和哥哥雅克一起搞科学试验,不久,兄弟俩便发明了一个有多种用途的新仪器——压力电石英静电计,它能把分量极微的电气精确地度量出来。后来他又发明了一种非常精确的天平——居里天平。在从事磁性研究中,他还发现了一个基本定律——居里定律。皮埃尔不仅在科学研究上硕果累累,而且人品高尚,对于荣誉从不去尽心追求。

尽管做出如此成绩,皮埃尔从政府得到的报酬却只有300法郎月薪(约60

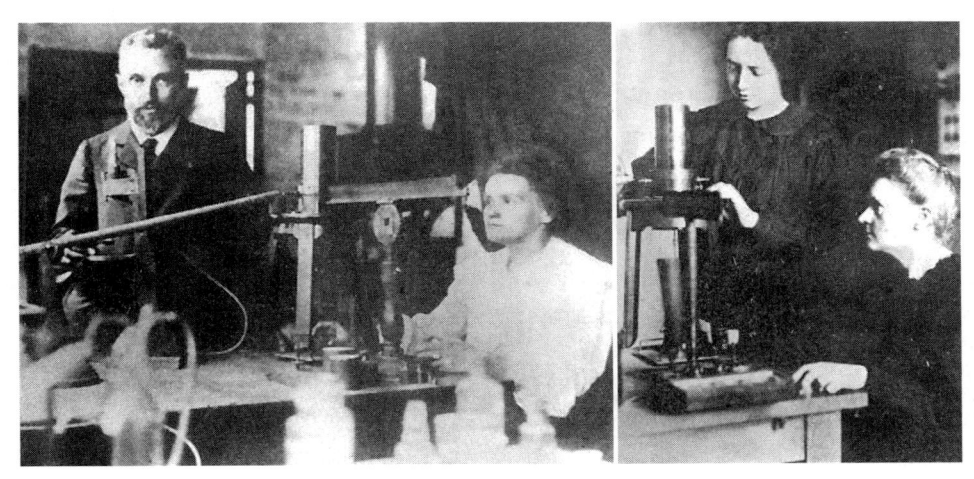

◎ 左图为居里夫妇在实验室,右图为居里夫人和女儿在实验室

美元)。凭着这一点微薄的薪金,他羞怯地向玛丽伸出了求婚之手。

玛丽答应了皮埃尔的求婚。新婚伊始,居里夫妇骑着自行车,开始了充满诗情画意的蜜月漫游,尽情领略野外乡间的自然风光。他们是亲密的伴侣,又是志同道合的学者。他们曾有一个共同的愿望:在自己心爱的人身边从事科学研究工作。如今愿望变成了现实,他们将携手开始新的生活。

玛丽·居里在获得两个硕士学位后,便决定继续考取博士学位。她翻阅了新近发表的研究报告，其中法国物理学家亨利·贝克勒尔的工作报告引起了她的注意。这位物理学家在检验一种铀盐晶体时，发现一种奇怪的、无法解释的现象：铀盐自动放射一种性质不明的射线，这种射线能把周围的空气变成导电体，使验电器带电。贝克勒尔发现的铀射线引起居里夫妇的极大兴趣，它的来源及性质尚未确定，这是极好的研究题目。

据玛丽掌握的材料表明：欧洲至今还没有一个实验室对铀射线进行深入研究，这是一块尚未开发的处女地。这使玛丽兴奋不已，她立即决定着手准备实验研究。但这需要一间实验室，皮埃尔反复向理化学校校长请求，最后才被允许在一间破旧、潮湿的房间里从事试验。这里条件很差，设备简陋，但这并没有妨碍玛丽的工作。

几个星期之后，玛丽的试验有了初步结果，她蛮有把握地证明这种射线可以精确测量，而且不受化合情形或外界环境的影响，例如光和温度的影响。她断定，这种射线来自原子内部的放射性能。这个发现，过了多年以后导致了原子弹的发明。

玛丽索性抛开那些不放射的矿物，专门研究有放射作用的矿物，测量它们的放射性。在测量中她又有了一个惊人的发现：她检查过的矿物放射性的强度，远远超过根据其中铀或钍含量的预计的强度。由此得出结论：在这些矿物中含有微量的比铀和钍的放射作用强得多的一种不为人知的新元素！

居里夫妇在铀沥青矿中寻找这种不知名的新元素。他们无论如何也没有料到，这种放射作用很强的元素在铀沥青矿中的含量只不过百万分之一！他们也未曾料到把如此微量元素提炼出来，将付出多么艰辛的代价！

1898年7月，居里夫妇已经找到了一种未知元素。皮埃尔请妻子为这个新元素起名，玛丽想到多灾多难的祖国，于是决

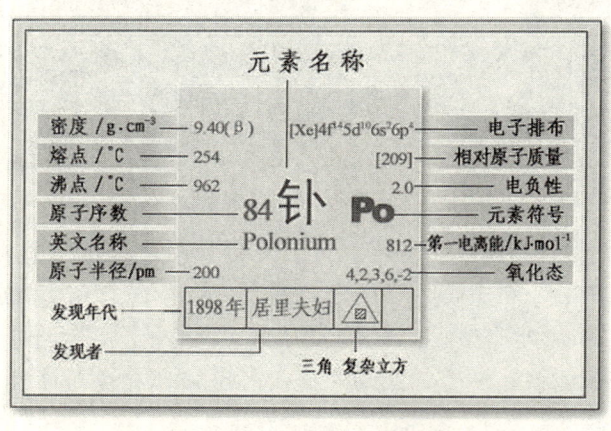

元素名称	
密度 /g·cm⁻³ —— 9.40(β)	[Xe]4f¹⁴5d¹⁰6s²6p⁴ —— 电子排布
熔点 /℃ —— 254	[209] —— 相对原子质量
沸点 /℃ —— 962	2.0 —— 电负性
原子序数 —— 84 钋 Po	—— 元素符号
英文名称 —— Polonium	812 —— 第一电离能/kJ·mol⁻¹
原子半径/pm —— 200	4,2,3,6,-2 —— 氧化态
发现年代 —— 1898年 居里夫妇	
发现者	三角 复杂立方

△ 居里夫妇将新发现的放射性元素命名为钋

定叫它"钋"。到12月26日，居里夫妇及其合作者贝蒙共同在给理科博士学院的报告书中宣布在铀沥青矿里含有第二种放射性化学元素，他们建议叫它镭。

镭和钋的发现及其特性引起不少科学家的极大兴趣，但是要完全有把握确认这两种新物质的存在，必须使人们能看见它、触摸它，把它放在瓶子里，而且能测定它的"原子量"。为了达到这个目的，居里夫妇还必须继续工作，以便能提炼出纯镭和纯钋。

摆在面前的最大困难是如何获得炼制工作所需的原料和费用。含有镭和钋的铀沥青矿是很贵重的矿物，居里夫妇无力购买。他们推想，假如这个新元素存在于沥青铀的矿石中，但又不同于铀，这样，即使提出了铀之后，这种矿物里的钋和镭一定还存在，而这种剩余的下脚料几乎是一文不值的。于是，他们决定购买经过提炼铀之后的残渣。

居里夫妇的工作环境简陋到了极点。他们的实验室是间破旧的木板屋，夏天热得像温室，冬天冷得似冰窖，而且还漏雨。由于没有安装放出有害气体的"烟罩"，大部分炼制工作只能在院子里做。每当下雨时，夫妇俩不得不把仪器搬到屋里。就是在这种恶劣条件下，居里夫妇连续工作了4年。在这4年中，他们既是学者，又是技师，还是工人；既要进行脑力劳动，又要从事体力劳动。

1902年，居里夫妇经过4年的艰苦奋斗，终于打赢了这场持久战：提炼出0.1克纯氯化镭结晶，并初步测定这个新元素的原子量是225（现在精确测定为226.0254）。镭的神秘特性逐渐被学者所认识，而它最伟大的功用则是可以治疗一种残酷的病症——癌症。这就使提取这种新元素不仅有理论价值，而且可以造福人类。制镭工业随后诞生，而居里夫妇是这一工业的先行者。

不久，一些想在美国创立制镭业的技师，写信给居里夫妇，询问制镭的具体程序，请求给予指导。这无疑是个极好机会，居里夫妇完全有理由以发明家的身份，申请此项技术的专利权，并获得大笔财富。但玛丽表示"不能借此求利"，因为那么做"是违反科学精神的"。最后他们一致同意不取报酬，毫无保留地公开发表研究结果及制镭方法。

1903年6月25日，在索尔本的一间小教室里，玛丽·居里出色地完成了关于"放射性物质的研究"的博士论文答辩，荣获巴黎大学授予的物理学博士学位。

　　随着镭的诞生，荣誉也接踵而来。1903年11月，英国伦敦皇家学会将该会最高奖赏戴维奖章赠予居里夫妇。1903年12月10日，瑞典斯德哥尔摩科学院宣布：当年诺贝尔物理学奖金一半赠予贝克勒尔，另一半赠予居里夫妇，奖励他们在放射性研究方面的重大贡献。居里夫妇一时间声名大振，各种宴会邀请使他们应接不暇，美国还建议他们前去进行工作讲演。新闻记者更是穷追不舍，不仅居里夫妇成了报纸上的新闻人物，连家里的小花猫的照片也刊登在报纸上。各式各样的信件更是不可胜数，这扰乱了他们的宁静生活。为了逃避名声带来的麻烦，居里夫妇不得不经常"化装"出门。

享誉世界

　　1906年4月19日是一个令人悲伤的日子。这天天空昏暗，阴雨连绵。皮埃尔撑着伞走在人声鼎沸的大街上，他滑了一跤，跌倒在地。就在这时，一辆载重货车疾驶而来，从他的身上辗了过去。一个伟大的生命离去了。

　　玛丽得到这个不幸的消息，简直不能相信自己的耳朵，一连几个星期，她陷入巨大的痛苦之中。皮埃尔的突然去世使世界各国为之震惊，无数悼念的文件像雪片似的飞到玛丽的住所，签名的有国王、部长、诗人、学者及各类不知姓名的人。

　　玛丽的幸福至此结束，可是她的研究并未中止。她接受了巴黎大学的聘书，接替了她丈夫的教授职位，成了法国历史上高等学府中的第一位女教授。

　　失去伴侣的生活是艰难的。如今玛丽必须独自抚养两个孩子，她还必须独立地继续研究她和丈夫共同研究的放射性科学，她要指导学生，还要实现皮埃尔生前的梦想：建立一个像样的实验室。她与安德烈·德尔比埃合

△ 镭矿石和提炼出来的镭

作，成功地提炼出金属镭，后来她又单独研究并发现用镭射线测定镭的分量的方法。1910年她出版学术专著"放射性专论"，还发表"放射元素分类"和"放射性系数表"，同时她还预备镭的第一个国际标准单位……随着事业的发展，居里夫人的声誉也日见隆盛，书桌上堆满了各地寄来的名誉博士学位证书和外国科学院通讯院士证书。

1911年12月，斯德哥尔摩的科学院决定把当年的诺贝尔化学奖授予居里夫人，表彰她在丈夫去世后取得的辉煌成绩。

1914年第一次世界大战爆发后，她组织并亲自率领了一批X光小分队，为伤兵服务。她奔波在法国各地——她像一个救死扶伤的天使，面孔美丽而惨白，双手由于放射性照射而伤痕累累。

她不顾年龄和健康，异常繁忙地工作着，似乎在与时间赛跑。终于有一天，她从实验室回家时，自言自语地说："啊，我多么疲倦呵！"次日，她已经不能起床了。她除了过度劳累外，看上去有点像感冒、结核、恶性贫血，但医生认为都不是。只是在她去世后，人们才发现她的病其实是"镭中毒"——她一生所受的过量辐射而逐渐形成的内脏损伤。

1934年7月4日，居里夫人在桑塞罗去世，一颗伟大的心脏停止了跳动。

居里夫人是一位非凡的女性，她集学者、妻子、母亲于一身，在经历失去丈夫的巨大悲痛之后，仍然顽强奋斗，并取得辉煌成就。她的刻苦精神，她拒绝财富、淡漠荣誉的崇高品质，为后人树立了永世不朽的楷模。

爱因斯坦在悼念居里夫人时，曾非常确切地评论居里夫人一生的功绩："在像居里夫人这样一位崇高人物结束她的一生的时候，我们不要仅仅满足于回忆她的工作成果对人类已经作出的贡献。第一流人物对于时代和历史进程的意义，在其道德品质方面，也许比单纯的才智成就方面还要大。"

(李辉)

★ 玻　尔

——一个被誉为"复活的苏格拉底"的人

尽管他没有爱因斯坦那样声名显赫，但真正懂得物理学的人都深知：他完全可以和爱因斯坦并驾齐驱，甚至稍有过之，堪与亚里士多德并列。原子时代的到来，在很大程度上有赖于他的科学研究以及他所发挥的影响。从对于同时代和整个世界的生活发挥指导作用这一点来说，很少有人能与他相提并论。他就是丹麦物理学家、思想家玻尔。

"我要当物理学家"

1885年10月7日，尼尔斯·玻尔（Niels Henrik David Bohr，1885~1962）出生于丹麦哥本哈根。父亲克里斯蒂安·玻尔是丹麦皇家科学院院士，当时知识界的中心人物。在他们家经常有一些科学界著名人士聚会，一起谈论物理、哲学、文学，评说科学领域的新成就。每当这时，小玻尔总是默默地站在一旁倾听。时间一久，他逐渐听懂了大人们所谈的内容，有时还插上几句，大胆发表自己的意见，这使客人十分吃惊。他们发现，小玻尔对物理学有浓厚的兴趣，而且有着丰富的想象力和理解力。

一次，父亲问玻尔长大了想干什么，玻尔毫不犹豫地说："我要当物理学家。"从此，他一心想着如何成为一名物理学家，并终生为之奋斗。

7岁时，玻尔进入当地颇有名气的一所小学。他聪明好学，各门功课都很

玻 尔
——一个被誉为"复活的苏格拉底"的人

优秀，尤其在数学和科学方面显示出非凡的才能，不过他笨拙的口舌和拙劣的作文也是全校有名的。在家里，父亲经常给小玻尔讲述丹麦王国的历史，讲述斯堪的纳维亚人和撒克逊人之间的战争，还常常给他大段大段地背诵《浮士德》。歌德作品中气势磅礴的诗句和美好的感情，深深感染了小玻尔。玻尔稍大一点，父亲就辅导他朗读莎士比亚和狄更斯的作品。

玻尔小时候一家人的合照

父亲还常带玻尔和弟弟一块儿去郊游。有一次，父亲带着他们哥儿俩到河里去划船，然后到了河对岸的大教堂。玻尔对塔顶的大钟很感兴趣，他到钟楼去观察后，得知钟的运动是靠齿轮转动的，心里很高兴。

玻尔还喜欢做手工。只要家里有要修理的东西，他都拿来修一修。他在手工课上做的小木偶，弟弟非常喜欢。家里的自行车坏了，他也千方百计把它修好。

到高年级后，玻尔所学的东西已远远超过课本，他常常向老师指出教科书中的错误。有一次，同学问他，要是考试恰好出在这些错误题上，是照你的回答呢，还是照书本上回答？玻尔毫不犹豫地说："当然照对的答题，应该让老师知道什么是对的。"

父亲也发现玻尔与众不同，认为"玻尔不能用常人的标准来衡量"。从小学到中学，玻尔越来越显示出他特有的智慧，他的历史、语文、拉丁语每次都是班上的第一名，数学、物理更是远远走在全班同学的前面。

1903年，玻尔以优异的成绩考入哥本哈根大学，攻读理论物理。

天才思想

在哥本哈根大学，玻尔就已经显示出天才。入校之初，他被深奥的哲学问题所吸引，如饥似渴地阅读了大量的哲学著作。他曾为斯宾诺莎的心物平行论①所吸引，更为实证主义大师穆勒②的《一个丹麦学生的故事》而心灵激荡。正是这本小册子，促使玻尔去探讨认识的辩证过程以及所有知识的"伟大的内部联系"。为了探讨哲学问题，玻尔参加了一个以讨论哲学和科学为内容的小组。这个不超过12人的小组每月数次聚集于咖啡馆，一起谈论哲学与科学问题，在激烈的争论中各自发表自己的观点。随着讨论的深入，观点也变得愈来愈精辟。

△ 玻尔（二排右一）在1927年的第五届索尔维会议上

1907年，玻尔写了一篇关于水的表面张力的论文，荣获哥本哈根学院的金质奖章。随后，这篇论文在英国最著名的科学杂志《哲学学报》上发表。这时，他已在学术界崭露头角。1911年，玻尔以论文《金属电子论的研究》获物理学博士学位，并以优异的成绩而获卡尔斯堡奖学金，随后赴英国剑桥大学和曼彻斯特大学继续学习。

1911年秋，玻尔来到剑桥。他希望能在物理学家汤姆孙的指导下继续从事电子理论的研究，但汤姆孙对这位年轻人所提出的问题并没有多大兴趣，对他的论文也未予处理。而玻尔并没有灰心，他坚持自己的见解，并一直研究下去。10月间，玻尔正巧遇上卡文迪什实验室一年一度的聚餐会，有幸听到了卢瑟福在会上的演讲。卢瑟福在当时被誉为"原子巨人"，他关于原子结构的思想深深地打动了玻尔。玻尔认为，应该和这样的人一道工作才有可

---

①心物平行论是在笛卡尔的交感论和赫林克斯的偶因论之后提出来的，是解决精神与身体关系的又一尝试。斯宾诺莎认为，观念的次序和联系与事物的次序和联系是相同的；观念并不以观念的对象为原因，而是以另一个观念为原因；身体不能使心灵思想，心灵也不能使身体动静。现代科学已经证明，心理过程是以生理过程为基础的，心理过程在一定程度上也可以影响生理过程。

②穆勒（John Stuart Mill, 1806～1873），英国实证主义的最早代表，19世纪著名思想家之一。他在哲学、政治、经济、宗教、道德等方面都有著述。穆勒反对从一般概念出发的认识论，强调包括物理科学和道德科学在内的一切人类知识均起源于经验，借经验直观所认知的真理是一切其他真理所由以出发的根本前提。

能尽快地提高自己。他的想法得到了卢瑟福的支持。

1912年3月，玻尔到了曼彻斯特大学，在卢瑟福领导下进行研究。在这里，玻尔处在一个具有平等自由学术空气的研究环境。卢瑟福身边的人每天下午围在一起，边吃糖果茶点，边热烈地讨论各种问题，无论是权威还是青年人都能平等地畅所欲言。玻尔深深地被这种气氛所感染，并与卢瑟福结下了深厚的友谊。

此间，正值卢瑟福提出了他的原子核式模型——把原子设想成与太阳系相似的微观体系。这个体系比起"汤姆孙原子模型"尽管有所进步，但它在解释原子的力学稳定性和电磁稳定性上却遇到了麻烦。玻尔面临着选择，是坚持卢瑟福模型，还是坚持麦克斯韦的伟大理论。玻尔以惊人的勇气放弃了后者，并以一种深刻的洞察力预见到，在原子层次上，经典理论将不再成立，新的革命性思想必须被引入，这个思想就是普朗克的量子思想。他把自己的想法对卢瑟福作了说明，卢瑟福为此深感惊异：这个二十多岁的年轻人，竟能用这样简明的思想和语言，把如此一个难题解释得这么合理。

不久，玻尔的一篇重要论文《论原子构造和分子构造》问世了。这篇论文经卢瑟福审阅后推荐发表在《哲学杂志》上。论文一面世，就立即引起欧洲科学界的震动。一些人为之欢呼，而一些权威们却不承认玻尔的观点。

1913年9月7日，在英国伯明翰召开了不列颠科学促进会议，专题讨论玻尔的这一新观点。玻尔在会上论证：研究原子，尤其是解释原子这个类太阳系的稳定性时，必须引进新

◎ 玻尔提出的原子模型

的原理，即研究微观粒子运动规律的理论——量子论。他还提出了几条基本"公设"，提出了至今仍很重要的原子定态、量子跃迁等概念。到会的几乎都是世界上最著名的物理学家，但大家对玻尔理论基本持否定态度。只有爱因斯坦认为玻尔理论是个"伟大的发现"并断言"一定正确"，但他因故无法出席会议。

"青山遮不住，毕竟东流去。"不久，玻尔理论在解释氢原子光谱的频

率规律方面取得了相当圆满的结果，他的"定态"概念得到了越来越确切的实验验证，他的某些理论预见也得到了实验的证实。玻尔理论很快得到了公认。《论原子构造和分子构造》的发表日期被称为"现代原子理论的诞生日"。

"哥本哈根精神"

1914年5月，玻尔又一次来到曼彻斯特实验室。在这里，除了进行研究外，他还学到了对其后半生起决定性影响的东西：认识到科学中心对发展科学的重要性；领略了大规模科学研究的意义；明白了作为一个优秀科学领导者应有的思想、风度；体会到了精良的实验设备对科学发现及对吸引人才的意义；也看到了大规模国际合作对推动科学发展的重要作用。

1916年9月，玻尔回国任哥本哈根大学理论物理学教授。随着研究工作的开展，他深感建立实验室的迫切需要。1917年，他提出建立研究所的建议，得到学校和有关当局的支持。研究所于1919年破土动工，1921年3月3日完工。在落成典礼上，玻尔发表了演说。他指出，由于科学事业本身的探索性，前途既可能洒满阳光，也可能阴云密布，只有新的科学思想、科学概念和科学方法才能帮助人们闯过急流险滩，走向光明。所以，科学研究不能只靠少数有限的研究者，更要靠青年，只有他们才可能从新的方面提出问题，作出重大贡献。研究所不仅要进行科学研究，还要培养未来的科学人才。

△ 哥本哈根大学的玻尔研究所

研究所建成后，36岁的玻尔成为这个研究所的所长。他的人格魅力很快就吸引了各地有才华的年轻人，并很快把这里变成了全欧洲的学术中心。赫

玻 尔
——一个被誉为"复活的苏格拉底"的人

维西①、泡利、海森伯、莫特、朗道②、伽莫夫③……这些世界一流人才向这里涌来，充分地感受这里的自由气氛和玻尔的关怀，并形成了一种富有激情、活力、乐观态度和进取心的学术精神，也就是后人所称道的"哥本哈根精神"。正是这种精神，深深地影响着量子力学的未来和我们的世界观以及思维方式的改变。

许多著名的物理学家都表示，自己刚到哥本哈根时就感到那里的气氛和别处不同。不论泡利的严刻，伽莫夫的诙谐，弗里什的机敏，普拉克的散漫无羁，朗道的狂傲不逊，玻尔都能处之泰然。他善于激发他们的热情，容忍他们的弱点，尊重他们的意见和感情。每当物理学中出现了什么新问题、新倾向或新思想，人们多半就会在玻尔的邀请或别人的倡议下聚集到哥本哈根来交流看法，分析形势，开展争论，听取玻尔的启示和泡利的批评。他们往往激烈地争辩，在郑重的论述中夹杂着幽默的谈笑。正是通过这许多亦庄亦谐的辩论，人们的思想得到开拓，理论的形式得以廓清。难怪像泡利和朗道那样的才华横溢、目无余子的人，却一直以玻尔的学生自居，对玻尔充满依恋之情。有人说："在几十年的时间内，在全世界的物理学家的眼中，哥本哈根就是他们的麦加圣地。"还有人说："这个研究所，后来成了柏拉图学院之后唯一最负盛名的研究中心。"

玻尔领导这个研究所达40年之久，期间培养了大约600名外国物理学家，短期来访者不计其数，玻尔也赢得了"复活的苏格拉底"的美誉。当有人问玻尔："你是怎么把那么多有才华的青年人团结在身边的？"他回答说："因为我不怕在年轻人面前承认自己知识的不足，不怕承认自己是傻瓜。"

---

①赫维西（George Charles de Hevesy，1885~1966），瑞典化学家。他利用同位素之间难以分开的特点创立了放射性示踪方法。1923年他和科斯特在哥本哈根发现了元素铪，对原子的电子层结构理论和元素周期性的阐明有重要意义。他获得了1943年诺贝尔化学奖，并获得1959年和平利用原子能奖。

②朗道（Лев Давидович Ландау，1908~1968），苏联著名物理学家。由于创立了凝聚态理论，特别是液态氦理论，朗道获得了1962年诺贝尔物理学奖。

③伽莫夫（George Gamow，1904~1968），美籍苏联物理学家。他在许多科学领域都作出了重大贡献：在原子核物理方面，1928年提出α衰变理论，1936年提出β衰变的伽莫夫-特勒选择定则；在宇宙论中，1948年后与勒梅特一起提出天体物理学的"大爆炸"理论；在生物学方面，提出遗传密码的概念，对遗传理论的发展起了很大的促进作用。他也是一位杰出的科普作家，于1956年获联合国教科文组织卡林格奖。

科学卫士

玻尔在多方面都取得了辉煌的成就。他从一开始就要说明原子和分子的各种物理性质和化学性质，特别是说明显示这些性质变化的元素周期表。为了探索经典理论和量子理论之间的关系，他于1918年阐述了他的理论。他认为，按照经典理论来描述的周期性体系和该体系的实际量子运动之间存在着一定的对应关系，后来这一理论被称为对应原理。这一理论在当时的发展水平上成为从经典理论通向量子理论的桥梁，也成为海森伯矩阵力学的直接前奏。

海森伯"测不准"原理[①]提出后，曾引起了一系列的哲学争论，而作为哥本哈根"精神领袖"的玻尔，提出了他的互补性观点，这一观点后来发展成了"互补哲学"[②]。他用这种观点论述了物理、生物、社会和哲学的无数问题，对西方学术界产生了极为重要的影响。

1939年9月3日，第二次世界大战爆发。第二年4月，德军占领丹麦。美国的朋友和各大学纷纷发来电报，邀请玻尔和家属赴美研究。但玻尔认为他必须留下，尽自己最大可能保卫研究所及其工作人员。当时原子弹研制存在着许多实际困难，如难以提炼大量的铀，难以控制反应速度等，所以许多科学家认为原子弹难以制造成功。在这种情况下，玻尔指出慢中子裂变应归于稀有的同位素铀235，并发明了有效分离同位素的方法，使得原子弹的制造成为可能。

[①]测不准原理是德国物理学家海森伯于1927年通过对思想实验的分析提出来的，不久就被证明可以从量子力学的基本原理及其相应的数学形式中把它推导出来。根据这个原理，微观客体的任何一对互为共轭的物理量，如坐标和动量，都不可能同时具有确定值，即不可能对它们的测量结果同时作出准确预言。测不准原理突破了经典物理学关于所有物理量原则上可以同时确定的观念。

[②]1928年玻尔首次提出了互补性观点，试图回答当时关于物理学研究和一些哲学问题。其基本思想是：任何事物都有许多不同的侧面，对于同一研究对象，一方面承认了它的一些侧面就不得不放弃其另一些侧面，在这种意义上它们是"互斥"的；另一方面，那些另一些侧面却又不可完全被废除，因为在适当的条件下，人们还必须用到它们，在这种意义上说二者又是"互补"的。例如玻尔认为，微观客体的"粒子性"和"波动性"，就是这样既互斥又互补的两个方面。玻尔的互补哲学受到了许多有影响的学者的拥护，也受到另一些同样有影响的学者的反对。围绕这样一些问题，爆发了历史上少有的学术大论战，这场论战已经进行了几十年，至今尚无定论。

玻　尔
——一个被誉为"复活的苏格拉底"的人

在战争中玻尔的研究越来越困难,他还受到盖世太保的秘密监视。纳粹的恐怖浪潮席卷了整个丹麦,并直接威胁到他的实验室。他的幻想破灭了,最后只好选择逃往同盟国。

1943年10月6日,玻尔乘坐英国的蚊式轰炸机到了伦敦。不久,又秘密地来到美国原子弹研制基地,同费米、奥本海默、西拉德[①]等人合作,参加了第一批原子弹的研制。

然而这时,一个重大问题又困扰着玻尔:如何制止全世界竞相制造原子武器?为了这一目的,玻尔到处奔波,呼吁各国把原子能用于人民的生活,为人民谋利,防止原子武器的灾难性扩散,同时把原子能研究成果为所有向往和平的人们共享。这项工作不久取得了一定进展,还成立了一个正式机构叫"过渡委员会",用以考虑人类面临的最巨大的危险和最重大的机会。

二战结束后,玻尔一家于1945年8月底返回丹麦。丹麦人热烈、激动、真挚地欢迎他回归祖国。1947年,丹麦政府为了表彰他的功绩,封他为"骑象勋爵"。1952年他倡议建立欧洲原子核研究中心。1955年他参加了创建北欧理论原子物理学研究所,并担任管委会主任。同年,丹麦原子能委员会成立,玻尔被任命为原子能委员会主席。

1955年10月7日是玻尔的70岁大寿,丹麦皇家科学协会为他举行隆重的庆祝大会,丹麦国王亲自出席向玻尔表示祝贺,并宣布授予玻尔丹麦一级勋章。政府和皇家科学协会还决定设立玻尔国际金质奖章,用以表彰在和平利用原子能方面取得杰出成就的科学家。

1956年发生了埃及战争。在这些令人忧虑的日子里,玻尔日夜不安。他再次致信联合国秘书长,就预防可能发生的冲突及谋求和平与安全的国际合作提出建议。但这封信在当时并没有产生什么影响。

战后,玻尔到许多国家旅行。他出席了在斯堪的纳维亚、英国、法国、德国和美国等地举行的科学学术会议。他还到过以色列、希腊及印度。除了科学家之外,他会见了一些国务活动家及各种有影响的人物,同他们讨论扩大国际合作的问题。为实现这一目的,他在生命中最后的几年里花费了很多

---

① 西拉德(Leo Szilard,1898~1964),美国核物理学家。他在核物理学领域的研究,为核反应堆的研制奠定了技术理论基础。1955年,他和费米同时获美国专利局关于第一座核反应堆专利。西拉德一生反对独裁,爱好和平,是一个具有社会责任感的物理学家。

△ 丹麦货币上的玻尔像

的时间和精力。

　　1962年11月18日，玻尔在午睡中溘然长逝，享年77岁。在他逝世的前一天，玻尔还在家里研究室的黑板上画下了最后一张爱因斯坦"光子箱"图。

　　玻尔的逝世使整个科学界都深感震惊和悲痛。欧洲科学界有人说："玻尔比任何人，甚至包括爱因斯坦在内都更多地改变了这个世纪。"这种评价并不过分，因为玻尔和他创立并领导的哥本哈根研究所为量子力学的飞速发展作出了划时代的贡献。他的品质，他的精神，将永远飘荡在科学的上空。

（李辉）

★ 费 米

—— 一个被誉为"中子物理学之父"的人

1942年12月2日,康普顿打长途电话给设在哈佛大学的科学研究发展局的柯南先生,并转告罗斯福总统说:"那位意大利航海家已经发现了新大陆,且那里的土著人十分友善。"这个"新大陆"就是人类所创建的第一座原子反应堆,它是人类第一次成功地实现链式核反应,是标志原子能时代到来的里程碑。而那位"意大利航海家"就是指美籍意大利物理学家、中子物理学之父费米。

少年立志

恩里科·费米(Enrico Fermi,1901~1954)1901年9月29日出生于罗马,父亲是铁路职工,母亲是中学教师。他是这个家庭三个孩子中最小的一个。费米其貌不扬,穿戴邋遢,但酷爱学习。6岁时,他被送入一所以严格著称的公立小学。他学习成绩名列前茅,尤其表现出非凡的数学才能。10岁时的一天,他听人谈论圆的数学方程式:$X^2+Y^2=R^2$,感到非常有趣,就用了整整一天的时间,独自推导出了这个方程式。

费米爱读书,但家中没多少书,他就想办法到百花广场的露天市场买书。有一次他买到了卡拉法神父所著的《物理数学基础》,这本书的内容深深地吸引了他,他欣喜若狂,如获至宝。从这本书里,他学到不少东西。费米的物理学知识与日俱增，他渐渐不满足于书本了，便开始做一些实验。他能够用简陋设备准确地测量地球的磁场、自由落体的加速度等。他还与哥哥一起设计制造电动机，竟能使它正常运转。他也试着来解释某些自然现象，如绑在陀螺上的绳子，为何扯得越猛陀螺就旋转得越快？为什么一个急旋的陀螺，它的轴心总是垂直的，甚至在开始时不垂直，一转一转又成垂直的了？当陀螺的旋转慢下来时，轴心便倾斜到和地面成一个角度，而陀螺上端也就画出一个圆？

费米父亲的一位同事艾米蒂（A. Amidei）看出费米的非凡天才，便有意识地培养他。艾米蒂采用循序渐进的教学方法，分期分批地借给费米数学与物理书籍，包括解析几何、微积分和理论力学。后来，以艾米蒂的才学已无法教费米了，费米只好自学。他独立地学完了向量分析、普朗克的《热力学原理》以及庞加勒的一些书。从这时起，费米就立下了当一个物理学家的志向。

在艾米蒂的建议下，费米投考了比萨大学的高等师范学院物理系。这是一所培养高级人才的学府，但必须通过竞争性考试。费米的应考论文是《声音的特性》，文章一开始就写了关于振动弹簧的偏微分方程，然后以20页的篇幅阐明了用本征函数所求的解和特征频率的决定等。这使主考教授惊讶万分。他无法想象，一个17岁刚离开中学的青年，竟能写出这样的文章。他还从未见过如此出类拔萃的人才。

1918年11月初，17岁的费米怀着轻快的心情和伟大的抱负，离开了首都罗马，来到比萨城，开始了在这里为期4年的学习生活。

"希望之星"

比萨是一座美丽的大学城，这里有著名的比萨斜塔。16世纪伟大的伽利略曾在斜塔顶上试验物体下坠的速度，建立了落体定律；他悟出"钟摆定律"的那盏灯，一直悬挂在那座老教堂的天花板上。伽利略的名声，对年轻的物理学者有着很强的感召力。费米暗自发誓，一定要在物理学方面超过发达国家，以慰伽利略的在天之灵。

费米发奋读书，刻苦钻研，几乎读遍了图书馆里所有的相关书籍。两年

费 米
—— 一个被誉为"中子物理学之父"的人

后，老师发现自己无法教他了，于是就鼓励费米自己到实验室去做实验。通过自学，费米成了学校相对论和量子论的"权威"，以至于他被要求给老师们讲课，这成了一时传诵的佳话。

1922年夏，21岁的费米在本科期间完成了博士学业，并以优异的成绩获得博士学位。他回到罗马，遇到罗马大学物理实验室主任科尔比诺[①]。这位主任立即看出费米的才干，并认定费米就是复兴意大利物理的"希望之星"。

这年冬天，费米取得教育部的奖学金，先在德国哥廷根玻恩研究所进行短时间研究，然后到莱顿，与埃伦费斯特（P. Ehrenfest）[②]一起研究，并同他建立了真诚的友谊。

1924年，费米回到意大利，就任佛罗伦萨大学理论物理学讲师。1925年泡利发现了"不相容原理"，次年费米与狄喇克便各自独立地提出受泡利"不相容原理"限制的粒子所服从的统计规则，称为"费米－狄喇克统计"。这种统计在原子物理、核物理和固体物理中有着广泛的用途。

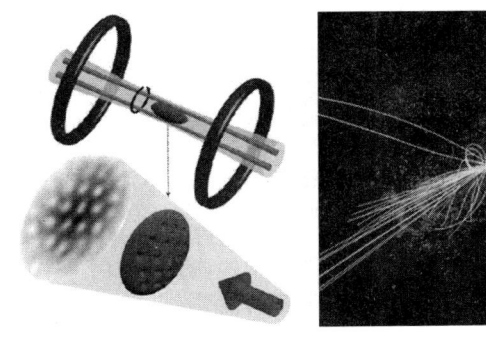

自旋为半整数（1/2，3/2…）的粒子统称为费米子

1926年10月，费米正式受聘于罗马大学。1929年任意大利皇家科学院院士。这时，费米已被公认为意大利物理学家中的佼佼者。

当时，量子力学在非相对论问题上已达到充分发展的程度，费米决定把研究方向转到核物理方面。1933年在索尔维会议上，科学家们全力讨论了核问题。1934年，费米利用泡利提出的中微子概念，第一个提出原子核β衰变

---

①科尔比诺（O. M. Corbino），意大利物理学家，曾是意大利议会的参议员和政府要员，担任过两任部长。他梦想在罗马建立一个卓越超群的物理学系，使意大利在物理学上的成就为世界所公认。他是最先发现费米的天才并支持费米的人。

②埃伦费斯特（Paul Ehrenfest，1880～1933），奥地利理论物理学家。1912年由爱因斯坦推荐，任莱顿大学教授。在普朗克发表量子论后，他是最先注意到量子特殊意义的科学家之一。他在1911年就指出早期量子论的主要特点，并严格证明了如果空腔中的黑体辐射能量是有限的话，那么电磁振动的能量只能是不连续地改变。这就使人们看出，对于黑体辐射，普朗克量子假说不仅是充分的，而且是必要的。

的量子理论,这是近代基本粒子相互作用理论的创始。在费米的理论中,假设了一种完全新型的力,即所谓弱相互作用。这种新型的力与引力、电磁力以及将核中的粒子联结在一起的强相互作用力组成目前物理学中所知道的力的家族。

　　1934年1月,约里奥·居里夫妇用α粒子轰击铝,发现了人工放射性现象。费米得知后立即想到,中子在产生放射性元素中应比α粒子更有效,因为它不会被核电荷所排斥。费米领导的小组开始做实验。他们依着元素周期表,从最轻的氢气试验起。他用中子轰击水,没有结果,试验锂,也没有结果。之后他试验了铍、硼、碳、氮,也都毫无动静。这时,有的人企图放弃实验,但费米的顽强性格不允许他停止。他接着开始轰击氟,氟被激活,出现了放射性现象,而且氟后面的其他元素也都出现了放射现象。当用中子轰击周期表中的最后一个元素,即92号元素铀时,实验人员发现铀产生的放射性元素不止一种。这是一个重大的发现,但费米却误认为新产生的放射性元素中可能有"93号元素"。

　　1935年10月,费米和他的合作者观察到,当中子经过含有氢的物质时,会增加人工放射性的效率。费米对这种效应所作的解释是:由于中子与氢原子的弹性碰撞,使中子的速率缓慢下来的结果。这样就发现了慢中子。此后几年,慢中子的研究成为费米工作的主要方向。

　　1938年,费米因利用中子辐射发现新的放射性元素及慢中子所引起的核反应而荣获诺贝尔物理学奖。由于意大利国内法西斯势力日趋猖獗,费米在前往斯德哥尔摩领奖时,乘机携全家逃往美国[①]。

第一座原子反应堆

　　1939年初,德国科学家哈恩与斯特拉斯曼用化学方法检验了费米的实验,他们发现用中子轰击铀原子,产生的并不是"93号元素",而是元素"钡",并且大胆地提出了"原子核裂变理论"。这一理论的提出震惊了物

[①] 当时正逢德国、意大利法西斯专政,实行民族压迫政策。墨索里尼的政府颁布了反犹太法。费米夫人是犹太血统,必然会受到残酷的迫害。因此,费米一家,不得不趁到瑞典领奖之机逃往美国。在美国,他任教于纽约的哥伦比亚大学,4年后,加入了美国籍。

理学界。费米立即意识到自己的失误，随后便全力以赴研究核子裂变，并对裂变提出了一系列理论。他发现，铀原子核被一分为二时，可以放出两个中子，这两个中子又会去撞击另外两个铀原子，使每个铀原子再各产生两个中子。然后是4个中子撞击4个铀原子，8个中子撞击8个铀原子……换句话说，起初只要用少数人造的中子来撞击铀原子，便可以引起一连串的反应，直到所有的铀原子都分裂为止。这就是"自动链式反应"理论的基本观念。

不过，费米所提出的链式反应过程，还只是理论上的，实际上能否成功，还需要实践证明。事实上，原子分裂时所产生的中子并不都会去分裂更多的铀原子，其中许多中子在去撞击铀原子以前，就可能被别的物质所吸收。另外，铀原子分裂时所产生的中子发射极快，必须有新的方法来使它的发射减慢。

探索这种新方法，对于物理学家是一种挑战。许多大学都建立了实验室，投入了大量人力物力进行研究。费米所在的哥伦比亚大学也不例外。费米与他的科学家小组决定进行水下铀裂变的研究。可是，经过多次实验后发现，无论是水还是其他氢化物，都不适合做减速剂。原因是氢吸收的中子太多，它会使链式反应无法进行。他们最后选用碳作为减速剂，而且把铀块和非常纯的石墨分层叠放起来，形成一个"堆"——原子反应堆。

△ 在芝加哥大学为第一座核反应堆作出贡献的专家合照（前排左一为费米）

1941年底，费米这个科学家小组的工作正式纳入"曼哈顿计划"，并接到通知：费米本人和他的小

有志者事竟成

组,他的设备及他们所搜集的各种资料,都必须转移到芝加哥去。他们把建造反应堆的位置选在芝加哥大学体育场西看台下的一个网球场,对外声称是"冶金实验室"。

1942年12月2日,这是个历史性的日子。这一天,费米指导下设计和建造的核反应堆首次运转成功。试验成功的消息以"密语"的方式告诉了罗斯福总统:意大利航海家发现了新大陆。这是人类第一次成功地进行了一次核链式反应,它预示着原子能时代的到来,它距原子弹的诞生,也只有一步之遥了。

之后,费米到洛斯-阿拉莫斯实验室,在奥本海默指导下,奉命研制原子弹。从1944年9月到1946年初,费米的大部分时间都在以洛斯-阿拉莫斯实验室总顾问的名义工作。

1945年7月16日,世界上第一颗原子弹在新墨西哥州的沙漠里爆炸。当大家都在为爆炸所产生的能量震惊时,费米宣布:这颗原子弹的能量相当于两万吨TNT炸药。这一数据是当他感到第一阵震波时,他用撕碎的纸片洒落在身后的远近算出的。这与几周后用复杂的仪器分析、计算的结果完全吻合。

可是,在原子弹研制成功的同时,也给人类带来了悲惨的后果:1945年8月6日和9日,两颗原子弹在日本的广岛和长崎爆炸了。在这两次爆炸中,共有八万多人死亡,近十万人受伤和"失踪",而一些幸存者,几天后便出现恶心、呕吐、发烧、便血等症状,他们在几周、几月或几年内相继死亡。

成功的喜悦,和平的希望,都无法驱除道义上的沉重感。当第一颗试验弹爆炸成功后,人们还举行了一个愉快的晚会,陶醉于胜利之中。而当广岛被炸的消息传来后,没有歌声,没有舞蹈,倒是有几个人喝醉了。特别是当

△ 人类第一座核反应堆CP-1(美国"曼哈顿工程")

成堆成堆的尸体照片送来时，大家都沉默了。

曾经向华盛顿军方领导人积极游说要造原子弹的西拉德，现在却认为此举是"不明智的"；"原子弹之父"奥本海默也成了积极主张控制原子弹的科学家，他去白宫会见杜鲁门总统时竟为此情不自禁地哭起来；爱因斯坦曾对友人坦承，写信向罗斯福总统推荐研制原子弹是他一生中最大的错误[1]。费米对自己的解释是：他的终生追求就是对科学的贡献，政治并不是科学家的事。但他总还是受着良心的责备，决定尽快离开"战争科学"，回到基础研究。

1946年元旦，费米一家来到芝加哥大学的核科学研究所。1951年9月29日，费米迎来了他的50岁生日。此后，他就放弃了中子的研究，转而潜心研究宇宙射线。他在这方面的工作对后来宇宙射线的研究有着重要的影响。

蘑菇云下看未来

费米是无可争议的20世纪最伟大的科学家之一，而且是为数不多的兼具理论家和试验家的杰出才能，堪称天才的人。他在多学科中都有贡献，举其大者：根据泡利不相容原理，提出电子应服从的统计规律，这个统计规律也适用于质子、中子，这对于理解物质的结构及其性质极其重要；建立β衰变理论，奠定了弱相互作用的理论基础；由中子碰撞产生的人工放射性的实验研究、慢中子的发现、核链式反应的实验，这在原子能利用中是里程碑式的贡献。此外，他对原子、分子、原子核、粒子物理、宇宙射线、相对论等方面也都有重大贡献，其中有许多都可以说是开创了物理学的新篇章。

费米一生中获得许多荣誉与奖励：他于1929年被选为意大利皇家学会会员，1950年被选为英国皇家学会国外会员；为了纪念他所作出的贡献，原子序数为100的元素以他的姓氏命名为镄；美国原子能委员会设立了"费米奖

---

[1] 1939年夏季，纳粹德国下令禁止所占领的捷克出口铀矿石，并召集物理学家在柏林开会，决定制造能控制利用铀的装置。这是纳粹将要把核能用于制造杀人武器的信号！7月，西拉德和爱德华·泰勒一道去找最具声望的爱因斯坦。他们把草拟好的信带去征求意见。爱因斯坦认真听取了西拉德的陈述，接受了大家的委托，同意给总统上书，并带头在信上署名。此信由经济学家阿历山大·萨克斯博士转承罗斯福总统。此后的结果，就是"曼哈顿计划"的紧锣密鼓地进行，直到几年之后成功地研制出第一颗原子弹。

金", 1954年首次奖金授予他本人。

人们对包括费米在内的原子物理学家颇多微词, 原因就是原子弹对人类造成巨大威胁。但客观地讲, 人们把账记错了对象。原子弹可以用来杀人, 但原子能也可以为人类做好事。这正如刀子、毒药等一样, 既可以杀人, 也可以救人。所以, 原子技术是用来杀人还是为人类服务, 根本决定权在于决策者而非科学家。人们正是认识到这一点, 所以都在极力将原子技术应用于和平目的, 这已成为人类的共识。无数科学家在千方百计地设法使原子能为人类造福, 将原子技术用于工业、农业、医疗卫生等广泛的领域。

△ 费米纪念章

费米和其他物理学家在揭示原子奥秘的时候, 还仅是开创了一个新时代, 至于这个新时代的全部特征及其前景, 远非他们所能预见。至于如何更好地把原子能应用于造福人类社会, 这就需要我们后人继往开来、努力奋进了。

1954年11月29日, 病魔夺去了费米的生命, 一位科学巨星陨落了。但是, 他伟大的名字, 他的智慧和品德, 一直铭刻在后世之人的心中。

(李辉)

★ 门捷列夫

——一个完成了一项"科学勋业"的人

1907年1月27日,俄罗斯圣彼得堡摄氏零下二十多度,寒风凛冽,太阳暗淡无光。街道上,到处点着蒙着黑纱的灯笼。长长的送殡队伍,缓缓地从街上走过。沿途,不少人自动加入这支队伍,使队伍变得越来越长,最后达几万人之多。在送殡队伍的前面,有十几位青年学生抬着一块巨大的木牌,木牌上画着好多方格,方格里写着各种化学符号——C、O、H、Fe、Cu……在木牌的上方,用俄文写着:"化学元素周期表。"它象征着死者一生的主要功绩。

他,就是著名的俄罗斯化学家、化学元素周期律的创始人门捷列夫。

童 年

1834年2月7日,德米特里·伊凡诺维奇·门捷列夫(Дми́трий Ива́нович Менделе́ев,1834~1907)出生于俄罗斯西伯利亚的小城托博尔斯克市。就在这一年,他的父亲伊凡·巴甫洛维奇双目失明,不得不停止工作。家庭的重担全部落在了母亲玛丽雅·德米特里耶芙娜一人身上。这位刚强而能干的妇女,不仅担负起照料14个子女和失明的丈夫的重担,而且为了解决家庭经济困难,接管了离托博尔斯克30俄里的一家又破又小的玻璃工厂。就这样,在

有志者事竟成

玛丽雅·德米特里耶芙娜的操劳下，不但让全家度过了困难的时期，还使丈夫经过医疗恢复了部分视力。幼小的门捷列夫跟着妈妈，整天在玻璃工厂里东奔西走，看到那些沙子经过化学处理，加热熔炼，变成透明的液体，最后变成漂亮的玻璃器皿的整个过程。这使门捷列夫从小就深深地爱上了化学。

1841年，7岁的门捷列夫进了托博尔斯克中学。门捷列夫早在上学的头几年就表现了出众的才能和惊人的记忆力。他对数学、物理学和地理产生了很大的兴趣。在这里，门捷列夫显示了顽强的学习精神，几乎读完了学校图书馆里所有的藏书。

1849年，门捷列夫念完了8年级，从托博尔斯克中学毕业。他的哥哥、姐姐们都已独立生活。母亲的身边，只留下两个最小的孩子丽查和门捷列夫。为了使门捷列夫能够上大学，玛丽雅·德米特里耶芙娜在朋友的帮助下，决定前往莫斯科。于是，门捷列夫跟着母亲和姐姐丽查，坐上马车，迢迢千里，从西伯利亚出发了。沿途，门捷列夫看到了森林、草原及河流，这使门捷列夫体验到大自然的美，并终生喜爱上了大自然。

他们好不容易到了莫斯科，可是，莫斯科大学不收他——因为他毕业于边远的西伯利亚小城镇，不能在莫斯科上大学。母亲于是带着他到圣彼得堡去。然而，圣彼得堡大学也瞧不起这位来自穷乡僻壤的学生，不同意他报考。最后，还是在父亲同学的帮助下，总算进了圣彼得堡师范学院。

这时，最不幸的事情发生了。母亲由于长途奔波、过度劳累而得了伤风，并于1850年9月20日病逝。在母亲逝世后一年半，1852年3月，门捷列夫最小的姐姐丽查也不幸去世，只留下门捷列夫孑然

▲ 莫斯科大学前的门捷列夫雕塑

一身在圣彼得堡求学。

大学生活

母亲的心血没有白费，圣彼得堡师范学院的有利条件，对日后门捷列夫的科学事业起着重要的作用。

圣彼得堡师范学院的师资条件好。当时学院教师中不少是著名的专家学者。加上学院里学生不多，院士、教授们一人只教四五个大学生，因此能对每个学生因材施教，进行细心培养。学院里还有很好的学术氛围，各系学生经常热烈争论有关科学、哲学、社会政治生活等问题，这对他们扩大视野、磨炼思想起了巨大作用。

卓越的化学家和教育家亚历山大·阿伯拉莫维奇·沃斯科列先斯基教授对于这位未来科学家的成长有极大的影响。沃斯科列先斯基一方面进行创造性的化学研究，另一方面还分出大部分时间来培养青年一代。他善于观察学生的禀赋特点，并以极大的耐心和热情引导他们发扬这些特点。他还非常重视学生的创造思想，极力鼓舞学生的独立精神，教导他们大胆地去思考并克服前进道路上的一切障碍。这使得门捷列夫从一年级起，就迷上了化学，并决心要成为一个化学家。

母亲的离世对门捷列夫打击很大。但是，为了不辜负母亲的心愿，他勤奋学习，二年级时就成为学院的优等生。他对各门功课，都学得扎实，领会深刻。老师们很快就发现了门捷列夫具有非凡的才能。

大学三年级的时候，门捷列夫得了严重的喉头出血症，病得很厉害，以至于医生把他当做垂危的病人来护理。然而，门捷列夫最终战胜了疾病，并在住院期间坚持学习，写作论文。

1855年，门捷列夫以优异的成绩毕业了。大学一年级时，他的学习成绩在班上是倒数第四名，到毕业时已跃居第一名，并荣获金质奖章！

从中学老师到大学教授

门捷列夫毕业后，先到荒僻的敖德萨中学任教。1856年5月，他又回到圣彼得堡，报考硕士。门捷列夫写出了硕士论文《论比容》。之前，门捷列夫连圣彼得堡大学的大门都不能进，而这一次，由于门捷列夫的论文显露出他的优异才能，经圣彼得堡大学校委会讨论，一致同意授予门捷列夫物理和化学硕士学位。这时，他只有22岁。

在获得硕士学位后的第三天，门捷列夫开始写作他的另一篇论文《论含硅化合物的结构》。这篇论文经过答辩、审查后，证明门捷列夫学业优秀，1857年1月，23岁的门捷列夫成为圣彼得堡大学中最年轻的副教授。

1859年1月，门捷列夫获准到德国海德堡深造。1860年秋，他参加了在德国卡尔斯鲁厄召开的第一次化学家国际会议。这是世界化学界的第一次盛会，各国著名化学家云集于此。

在卡尔斯鲁厄会议上，除对化学元素符号作出统一规定外，还确定了"原子""分子""当量""原子价"等概念，这为测定元素的原子量奠定了坚实的基础，使化学上空笼罩的一片混乱和模糊的阴云逐渐消散。近代原子一分子的统一理论得以确立。门捷列夫通过参加这次国际化学盛会，结识了当时世界化学界的著名人士，听到了许多精彩的学术报告，他大开眼界。

1861年2月，门捷列夫回到俄国，在圣彼得堡大学讲授有机化学。他工作勤奋，常常通宵达旦。仅两个月时间，他就写出厚达四百多页的巨著《有机化学》。《有机化学》一书出版后，深受门捷列夫的老师、当时俄罗斯有机化学权威齐宁的赞赏。在齐宁的推荐下，门捷列夫的这本著作荣获俄罗斯科学院的季米多夫奖金。

1865年，门捷列夫写出了博士学位论文《论酒精和水的化合物》。经圣彼得堡大学校委会审定后，门捷列夫获得了博士学位，并从副教授提升为教授。这时，他只有31岁。从这一年开始，门捷列夫改教无机化学课程。

门捷列夫为了教好这门课，又开始着手写一本无机化学教科书。然而，无机化学教科书却不像有机化学教科书那样容易写。他感觉化学科学好像一座没路的密林，自己是在这座密林里从一棵树走向另一棵树，只能对每一棵树作某些个别的描述，而这里的树却有千万棵……那时候化学家们所知道的元素共有63种，每一种都要和其他物质化合而成几十、几百，甚至几千种化合物：氧化物、盐、酸、碱。化合物里，有气体、液体，其中有的没有颜色，有的闪闪发光；有的硬，有的软；有的苦，有的甜；有的重，有的轻；

有的稳定，有的活泼……它们之间看不出任何一点内在联系。

门捷列夫讲授普通化学这门课以后，深深感到化学还没有牢固的基础，化学在当时只不过是记述无数的零碎事实和现象而已，甚至连化学最基本的基石——元素学说也还没有一个明确的概念。可是门捷列夫却不愿意盲目地在这座迷宫里漫步。他要寻找一般规律，寻找一切元素都应服从的自然秩序。他深信这样的规律是存在的。

从那时起，门捷列夫就开始思索这一系列问题，首先他要找出决定元素的本质属性是什么？他先后提出颜色、比重、导电性、导热性、磁性等，思索着、比较着，最后一一否定了。终于有一天，他意识到，他所要找的就是"原子量"。原子量无论什么时候，无论在什么条件下也不改变。它是元素的"身份证"。他深信，根据这一重要特征，就能摸索到使元素有相似和不相似之分的规律，能够帮他找到物质世界的统一性与规律性的那把钥匙。

其实，这个问题，早在门捷列夫之前，有很多化学家已经开始探索了。1789年，法国化学家拉瓦锡就曾对元素进行分类。不过，当时人们只知道33种元素（其中还有一些根本不是元素，如热、光之类），他把这些元素分成4类，列成一张表格——气体、金属、非金属和土质。

1815年，英国19岁的青年医生普劳特提出一个非常大胆的观点：世界上所有的元素都是由氢原子构成的。普劳特的见解，可以说已经揭开了笼罩在无机化学上的迷雾，然而他的思想太超前了，因而不被人们接受。

到了1829年，人们已经发现了54种元素。德国化学家德贝赖纳把其中的15个元素，按照3个元素一组，分成5组。他发现，每3种元素的化学性质都很相似，称为"3元素组"。他还发现了一件耐人寻味的事——就拿锂、钠、钾这个"3元素组"来说吧，锂的原子量是7，钾的原子量是39，把锂和钾的原子量加起来除以2等于23，有趣的是，钠的原子量正好是23。也就是说，在"3元素组"里，第一个元素和第三个元素的原子量之和的平均数，正好等于第二个元素的原子量。

德贝赖纳的这一发现，使化学家们开始注意研究元素和原子量之间的关系。不过，德贝赖纳的"3元素组"只包括15个元素，而其余的化学元素都无法归纳进去。

1862年，法国地质学家德尚库托瓦做了一个圆柱体，在上面画了条螺旋线，他把化学元素按照原子量的大小从下向上写在螺旋线上，发现性质相似的元素都在同一垂线上。

1864年，德国化学家迈尔在讲授无机化学课时，提出了他的"6元素表"，并详细讨论了表中元素的性质。迈尔对元素的分族作了较好的安排，在表中还留出了未发现元素的空位。但他的工作不够彻底，他排列过的元素还不足当时已知元素的半数。

1865年，英国化学家纽兰兹又前进了一步，把"6元素"扩大成8个元素一组，称之为"8音律"。纽兰兹把化学元素按原子量大小排列起来，发现第一个元素与第九个元素性质相似，第二个元素与第十个元素性质相似……也就是说，每隔8个元素，就出现性质相似的元素，这就是8音律的基本内容。

然而，当纽兰兹在英国化学会上宣读自己的论文后，却遭到了冷嘲热讽。英国化学学会拒绝发表他的论文。

"盖有非常之功，必待非常之人。"时代呼唤着门捷列夫！

门捷列夫周期律

到了门捷列夫所处的年代，人们已经发现了63种元素，并积累了关于这63种元素的性质、原子量等大量资料。历代化学家们没有完成的任务，历史地落到了门捷列夫的肩上。

门捷列夫正确地吸取了前人的研究成果，但又不局限于前人。他用了63张纸牌，每张纸牌上，写上一种化学元素的符号、原子量及主要性质。门捷列夫按原子量的大小，想将这些纸牌排成一张表。他左排右排，始终排不好。他几天几夜连续工作，不断调换着纸牌的位置。他没有停留在"6元素""8音律"的水平上，而是在探索着化学元素之间最根本的规律。

1869年2月17日，门捷列夫正式写出第一张化学元素周期表。这年3月，俄罗斯化学学会召开了。门捷列夫由于过于劳累致病而未能参加。在会上，他委托圣彼得堡大学缅舒特金教授代他宣读了论文《根据元素的原子量和它们相似的化学性质所制定的元素系统表》的论文。门捷列夫在该论文中指出：①按照原子量大小排列起来的元素，在性质上呈现出明显的周期性。②原子量的大小决定元素的特征。

门捷列夫的这篇论文，后来被人们称誉为"化学史上划时代的文献"。

门捷列夫
—— 一个完成了一项"科学勋业"的人

门捷列夫的过人之处更在于，他在把化学元素按原子量的大小排成一长队时，敏锐地发现了其中的"例外"，如"铟"。门捷列夫认为，可能是铟的原子量搞错了。后来的事实证明，门捷列夫是对的。同样，门捷列夫还大胆地改正了铍、钛、铈、铀和铂这些元素的原子量。这样一来，化学元素的队伍排好了，就能明显地看出周期性的变化。

然而，门捷列夫遇到的最困难的问题，要算锌与砷之间的排列了。这个地方，老是排不好，因为按照原子量的大小顺序排下去，砷应当排到铝的下面，然而，砷的性质明显地与磷相似，与铝根本不同。

Reihen	Gruppe I. - R^2O	Gruppe II. - RO	Gruppe III. - R^2O^3	Gruppe IV. RH^4 RO^2	Gruppe V. RH^3 R^2O^5	Gruppe VI. RH^2 RO^3	Gruppe VII. RH R^2O^7	Gruppe VIII. - RO^4
1	H = 1							
2	Li = 7	Be = 9,4	B = 11	C = 12	N = 14	O = 16	F = 19	
3	Na = 23	Mg = 24	Al = 27,3	Si = 28	P = 31	S = 32	Cl = 35,5	
4	K = 39	Ca = 40	- = 44	Ti = 48	V = 51	Cr = 52	Mn = 55	Fe = 56, Co=59 Ni=59, Cu=63
5	(Cu = 63)	Zn = 65	- = 68	- = 72	As = 75	Se = 78	Br = 80	
6	Rb = 85	Sr = 87	?Yt = 88	Zr = 90	Nb = 94	Mo = 96	- = 100	Ru=104, Rh=104 Pd=106, Ag=108
7	Ag = 108	Cd = 112	In = 113	Sn = 118	Sb = 122	Te = 125	J = 127	
8	Cs = 133	Ba = 137	?Di = 138	?Ce = 140	-	-	-	- -
9	(-)							
10	-	-	?Er = 178	?La = 180	Ta = 182	W = 184	-	Os=195, Ir=197 Pt=198, Au=199
11	(Au = 199)	Hg = 200	Tl = 204	Pb = 207	Bi = 208	-	-	
12	-	-	-	Th = 231	-	U = 240	-	- -

▲ 门捷列夫最早的元素周期表，列入了当时已发现的全部 63 种元素，并预言了类似硼、铝、硅的未知元素（即后来发现的钪、镓、锗）

门捷列夫在翻阅那一篇篇报告发现新元素的论文时，猛然深受启发：既然人们还在不断报道发现了新的元素，可见还有许多新元素尚未被人们发现。也就是说，在给化学元素排队的时候，应当给那些未发现的新元素留好空位。门捷列夫就利用这样的空格，"强迫"各种元素站到各自应站的位置，免得破坏周期律。可是门捷列夫也没让这些空格成为完全的空白点：他往里面填进了自己"臆造"的新元素。他给它们定名为类硼、类铝和类硅。他又预言了当时尚未被发现的这些物质的性质，他甚至说明了它们的形状、原子量以及它们同别的元素化合而成的化合物。

门捷列夫之所以敢于这样做，是因为他坚信自己发现的周期律是正确的。可是在别的许多化学家看来，这简直是一种狂妄的行为。

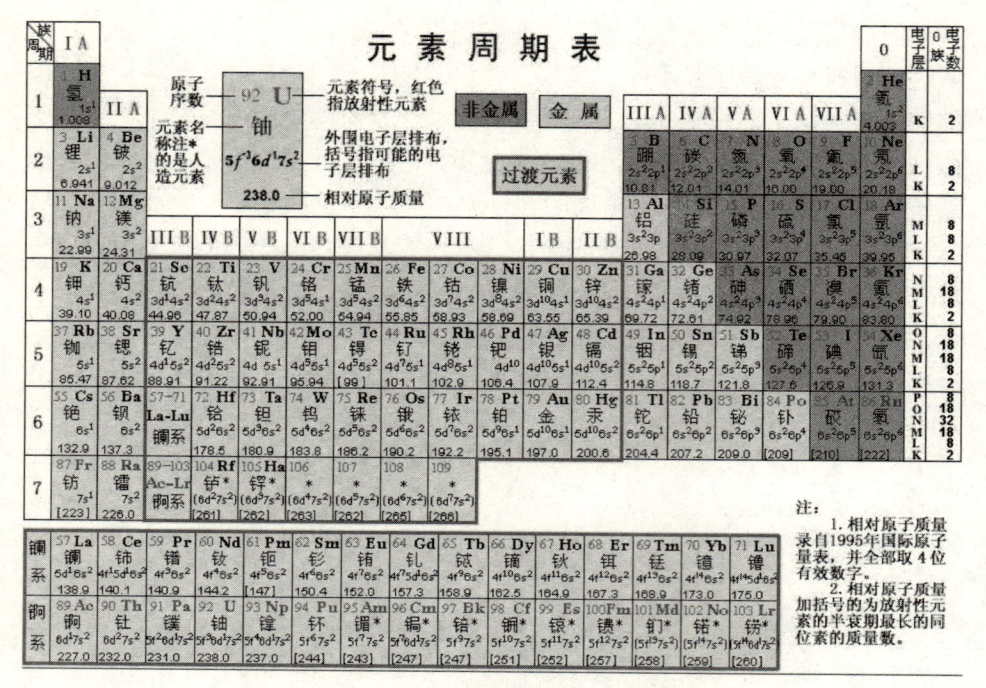

◎ 现代的元素周期表

1872年，门捷列夫写出论文《化学元素周期性规律》，详细论述了化学元素周期律的基本原理，并发表了他重新排成的化学元素周期表。这张周期表成为现代化学元素周期表的基础。

伟大的预言

一个科学理论是否正确，不单能解释已知现象，更重要的是，它能预言迄今人们还不知道的现象。根据牛顿理论预言，并被后来证实的海王星、冥王星的发现，之所以轰动世界，也就在于此。门捷列夫根据自己发现的元素周期律，预言了那么多的未知元素及其性质。这些元素真的存在吗？

1875年9月20日，法国化学家布瓦博德朗发现了新元素"镓"。论文发表后，布瓦博德朗收到一封来自圣彼得堡陌生人的来信。信是门捷列夫写的，他将他所预言的类铝性质与布瓦博德朗所描述的镓的性质加以对比。按照周期律，类铝的性质应是：原子量68，比重应为5.7，而不是布瓦博德朗所测定的4.7。

门捷列夫
—— 一个完成了一项"科学勋业"的人

布瓦博德朗重新提纯金属镓,再次测定镓的比重,其结果正如门捷列夫所预言的那样。布瓦博德朗大为震惊。他异常兴奋地立即给门捷列夫写信,甚至比他在发现镓时给他的老师伍尔兹写信时还要兴奋、激动。布瓦博德朗深深敬佩门捷列夫的远见卓识。

法国科学院被震惊了!欧洲科学界被震惊了!因为这是在科学史上,第一次用事实证明了关于新元素的预言。镓的发现,对周期律被普遍承认是重要的推动力。

直到这时,门捷列夫发现的化学元素周期律才引起人们的重视。人们一边读着门捷列夫四年前的预言,一边非常佩服门捷列夫的大胆、坚定和自信——他居然丝毫不怀疑自己的预言而是坚信元素发现者的实验做错了!

1879年,瑞典化学家尼尔松和克莱夫,发现了一种新元素。元素命名为"钪",就是门捷列夫预言的"类硼"。

1886年,德国化学家温克勒尔用光谱分析法发现了新元素锗。人们惊讶地发现,温克勒尔在1886年的测定与门捷列夫1871年的预言完全相似。

门捷列夫根据他所发现的周期律,还修订了铟、铀、钍、铯等9种元素的原子量,后来都被实验所证实。

恩格斯在《自然辩证法》一书中,高度评价了门捷列夫的功绩,认为他"完成了科学上的一个勋业"。

1906年,门捷列夫在圣彼得堡居住。他继续写作,尽管他的视力已很弱,手也颤抖,写出来的字歪歪斜斜。当他的妹妹玛丽亚·伊凡诺夫娜·波波娃督促他要多休息时,他却说:"对我来说,最好的休息就是工作。停止工作,我就会烦闷而死。"

他真的工作到最后一天。1907年2月2日早晨,门捷列夫逝世了。

一个伟大的灵魂去了天堂,而他的"财富"却留在了人间。

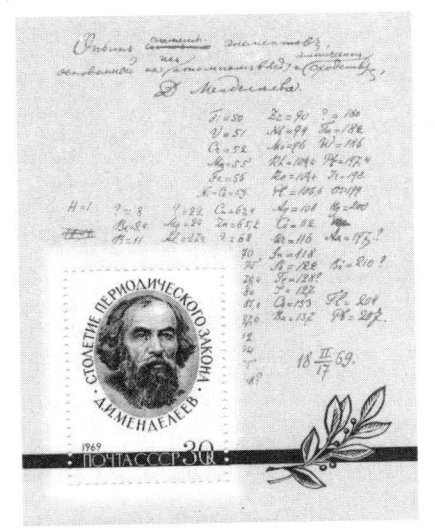

(李辉)

纪念门捷列夫诞生150周年的邮票,背景为门捷列夫元素周期表手稿

★ 摩尔根

——一个被誉为"现代遗传学之父"的人

今天的生物技术、DNA重组、基因工程、克隆技术等，已经并将继续改变着世界的面貌，而它们无一不是建立在现代经典遗传学大厦的基础之上。这应该归功于摩尔根家族的"基因突变"[①]，正是这一"突变"，才导致美国最著名的生物学家、诺贝尔生理学或医学奖获得者、"现代遗传学之父"摩尔根的诞生。

学习生涯

1866年9月25日，托马斯·亨特·摩尔根（Thomas Hunt Morgan，1866～1945）出生于美国肯塔基州列克星敦城一所豪华而古老的房子里。摩尔根很小就有自己的兴趣和爱好。他整日东跑西逛，带着一副逮蝴蝶的网，到城郊或不远的山里，采集他喜欢的动、植物标本。几年下来，东西越积越多，鸟、鸟蛋、蝴蝶、化石等堆放得到处都是。在摩尔根10岁那年，家里专门把住宅顶楼上的两间房子给他作为标本室。

1880年，14岁的摩尔根被录取为设在列克星敦的肯塔基州立学院预科班学生，1882年转入本部学习。在这里，主修课有数学、物理、天文、化学、

[①]考察摩尔根家族的历史，出过外交官，出过律师，出过军人，但在他们的族谱中却没有一位科学家。用今天的遗传学术语来说，摩尔根的出现，也许是个"突变"，而这个词也正是摩尔根同其他人一道创造的。

摩尔根
——一个被誉为"现代遗传学之父"的人

农业与园艺、兽医学、历史与政治经济学、心理与伦理学、拉丁文、应用力学、工程学、庭园设计与美化等。尽管课目众多,但是摩尔根几乎把所有精力都用在了博物学上。

摩尔根每年暑假都参加马里兰州和肯塔基州的联邦地质调查。野外找矿的工作又热又脏,接下来是单调乏味的化学分析。这段经历为摩尔根以后的生活提供了很好的借鉴,他认识到自己不是当地质工作者的材料。

1886年,摩尔根获得了肯塔基州立学院的理学学士学位。一个获得理学士学位的人在列克星敦能做什么?摩尔根不愿意经商,又不知道另外有什么事可干。于是,他进入约翰·霍普金斯大学攻读博士学位。

摩尔根来到约翰·霍普金斯无异于进入一个新的家庭。在该校生物系几位著名教授门下学习,意味着他正跻身于生物学界最负盛名的学者行列。他把大部分时间用于学习当时开设的两门基础课——生理学和形态学。

这里所受的教育几乎全是在实验室进行的,传统的课堂讲授或背诵课本几乎完全取消。不过,教师也会提出学生阅读的参考书目。低年级学生集中搞实验操作,以便熟悉生物学研究的方法和仪器的使用。在进行任何独创性的研究之前,学生要对新近发表的一些重大研究进行重复实验,或用以求证或进行批评。在这里,学术无禁区,没有任何人的著作是神圣不可侵犯的,该校教授们的文章照样可以批评。等到学生掌握一定的实验技巧,并养成脚踏实地的作风后,生物系就会给他提出一个需要研究的课题,放手让他去决定自己的研究方法和实验手段,然后对研究结果进行评价。

约翰·霍普金斯大学的"一切通过实验"的原则,摩尔根很快就接受了。他如饥似渴地学习,埋头研究生物学,两年之后成了地地道道的行家。他在切萨皮克动物学实验室及其各分部从事过研究,又参加了巴哈马群岛的科学考察。他的最初几篇论文大多是描述性的,但反映出摩尔根在形态学和生理学方面的深厚功底及严密的科学方法。

1890年春,摩尔根取得了约翰·霍普金斯大学授予的博士学位,并获得布鲁斯科研奖学金。9月下旬,25岁的摩尔根受聘于布林马尔学院,开始了他教学与研究的一生。

走上研究之路

布林马尔学院是利用私人馈赠建立起来的一所女子学院,目的是要给年轻女子提供与男子同样的受教育机会。摩尔根的教学任务繁重,但他经常把自己的研究成果随时充实课堂,这使得他的课显得杂乱,有些同学不愿意听他的课,但另一些学生简直对他讲的课着了迷。他的热情及才学,激励着对生物学有兴趣的学生,使他们认识到生物学的广阔天地和多种实验方法。

作为一名青年教师,摩尔根很自然地选择继续做他研究生时代的课题,主要对柱头虫、蛙类、海鞘等进行描述性研究。1894年至1895年,摩尔根得到布林马尔学院给的休假,到那不勒斯湾的动物学试验站进行了一年研究。在这儿,他同汉斯·德里施及其他几个德国生物学家一道工作。他对动物发育的实验胚胎学研究产生了兴趣。生物体的发育是复制与分化相统一的过程。无论是蛙或人的成体,都是由一个单细胞——受精卵自行复制四五十次后形成的。问题是:一个细胞分裂成完全相同的两半,每个子细胞又分裂成完全相同的两半,如此反复,它们所处的环境完全相同,那么,经过这一神奇的转化过程,一颗受精卵是怎样分化为躯体的不同部分的呢?子细胞有的变成了骨骼,有的变成血液,有的又变成了脑……

摩尔根感兴趣的另一个问题是再生。蜥蜴的尾巴掉了还能再长出一条,一切动物总是不断填补着表层皮肤的缺失。这与发育背后面临的是一个共同的问题:细胞中遗传信息的不同成分为何会在不同的时期处于开启或关闭状态?在遗传学还处于初创阶段,孟德尔的"遗传因子"概念还未被普遍接受的情况下,要弄清这样的问题,完全是不切实际的。好在摩尔根与当时的大多数生物学家一样,还关心进化问题。

进化与遗传密切相关。因为达尔文的自然选择是以"变异"为前提的,并且这些性状必须是可遗传的,这样它才能在下代中稳定出现。显然,一个遗传理论必须揭示遗传过程如何进行,新的可遗传的性状又是如何出现的?这些问题若是不解决,达尔文自然选择理论就缺乏牢靠的根基。在1910年之前,还没有一个能够让人信服的遗传理论存在。

然而,曙光已经出现。在20世纪的头10年,遗传学上已有了一些重大发现：首先，1900年前后三个科学家几乎同时重新发现了孟德尔的工作，即孟德尔定律的重新发现；其次，细胞学上染色体与遗传因子相关的发现；第三，荷兰植物学家德·弗里斯《突变论》的发表。

当然，孟德尔定律还有许多不尽如人意之处，当时不少学者（包括摩尔根）都对之提出过疑问：

首先，如果孟德尔所说的遗传基因确实位于染色体上，那么，杂交结果应该显示，位于同一条染色体上的大量性状将同时出现（连锁现象），考虑到基因的数目远多于染色体的数目，因此一条染色体上必定存在许多基因，于是，连锁出现的概率应远高于自由组合。但孟德尔为何仅仅看到自由组合的存在？

其次，杂交子代中更多出现的是双亲性状的融合，而不是简单的显隐性关系，这样，孟德尔定律反倒是一种例外。

第三，若雌雄性别也是一种显隐性关系，那为何子代中雌雄比例普遍是1∶1，而不是如孟德尔定律所揭示的那样是3∶1？

第四，孟德尔定律主要从杂交实验显示出来的统计学数据归纳出来的，遗传基因本身还没有过硬的物质基础。

这些疑问在当时都还无法得到解释，最终回答并解决这些疑问的，正是由摩尔根所完成的经典遗传学。

1903年，摩尔根应邀到哥伦比亚大学任教。在这里，他不必上许多课，主要从事研究工作。这一决定，无疑是摩尔根一生事业的转折点。

"果蝇实验室"

摩尔根一接触到德·弗

△ 哥伦比亚大学

里斯的突变理论，就立刻成为它的信奉者。正是希望在果蝇中也能发现"突变"，摩尔根于1908年开始饲养果蝇。他之所以选择果蝇，是因为果蝇极好饲养，只要给点烂香蕉就可毫无节制地、迅速地、广泛地繁殖，且产量极高。对果蝇进行研究的头两年，摩尔根一无所获。当时摩尔根指导一个学生研究果蝇，目的是为了验证拉马克的"用进废退"学说①。他让果蝇长期处在黑暗的环境中，看它的眼睛功能是否会退化。但是，当第69代果蝇化为成虫后，研究人员闪了一下亮光，只见果蝇迅疾向窗外飞去。显然，对拉马克学说的验证研究并未有实质性结果。

从1910年起，摩尔根集中精力研究果蝇的遗传问题。他一刻也离不开他的果蝇，即使在假期，也要带上它。日复一日，年复一年，摩尔根就这样坚韧不拔地搞他的研究，而他并不知道自己能得什么结果。试想，在只有0.6厘米长的果蝇身上发现翅膀形状或眼睛颜色的细微变化是多么困难。历经了无数次失败，摩尔根也陷入了近乎绝望的境地。

▲ 果蝇的不同突变

关键性的事件发生在1910年5月的一天：摩尔根在培养瓶中发现一只雄性果蝇，它的眼色是白色而非通常的红色，显然这是一种突变型。摩尔根如获至宝，每晚将它带回家，放进床边的瓶里，白天再带回实验室，在它死之前，让它尽量多与红眼雌蝇交配。据说，当时摩尔根的夫人正在医院生产，他前去探望，夫人见面就问，那只白眼雄蝇怎样了？等摩尔根讲完白眼果蝇后，才想起看自己新出生的孩子。

交配的结果是，所有子一代都是红眼睛。然后让子一代的果蝇相互交配得到子二代，在子二代中，重新出现了白眼果蝇，且与红眼果蝇大致呈1∶3

★★★

①拉马克（Jean-Baptiste de Lamarck，1744~1829），法国生物学家，进化论的倡导者和先驱。他最先提出生物进化的学说，认为生物在新环境的直接影响下，习性改变、某些经常使用的器官发达增强，不经常使用的器官逐渐退化，即"用进废退"。他还是一个分类学家，主要著作有《法国植物志》《无脊椎动物系统》《动物学哲学》等。

摩尔根
——一个被誉为"现代遗传学之父"的人

的比例。至此摩尔根方才信服，相对于红眼的显性，白眼应是孟德尔所定义的隐性性状。这就是说，孟德尔的遗传因子说在果蝇中同样成立。白眼性状显然就是一种稳定的可遗传变异，摩尔根称之为"突变"。

更令人惊异的是，白眼果蝇全是雄蝇。也就是说，决定白眼的隐性基因与性别有关。正是对此现象的解释成为摩尔根走向成功的第一步。他假定，红眼和白眼性状受孟德尔所说的基因所控制，而且这些基因还与细胞中与性别有关的部分相连。这样，他终于确信，染色体就是基因的物质载体。从这时起，他不再怀疑孟德尔定律和染色体理论，因为来自杂交实验和细胞学这两个独立领域的证据都支持它们。

在这以后，摩尔根又陆续在X染色体上发现了其他基因，如小型翅、朱色眼等。不久，他的学生马勒发现了在另一条染色体上的卷翅基因。

面对日益增多的突变基因与染色体之间关系的证据，摩尔根指出，基因必定是以直线顺序排列在染色体上。由此可以推测，位于同一条染色体上的基因，它们所决定的性状可能会同时在后代中出现。这就是"连锁"现象。位于同一条染色体上的基因，就互称为"连锁基因"。同时出现的基因会形成一个连锁群，一个连锁群对应于一条染色体。在果蝇中有4条染色体，而这样的连锁群据测定也正好有4个。摩尔根还在每一条染色体上找出一个标记基因，其他基因只要与它在一起，就可知道该基因位于哪一条染色体上。

△ 摩尔根的实验室

与连锁相反的现象叫"重组"。细胞学的观察表明，生殖细胞在减数分裂期间，两条同源染色单体之间确实有交换现象发生。而在遗传学上的表现，就是原来该在一起出现的性状却分开出现了，这就是重组。

摩尔根在发现重组现象之后，又提出一个关键的设想：同一条染色体上

有志者事竟成

基因的重组与它们之间的距离有关，重组率越高，表明两个基因的位置相距越远，反之则越近。若两个性状的重组率为零，那就表示它们受同一个基因所控制。

摩尔根的这一联想实在巧妙。正是根据这一思路，摩尔根与他的学生一起，做出了第一张果蝇染色体图。在这张图上，已知基因的相对位置都被标在相应的染色体上。染色体图的成功还使人认识到：基因以线性方式排列并在染色体上占据一个特殊的位置，被称为座位。

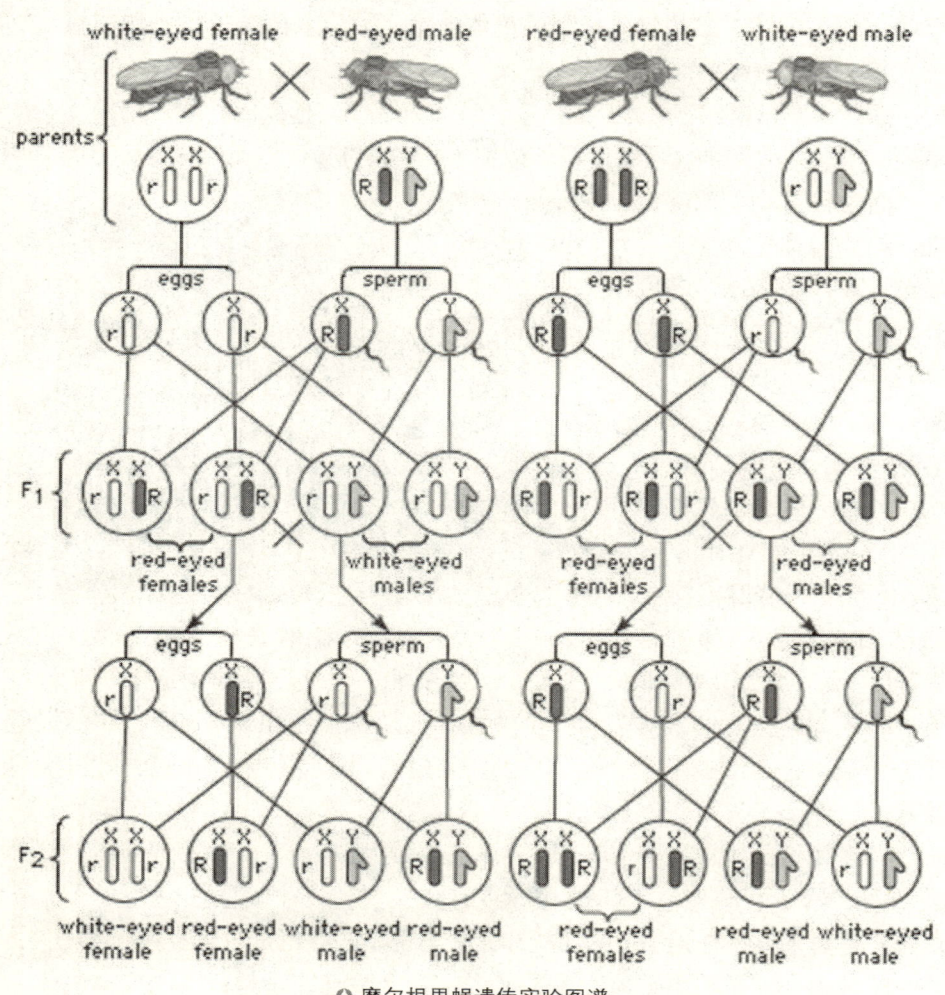

▲ 摩尔根果蝇遗传实验图谱

摩尔根
——一个被誉为"现代遗传学之父"的人

概括起来，摩尔根和他领导的研究小组在遗传学领域中取得的成就主要包括：①证明了基因是染色体的一部分。②证明了孟德尔定律，发现了伴性遗传。③测定了果蝇中基因的相对位置和距离，绘制了果蝇染色体图谱。④发现了缺失、重复、倒位和易位等染色体畸变现象。

一个平等自由的研究团体

1910年初秋，摩尔根开始将一支由大学生和研究生组成的队伍带进他的实验室，这个实验室后来被亲切地称为"蝇室"。摩尔根清楚地认识到自己的不足，他需要与那些能力上与自己互补的人一起工作。1910年至1920年间，虽然有许多合作者曾来"蝇室"工作过，但与摩尔根一起度过1910年至1915年这段最引人注目年月的是斯特蒂文特、布里奇斯和马勒。

斯特蒂文特对遗传学极有兴趣。他寡言少语，与摩尔根一样有着广泛的兴趣。虽然斯特蒂文特从事过果蝇多方面的工作，但那些年他主要的贡献在于绘制染色体图谱，以及通过对育种结果的分析绘制种质结构图。布里奇斯主要关注的是细胞学：研究果蝇交配后不同后代细胞中的染色体。他思维的广度和对生物学诸多问题的兴趣都不及摩尔根，但他对细节有着极大的耐心，其操作技术超过了小组中其他成员。

摩尔根（图A）和他的学生布里奇斯（图B左）、斯特蒂文特（图B右）

马勒是钢铁工人的儿子。1912年他作为全职学生进入蝇室，1916年完成了博士学位。像摩尔根一样，他对生物学的各个方面均有广泛的兴趣。1910年至1916年间，他对果蝇工作的主要贡献在于对交换、干扰（抑制交换的过程）的分析，以及发展了用于跟踪染色体从父本传到子代的标记。马勒的思想颇具创造性，而且他擅长数学和定量工作。

可以看出，他们在能力上是互补的。摩尔根虽然思维精密，但不擅长数学；斯特蒂文特、马勒和布里奇斯都比摩尔根更容易与数字打交道；摩尔根决定什么问题需要解决，而斯特蒂文特或马勒设计出实际的实验；摩尔根总是处于正确的轨道，在感觉需要了解什么的方面常领先于他人，但他常常让别人去准确决定如何才能最有效地发现。因此，在很大程度上，正是由于不同类型的人的共同参与才使果蝇研究小组取得如此成就。

此外，在蝇室所有人员之间，始终保持着一种无拘无束、互相尊重的气氛，这也是他们能取得重大成功的原因之一。欧洲来的博士后研究生莫尔的妻子托维·莫尔曾看到这样的场面：走进实验室时，斯特蒂文特正斜倚在椅子上，嘴里叼着烟斗，双脚翘在桌子上，大声地同摩尔根争论。斯特蒂文特口齿伶俐，也是最崇拜摩尔根的学生。在这里，每人都有他自己的实验要做，但对别人正在做什么都了如指掌，对每一项新的结果都可以自由讨论。凡是在摩尔根手下工作过的人，都知道他费尽心血培养年轻人以及对人的友善。

1928年，年逾六旬的摩尔根应聘到加州理工学院，实现了他的理想——筹建一个致力于实验和定量的生物学研究的新型学术机构，同时在滨海科罗纳地方建立了海滨实验室，作为加州理工学院的生物学训练基地之一。

1933年，摩尔根家里收到一份电报，说正值诺贝尔一百周年诞辰之际，"托马斯·亨特·摩尔根由于对遗传的染色体理论的贡献而被授予诺贝尔奖"。得到这个消息时，他一点儿也不激动，仍坐在那儿，平静地读着当年最流行的冒险小说《安东尼的不幸》，好像什么事也没有发生。

摩尔根出现在电影的新闻简报上。他谦逊地说，这是对实验生物学而不是对他个人的肯定，研究工作是大家协作完成的，每个人都享有应得的一份荣誉。他把免税的4万美元奖金平均分给了他自己的孩子和布里奇斯、斯特蒂文特的孩子。

摩尔根
——一个被誉为"现代遗传学之父"的人

1941年6月,摩尔根正式退休。这样,他倒是有了更多的时间来从事他喜爱的事情,这回他的研究对象不再是果蝇,而是一种低等海生生物——海鞘。这样的研究纯属自娱自乐,研究最后达到的是"一种心境,即便不是一个解答"。

1945年,摩尔根胃溃疡发作。当年12月4日,他动脉血管破裂。这位遗传学巨人与世长辞。

(李辉)

★ 张 衡
——一个"约己博艺，无坚不钻"的人

中国古代博学多才的人很多，有以诗词见长者如屈原、李白、杜甫、苏轼等，有以文学见长者如司马相如、韩愈、罗贯中、曹雪芹等，也有以科学见长者如祖冲之、李时珍、郭守敬等，但集科学家、文学家、发明家于一身者，除沈括外，唯张衡而已。

好学少年

张衡（78～139），字平子，汉章帝建初三年（78年）出生于河南南阳郡西鄂县石桥镇一个没落的官僚家庭。祖父张堪曾做过蜀郡太守，可惜到了张衡出生时，家道已经衰落，生活穷困，有时甚至还要靠亲友们的救济。

贫困艰辛的生活，翻云覆雨的世态，造就了张衡从容淡定而又勤奋刻苦、勇于探索的个性。少年时代的张衡，非常喜爱读书，凡是能够到手的书，不论是经书，还是文史、自然科学，无不细细研读。当时一般士大夫家子弟，都必须读《诗经》《礼记》等儒家经典。张衡少年时也熟读过这些书，但他认为经书太束缚人的思想。张衡最喜爱的是文学，对当时著名的文学家司马相如、扬雄等人的作品，都曾经下过一番工夫。他不仅能深刻地理解，而且还能背诵。十多岁时，张衡已经读了很多书，文章也写得很好了。其涉猎范围之广，理解程度之深，都远远超过周围的同龄人。老人们夸他"焉所不学，亦何不师。"在学馆里，张衡论年龄最小，论成绩却最优秀。

张衡
—— 一个"约己博艺，无坚不钻"的人

一次，少年张衡偶然在一本书名为《鹖冠子》的诗集中发现了一首小诗："斗柄指东，天下皆春；斗柄指南，天下皆夏；斗柄指西，天下皆秋；斗柄指北，天下皆冬。"他不觉心动，北斗星既然能在不同的季节指着不同的方向，那它肯定是在不停地运转着！

这个发现使少年张衡兴奋极了。他根据诗中描述的情形，分别画成四张图。从那天开始，只要是晴空，他夜夜都要拿着图站到院里，观看北斗星的运转情况。有时候直到东方泛出白色，他才发觉，已经站了整整一夜。就这样观察了一年，这个倔强的少年，终于弄清楚了"斗转星移"的道理。原来，北斗星是绕着一个中心转的，每年转一圈。正因为如此，我们四季见到的北斗星的位置才各不相同。

▲ 张衡铜像

张衡还发现，即使在同一季节中，北斗星的位置也不完全相同。比如，早春时节，北斗星的斗柄指向东北，而到晚春就指向东南了。

17岁的张衡，已长成一个身材挺拔、玉树临风的小伙子了，加之满腹才学，在家乡已享有很高的声誉。县上的官员见他德才兼备，特别是写得一手好文章，便要举荐他做秀才。这在一般人看来，是求之不得的事，然而张衡的反应却十分冷淡。他不想踏入仕途，而志在做学问。他梦寐以求的是"读万卷书，行万里路"，增广见闻，扩大知识范围。所以，他毫不犹豫地拒绝了官员的好意，离开生活了17年的故乡，踏上了外出游历的旅途。

游学长安、洛阳

汉和帝永元七年（95年），刚满17岁的张衡离开家乡，踏上了游览名都大邑、求师问业的征程。张衡两年间游览了三辅①名山大川，考察了当地的民俗、物产和历史古迹，尤其对长安近郊的宫阙规模、市井制度、远近商贾、货财聚散、豪富王侯的故事等，都有比较深切的认识。三辅的游览使张衡积累了丰富的文学素材，他在安帝永初元年（107年）写成的《二京赋》（包括《西京赋》和《东京赋》），多数素材都来自这次游历。

永元九年（97年），张衡来到京都洛阳。在这里，除灯红酒绿、繁华喧闹外，更能展示都市风采的是文人荟萃。张衡在京师时，常进出当时的最高学府——太学，去参观或拜访各家经师，向他们虚心求教；另一方面，张衡也可以不受拘束地多闻博学。由于他虚心好学，勤奋努力，进步很快。

张衡在洛阳结识的学者中，有著名的辞赋家马融、贤士窦章、政论家王符、学者崔瑗等。在这些朋友中，崔瑗对张衡的影响最大。崔瑗对天文、数学、历法都有精深的研究，他们经常在一起研究问题，交换心得。这对张衡以后研究天文、历数等科学并获得巨大成就影响很大。

从洛阳学成归来，张衡因南阳郡守鲍德再三相邀，盛情难却，只得到郡中当了几年官员。后来鲍德进京任职，张衡也就乘机辞去官职，返回家中潜心钻研学问去了。

这段时间，张衡专心致志地精读了许多学术典籍，其中最使他心醉神迷的当数扬雄的《太玄经》。《太玄经》是一部内容广泛、文字艰深的哲学著作，其中的一些唯物主义和无神论内容，深深地触动了张衡的灵魂，为他以后在探索宇宙奥秘的征途上取得一个又一个辉煌成果，提供了坚实的思想导向和理论基础。

永初五年（111年），汉安帝向天下广招人才。在京城任职的鲍德，再次向朝廷举荐张衡。张衡再三推辞，无奈他"通五经、贯六艺"的大名早已为安帝所知。安帝便亲自颁旨，任命张衡为太史令，主管天文历法，预报天象气候。张衡一来不能抗旨，二来考虑到这个职务有利于自己继续钻研学问，于是便打点行装，到太史令府上任了。

---

①长安城周围的地区号称"京兆"，加上长安附近的"左冯翊"和"右扶风"合称三辅。

天文学成就

张衡曾两度担任太史令，先后达14年，在此期间，他精心钻研天文学，坚持不懈地观察日月星辰，努力探索它们的运行规律。张衡把他的研究成果写成了一本书——《灵宪》。《灵宪》是张衡有关天文学的代表作，全面体现了张衡在天文学上的成就和贡献。《灵宪》主要思想如下：

1.宇宙的起源。这个问题，在他那个时代，是不可能解决的。但张衡继承和发展了中国古代的思想传统，认为宇宙并非生来如此，而是有其产生和演化的过程，这一点却是难能可贵的。

2.关于宇宙的无限性。《灵宪》认为，人目所见的天地是大小有限的，但是，超出这个范围，人们就"未之或知也。未之或知者，宇宙之谓也。宇之表无极，宙之端无穷"。宇宙在空间上没有边界，在时间上没有起点。

3.关于月食。在张衡之前，人们已对日食产生的原因有所认识。但对于月食，则在张衡之前尚无明晰的解释。张衡在《灵宪》中专门论述了月食产生的原因：月亮本身是不发光的，太阳照到月亮上才产生光。月亮之所以有亏缺的部分，就是因为这一部分照不到日光。至于月食，张衡认为，是因为大地挡住了日光，使日光照不到月亮上去了。

4.关于五星的运动。《灵宪》中提出了四点极有价值的见解。第一，日、月、五星[①]并非是在天球的球壳上，它们是在天地之间运行，距地的远近各有不同。第二，这7个天体的运动速度也不同，离地近的速度快，离地远的速度慢。第三，《灵宪》用天的力量来说明行星之所以有留、逆、迟、速等运动变化现象。第四，按照五星离地远近及其运行的快慢，可以将它们分成两类。一类附于月，属阴，包括水星和金星。另一类附于日，属阳，包括火星、木星和土星。

5.关于星官。满天繁星，古人将它们组合成一个个星组，以便对它们进行辨认和观测。这些星组少则一星，多则数十星。这样的星组古人称之为星官。可惜张衡星官体系已经失传，这是我国恒星观测史上的重大损失。

[①]五星：即金、木、水、火、土五大行星。

6.流星和陨星。天空中除了日、月、星（包括行星和恒星）这些常见成员外，还不时见到流星之类的天体。张衡继承了前人"星坠至地则石也"（《史记·天官书》）的思想，对陨石的来源给出较正确的解释。同时，张衡还探讨了陨星产生的原因，认为是与日、月、星的衰败有关。虽然这个说法不正确，但是，每个天体都有发展到"衰"败死亡的过程，这种思想却很科学。

虽然《灵宪》是一篇杰出的古代天文学著作，但仍有许多不足之处。比如文中还把嫦娥奔月的神话当做事实记载在内，甚至说嫦娥入月后化成了蟾蜍等。但瑕不掩瑜，试想，一千九百多年以前，对天体的认识竟然达到如此程度，这不能不使我们惊叹。难怪梁代刘昭赞颂张衡是"天文之妙，冠绝一代"。

浑天仪与地动仪

张衡在科技史上的重大贡献，还在于发明了浑天仪和地动仪。

当时，关于天体，最流行的观点有二：即盖天说与浑天说。"盖天说"认为，天与地是平行的。天像盖笠，地像棋盘。天在上，地在下，日月星辰都附在天盖上。而"浑天说"却主张，大地好比是蛋黄，天像蛋壳似的包在地的外面。张衡属于"浑天说"派。为进一步证实自己的观点，他决定制造一个天体模型，把天地的构造以及日月星辰的运行情况，都用仪器显示出来，这样，就能直观而形象地说明那些复杂的天文现象了。

然而，要把抽象的思维变成一个能看得见、摸得着的实物，谈何容易？张衡不知度过了多少个不眠之

△ 浑天仪

夜，不知翻阅了多少书籍资料，一张精致的天球图才绘制出来。

在铸造正式的浑天仪之前，他经过了仔细的研究和观察，设计出了一个图案，然后用竹条劈成薄薄的竹篾，把这些竹篾刻上度数，再把它们编成圆环，穿联起来，制成一个仪器的模型。经过多次修改试验，感觉完全没有什么问题了，才用铜铸成正式仪器。因为这个仪器是根据浑天说的理论来制造的，所以张衡就把那个用竹篾编成的模型叫做"小浑"，铜铸的就定名为"浑天仪"。

汉安帝元初四年（117年），张衡创制浑天仪成功，那年他40岁。浑天仪的发明，不仅相当准确地反映了天象，使坚持"盖天说"的人改变了主张，而且震动了整个学术界，被誉为"学术上罕见的奇迹"。

我国是一个地震多发的国家。张衡在洛阳任太史令时，就亲身经历过多次地震。他想，既然造成地震的原因暂时还摸不透，那么能不能制造出一种能够测报地震的仪器呢？

经过无数个日日夜夜的研究，张衡为这个世上从未有过的地动仪废寝忘食，终于在汉顺帝阳嘉元年（132年），也就是他54岁的时候，成功地造出了世界上第一台能测报地震方位的地动仪。

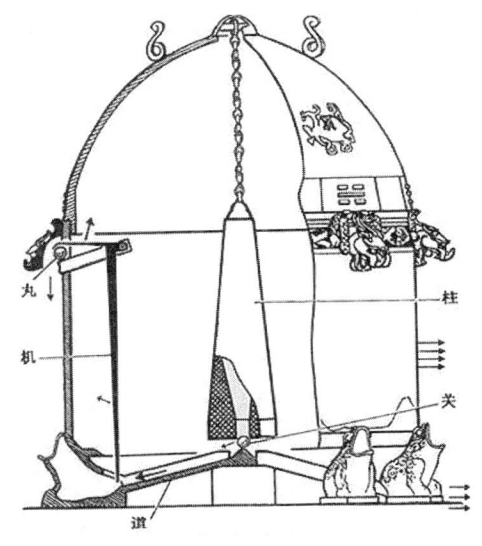

▲ 现代复原的张衡地动仪（左）新的复原模型的外形，（右）新模型的内部结构

当地动仪还在"母腹"中时，那些抱残守缺、冥顽不化的官僚就诅咒张衡"触犯天神，必遭恶报"，甚至向皇帝告他的黑状。地动仪制造出来后，他们又接连上书，排斥打击张衡。最后，张衡虽被迫辞去太史令的职务，但他用心血和汗水凝聚而成的地动仪却永远留在了灵台。

令人欣慰的是，张衡终于在他有生之年亲耳听到了地动仪成功的消息：那是永和三年（138年）的一天，灵台的值班员根据地动仪响动的方位，断定西北方向可能发生地震。过了几天，信使飞马赶到朝廷，报告陇西地区前几日发生强烈地震。陇西正好位于洛阳西北，相距千余里，地动仪能精确地测报那里的地震，真令人不得不叹服。

△ 地动仪纪念邮票（1953年）

全面发展的科学家

一个人的一生，能创造出世界上第一台浑天仪、第一台地动仪，仅这两个"世界第一"就足以使他名垂青史了。然而张衡一生的贡献还远不止这些，在数学领域，在文学领域，乃至在艺术领域，无不留下他闪光的业绩。

在数学方面，张衡写过一本叫《算罔论》的著作，可惜早已失传，我们无法确知它的内容。不过张衡对算学很有研究，这一点是毋庸置疑的。

在绘画方面，张衡曾将其研究心得绘成一幅地形图，该图流传了好几百年，一直到唐朝，被作为名画看待。张衡甚至还被列为东汉四大画家之一。

在机械方面，除浑天仪、地动仪外，张衡还制造了许多奇巧器物，成就惊人，堪称一代宗师，并曾一度获得"木圣"的称号。

在文学方面，张衡可说是个大家。他的《二京赋》曾花了10年的创作工夫，可见其创作态度之严肃。这篇赋不但文辞优美，脍炙人口，而且就其思想性来说，也是比较高的。他在河间相任期内创作的《四愁诗》受到文学史家郑振铎先生的高度评价，称之为"不易得见的杰作"。此外，遗留至今的还有《温泉赋》《归田赋》等二十多篇，都是辞、义俱佳的力作。

张衡虽然在年轻时就以才闻于世，但他却从无骄傲之心，他的性格从容淡静，也不追求名利。大将军邓骘是当时炙手可热的权势人物，多次要召见他，他都不去。后来他当了官，也是因为这种性格，使他长时间不得升迁。他对此毫不在意，而是孜孜于钻研科学技术。他还在《应闲》一文中表明自己的志向："君子不患位之不尊，而患德之不崇；不耻禄之不伙，而耻知之不博。"这两句掷地有声的话，表明了他不慕势利而追求德智的高尚情操。

　　为科学技术事业奋斗终生的张衡，晚年心力交瘁，体弱多病。永和四年（139年），这位中国历史上罕见的伟大科学家终于永远地离开了他的事业，享年62岁。

　　好友崔瑗称张衡说："道德漫流，文章云浮。数术穷天地，制作侔造化。"这是对张衡的中肯评价。

　　已故中国科学院院长郭沫若曾为张衡墓碑题词："如此全面发展之人物，在世界史中亦所罕见。万祀千龄，令人景仰。"

（李辉）

★ 钱学森

一个被誉为"中国导弹之父"的人

1950年8月22日，美国国防部五角大楼来了一位年轻的中国留美科学家，他是来向海军部次长丹尼尔·金贝尔辞行，打算返回新中国效力。尽管金贝尔百般挽留，但他去意已决。望着他匆匆离去的背影，金贝尔一时不知所措，气急败坏地打电话给美国司法部说："无论如何都不要让他回国，那些对我们来说至关重要的情况，他知道得太多了。他无论到哪里，都抵得上5个师的兵力！"后来的事实很快证明，金贝尔的说法并非夸大。正是在以他为首的一大批归国科学家的带领下，新中国很快掌握了研制导弹和卫星的核心技术，在一穷二白的基础上创造了"两弹一星"①奇迹。他就是被人们称为中国"导弹之父"和"航天之父"的钱学森。

聪慧少年

1911年12月11日，钱学森出生于上海，祖籍浙江杭州。父亲钱均夫早年

---

①"两弹一星"最初是指原子弹、导弹和人造卫星。"两弹"中的一弹是原子弹，后来演变为原子弹和氢弹的合称；另一弹是指导弹；"一星"则是人造地球卫星。1964年10月16日我国第一颗原子弹爆炸成功，1967年6月17日我国第一颗氢弹空爆试验成功，1970年4月24日我国第一颗人造卫星发射成功。

82

钱学森
——一个被誉为中国"导弹之父"的人

留学日本，曾任浙江省立第一中学校长，并在上海创办"劝学堂"以传播民主革命思想，后来还出任浙江省教育厅督学，著有《伦理学》《逻辑学》《地学通论》《外国地志》《西洋历史》等。母亲章兰娟是一富商之女，性格热情开朗，乐善好施，知书达理。

就在钱学森3岁那年，父亲到北京临时政府教育部任职。钱学森亦随父母迁居北京。幼时的钱学森，天资聪颖，悟性极高，3岁时已能背诵百首唐诗、宋词及启蒙读物如《增广贤文》《幼学琼林》等，被当地人誉为"神童"。

1917年，6岁的钱学森进入北京师范大学附属小学读书。在班里，他的年龄最小，个头也最矮。他按着父亲"学习知识，贡献社会"的家训，上课非常认真。高年级时，男孩子们喜欢玩的游戏是投纸折的飞镖，钱学森折的飞镖每次都投得最远。

钱均夫对儿子管教严格，从小培养他良好的学习和生活习惯。每天按时起床、就寝，按时复习功课和上学。出门一定要衣着整洁，书包一定整理得井井有条。回家后衣帽、鞋袜、书包放在什么地方，都有一定规矩。每逢寒暑假，钱均夫都要送儿子拜名师，补习各种功课。他先后学习过伦理学、音乐、绘画等。

1923年，12岁的钱学森走进北京师范大学附属中学的大门。这里有一批不甘于祖国沉沦、矢志于教育事业的优秀教职人员，有一套完善而先进的管理和教学制度。钱学森在这里读书的6年中，差不多门门功课都在班上名列前茅，而且还多才多艺，不论是绘画、音乐，还是辩论，都表现出众。

钱学森年轻时的照片

有志者事竟成

立志报国

1929年，钱学森高中毕业。受父亲"实业救国"思想的影响，他选择报考上海交通大学铁道机械工程专业，以全校第三名成绩被录取。

当时的上海交通大学，授课以美国麻省理工学院为蓝本，全英文教学，且很注重考试分数。钱学森虽然对这里的"分数战"不甚满意，但也不甘落后，每次考试非考90分以上不可。他的考卷总是书写工整，干净漂亮，中英文字都写得秀丽端正，深得各科老师的赞赏。一次水力学考试，所有试题全都正确。试卷发下后，他发现有一个笔误，老师也未注意到。他立即举手发言，指出自己的错误，并把考卷退给老师。老师为这一错误扣了他4分。于是这份96分的水力学考卷被留在学校里并保存下来，现已成为一份珍贵的历史档案。

1934年暑假，钱学森大学毕业，考取了清华大学庚款留美[①]公费学生资格，并从"铁路救国"转向了"航空救国"。他先到清华进修一年航空专业，师从主持设计制造中

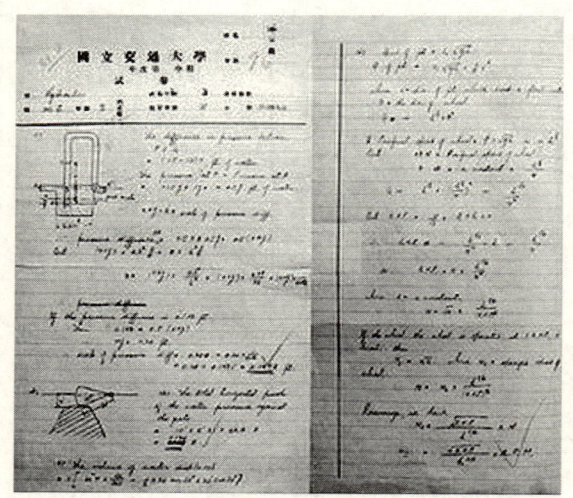

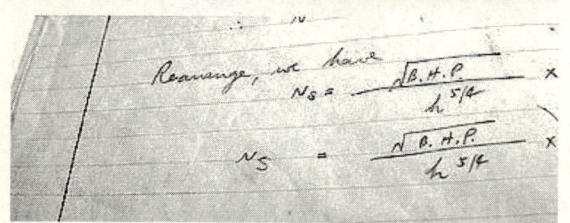

△ 钱学森在上海交通大学就读时的96分试卷

[①]1900年，义和团运动被英美等八国联军武力镇压，清朝政府被迫向西方八国共赔款白银4.5亿两，史称"庚子赔款"。其中美国得到3200多万两，折合美金2400多万元。 1908年，美国国会通过决议，同意将美国所得"庚子赔款"的半数退还给中国，专项用来资助中国学生赴美留学。清华大学最初就是作为庚款留美预备学校而于1911年创办的。

国第一代飞机的王助教授和主持设计建造中国第一个风洞的王士倬教授。在两位教授的指导下，钱学森开始走进航空工程的科学殿堂。

1935年8月，钱学森准备赴美留学之前，父亲特意为他买了《老子》《庄子》《墨子》《孟子》《论语》《纲鉴易知录》等中国传统文化典籍。在"杰克逊总统号"邮轮上送别时，父亲留纸赠言："人，生当有品：如哲、如仁、如义、如志、如忠、如悌、如孝！ 吾儿此次西行，非其夙志，当青青然而归，灿灿然而返！乃父告之。"钱学森读后潸然泪下，将父亲的教诲牢记在心，更加坚定了报效祖国的信念。

赴美深造

1935年9月，钱学森来到美国马萨诸塞州首府波士顿，进入麻省理工学院航空系。麻省理工学院的功课很重，但由于在交通大学"身经百战"，他很快适应了新环境，学习起来游刃有余。他的学习精神和学业成绩在班级里总是最突出的，这给该院许多师生留下深刻的印象。他只用了一年时间，就戴上了航空工程硕士的方尖帽。

1936年10月，钱学森转学来到加州理工学院。他首先拜访了世界著名力学大师冯·卡门[①]教授。他们的会面时间很短，但钱学森对问题的准确回答，给冯·卡门留下深刻印象，当即同意他在此攻读博士学位。从此，钱学森开始了与冯·卡门先是师生后是亲密合作者的情谊。

冯·卡门教授教给钱学森从工程实践中提取理论研究对象的原则，也教给他如何把理论应用到工程实践中去的方法。当时，冯·卡门交给钱学森研究两个世界性的难题：当飞机的飞行速度提高到亚音速时，气体的可压缩性对飞行器的性能到底有什么影响，它们之间的定量关系是怎样的？如果想再将飞机的飞行速度进一步提高到超音速时，应该采用什么样的最富有成效的

[①] 西奥多·冯·卡门（Theodore von Kármán，1881~1963），匈牙利裔美国工程师和物理学家，对于20世纪流体力学、空气动力学理论与应用的发展产生了重大影响。他发现的"卡门涡街"和提出"紊流理论"成为飞机、船舶和赛车设计的理论基础。他是美国加州喷气推进实验室（JPL）的创建人，培养了一大批世界知名的科学家，成为美国空军科技的奠基者，被誉为"超声速时代之父"。

1945年钱学森和冯·卡门（左一）在德国哥廷根会见冯·卡门的老师、著名空气动力学家普朗特（右一）

理论指导和技术设计才能实现？在老师的指导下，钱学森经过三年努力，出色地完成《高速气体动力学问题的研究》等三篇博士论文，获得航空、数学博士学位。

博士毕业后，钱学森被加州理工学院航空系聘为助理研究员。20世纪30~40年代正是国际航空业迅速发展的时代，钱学森在空气动力学和固体力学研究上作出了许多开创性的贡献，其中的重大成果是"热障"理论[1]和以钱学森和冯·卡门名字命名的"卡门－钱近似公式"[2]。这些成果为20世纪30年代的飞机工业从老式螺旋桨式飞机到喷气式超音速飞机需要解决的"音障"和"热障"问题，及全金属薄壳飞机的出现，奠定了理论基础。

钱学森在美国的研究工作十分严谨、认真。他每做一个课题，总是先查阅调研大量文献资料，并作详细记录。从理论模型的提炼与建立，数学运算和数值计算，作图制表，直到与实验结果的对照，甚至一笔一画，一点一滴都是那样工整认真，一丝不苟。他从不满足于一般性的理论推导，而是一定要通过数值计算和实验结果的对比，使理论推导得到验证。一旦发现有误，便进行修正，甚至推倒重来，直到最后得到满意的结果为止。例如，关于薄壳非线性失稳理论的研究，就多次显示这一反复过程，仅编有页码的推导演算手稿就达八百多页，而最后发表在美国《航空学学报》上的论文却只有10页。钱学森在完成这项异常复杂而艰巨的研究之后，在存放手稿的信袋上写了一个英文字"Final"（意为"最后的"）。但他立即意识到，真理都是相

---

[1] 热障理论是指飞机在高速飞行时，其表面的气流温度很高，会使金属外层强度降低甚至熔化，因此在设计高速飞机时，必须对飞机表面采取有效的防热或冷却措施，才能持续高速飞行。

[2] 卡门－钱近似公式是一种计算高速飞行着的飞机机翼表面压力分布情况的科学公式，后来被世界各国广泛应用于高亚音速飞机设计和制造。

对的，科学家追求真理永无止境，所以又立即写上"Nothing is final"（意为"没有什么认识是最后的"），并以此来警示和鞭策自己。

火箭专家

1936年2月，同在冯·卡门门下求学的弗兰克·马林纳受到科幻小说《从地球到月球》的影响，成立了一个包括钱学森在内的5人火箭研究小组。钱学森首先对火箭研究的文献进行调研和分析计算，并向小组提供了一份研究报告，解决了火箭设计中遇到的几个理论问题。这份报告被收进他们的火箭研究课题选集，该选集被小组成员称为他们的"圣经"。到第二年6月份，小组工作得到冯·卡门的支持，允许他们利用学校实验室。但是，随后的试验多次失败，并给校园造成许多灾难性的损失。火箭试验时产生的腐蚀性气体使许多仪器的金属表面氧化，有一次爆炸差一点使马林纳丧生。冯·卡门不得不把他们赶出屋去，全校师生从此戏称他们是一个"自杀俱乐部"。但是，"自杀俱乐部"的成员们并未因此而灰心，他们把设备搬到市郊一个名叫阿洛约·塞科的干涸河床上进行试验，这里后来发展成著名的喷气推进实验室，是美国火箭的摇篮。

1938年，正值第二次世界大战之际，火箭小组的研究工作引起美国军方的注意，将它列为一项重要的机密性研究项目。由于战时军事科学研究的需要，美国暂时放松了对外国人的限制，使钱学森得以参加机密工作。他和马林纳合作，努力解决固体燃料燃烧稳定性问题，并取得了一些实质性的结果。当时，火箭可达到的高度只有一万英尺（3050米），不能满足"探空"的需要。钱学森对此做了进一步的分析，探讨采用什么样的发动机和燃烧方案可以使火箭经济而又高效地达到更高的高度。经过研究，他提出了逐次脉冲推进的方案，可以使火箭升高到十万英尺，从而满足了"探空"的要求。

到1942年，钱学森的研究工作已有成绩，并

钱学森刚回国时的照片

教了些学生。这一年，美国军方委托加州理工学院举办火箭和喷气技术训练班，钱学森是教员之一，与陆海空三军技术人员有了接触。后来美军从事火箭导弹的高级军官中，有不少是他当年的学生。一些学生回忆说，钱当时教的两门主要课程是工程数学和喷气推进理论。他对教学工作尽心尽责，黑板上总是写满了数学公式，逻辑严密，书写工整，从不出错，甚至连个符号都不错。

1944年，美国军方获悉德国研制V-2火箭的情报，遂委托冯·卡门教授领导，马林纳为辅，大力研究远程火箭。钱学森负责理论组，加上同时在加州留学的中国学生林家翘、钱伟长等人，共同进行弹道分析、燃烧室热传导、燃烧理论研究等工作。同时，加州理工学院提升钱学森为讲师。

1945年初，冯·卡门被美国国防部聘为空军科学工作咨询团团长。出于对钱学森的欣赏，他随即提名钱学森为团员。这年5月份，第二次世界大战结束的前夕，钱学森随科学咨询团去欧洲考察英、德、法等国的航空研究，获得了许多纳粹德国战时从事火箭研究的情报和资料。考察结束后，钱学森写了几份关于德国火箭和喷气技术方面的报告。在此基础上，科学咨询团还编写了题为《迈向新高度》共9卷带有展望性的报告，为美国火箭导弹的发展提出了长远的规划蓝图。这些报告以书籍和论文的形式出版后，在科学界产生了很大的反响，并奠定了钱学森在力学和喷气推进领域的领先地位。同时，加州理工学院提升他为副教授。在此期间，他还为美国空军技术后勤司令部编著了一本内部教材《喷气推进》，这是世界第一部全面和系统论述火箭与喷气推进技术的专著。

1946年暑假，冯·卡门教授因与加州理工学院当局有分歧而辞职。作为冯·卡门的学生，钱学森也离开加州理工学院，转到麻省理工学院任副教授，专教空气动力专业的研究生。1947年初，36岁的钱学森成为麻省理工学院有史以来最年轻的终身教授。1949年他又回到加州理工学院任教，并兼任喷气推进实验室主任。

两弹一星

1955年9月17日，钱学森一家人登上"克里夫兰总统号"轮船归国。10月

钱学森
一个被誉为中国"导弹之父"的人

8日,轮船抵达香港,随即搭乘火车转往内地,回到了魂牵梦萦的祖国①。

钱学森归国后,受到新中国领导人的高度重视和信任。他为筹建中国科学院力学研究所,深入东北地区有关厂矿、大学和研究所考察调研,召集国内科研院所的领导和专家座谈讨论,统一建所思想,明确建所方针,在不到三个月的时间,领导组建了中国科学院力学研究所并担任所长。

▲ 1955年被羁留五年之久的钱学森一家人终于登上归国之路

当时,新中国刚成立不久,迫切需要拥有自己的国防尖端技术。归国之初钱学森在参观哈尔滨军事工程学院时,院长陈赓大将专程从北京赶来陪同。在参观时,陈赓问钱学森:"我们能不能造出自己的火箭、导弹来?"钱答:"有什么不能的,外国人能造出来的,我们中国同样能造得出来,难道中国人比外国人矮一截不成!"陈赓听后十分振奋,原来他是带着周恩来总理和国防部长彭德怀的指示,专门为此请教钱学森的。也许就是因为这句话,就决定了钱学森从事我国导弹和航天事业的生涯。

钱学森是我国导弹和航天事业的主要规划者。1956年2月,在周恩来总理支持下,钱学森起草了《建立我国国防航空工业的意见书》,为我国火箭

---

①1949年新中国成立后,钱学森准备回国效力。当时美国已掀起麦卡锡主义的反共浪潮,钱学森被无端地怀疑为共产党,美国移民局通知他不得离境,并一度被关押入狱。出狱后钱学森潜心进行工程控制论的研究,于1954年在美国公开出版了30余万字的英文《工程控制论》。1955年6月,钱学森摆脱监视,在一封寄给比利时亲戚的家书中,夹带了一封给时任全国人大常委会副委员长陈叔通的信,恳切要求中国政府帮他回国。信件很快转送到周恩来手上。在中国政府的交涉下,美国移民当局最终不得不同意放行钱学森。临行前,钱学森向老师冯·卡门道别,并把《工程控制论》送给老师。冯·卡门迅速翻看了一下这部新作,饱含激情地说:"你现在在学术上已经超过我了,我为你感到骄傲!"

有志者事竟成

1956年2月，毛泽东主席和钱学森在中国人民政治协商会议全国委员会于中南海怀仁堂举行的宴会上交谈

和导弹技术的创建与发展提供了极为重要的实施方案。同年3月，在制定新中国第一个科学技术发展远景规划纲要（1956～1967）时担任综合组组长，主持起草建立喷气和火箭技术项目的报告书。同时，钱学森参与筹备组建我国导弹航空科学研究领导机构——航空工业委员会，受命负责组建我国第一个火箭、导弹研究机构——国防部第五研究院并任首任院长，担负起新中国导弹和航天事业技术领导工作的重任。1965年1月，钱学森正式向国家提出开展我国人造卫星研究计划的报告。这个报告很快被中央批准，代号为"651工程"的第一颗人造卫星研制工作正式启动。同年，钱学森主持制定了《火箭技术八年（1965～1972）发展规划》。1989年，在确定我国载人航天事业发展方向时，发展航天飞机和发展载人飞船的两派争执不下。当时多数专家受美国航天飞机成功的影响，主张中国也发展航天飞机，并选择将该方案上报中央。当方案征求钱学森意见时，他写了至关重要的9个字："应将飞船案也报中央。"今天，在美国已决定让航天飞机退出历史舞台时，人们不能不佩服钱学森的高瞻远瞩！

钱学森是我国导弹和航天

中国革命军事博物馆陈列模型：我国第一颗原子弹、第一颗氢弹、东风1号导弹、第一颗人造卫星

事业的重要组织者。从1957年参加导弹卫星发射试验基地勘察选址开始，钱学森在我国导弹和航天事业发展中创下了众多第一：

- 1960年2月，指导设计的中国第一枚液体探空火箭发射成功。
- 1960年11月，协助聂荣臻元帅成功组织了中国第一枚近程地地导弹发射试验。
- 1964年6月，作为发射场最高技术负责人，同现场总指挥张爱萍一起组织指挥了中国第一枚改进后的中近程地地导弹飞行试验。
- 1966年10月，协助聂荣臻元帅组织实施了中国首次导弹与原子弹"两弹结合"试验。
- 1970年4月，牵头组织实施了中国第一颗人造地球卫星发射任务。
- 1971年3月，组织完成"实践一号"卫星发射试验，首次获得中国空间环境探测数据。
- 1975年11月，指挥成功发射了中国第一颗返回式卫星。
- 1980年5月，参与组织领导了中国洲际导弹第一次全程飞行。
- 1982年10月，参与组织领导了中国第一次潜艇水下发射导弹。
- 1984年4月，参与组织领导了中国第一颗地球静止轨道试验通信卫星发射。

钱学森还慧眼识英才，善于从年轻一代中发现栋梁之材。在研制导弹时他举荐了任新民，在研制人造地球卫星时他举荐了孙家栋，后来前者被航天人称为"总总师"，后者被业界称为"卫星之父"。钱学森举荐王永志更被传为佳话。1964年6月，在"东风-2A"导弹一次试射中，科研人员发现若不增加火箭燃料推进剂，试射的导弹很可能达不到预定射程，但燃料贮箱体积有限，要增加很困难。这时，32岁的中尉军官王永志向钱学森提出了一个异乎常规的设想——卸掉600千克燃料推进剂。钱学森对王永志的逆向思维大加赞赏，拍板决定按王永志的建议办。"东风-2A"导弹在卸下部分燃料后，果真提高了射程，命中了目标。在中国开始研制第二代导弹时，钱学森力荐年轻的王永志担任总设计师。后来，钱学森又举荐王永志担任中国载人航天工程总设计师。

由于钱学森对我国"两弹一星"事业和整个科学技术事业所作出的重大贡献，1985年获国家科技进步特等奖；1991年被国务院、中央军委授予"国

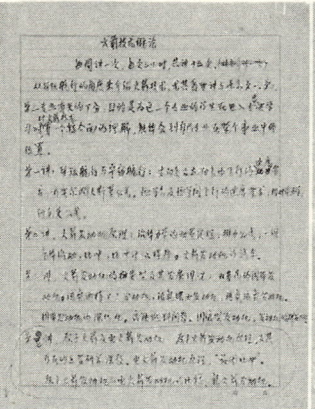

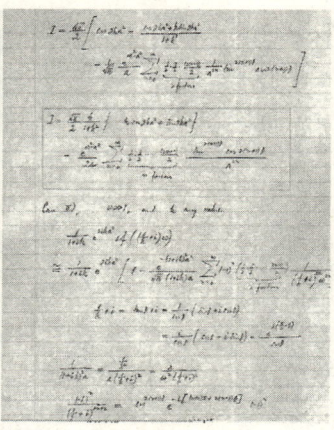

家杰出贡献科学家"荣誉称号和一级英模奖章；1999年被中共中央、国务院、中央军委授予"两弹一星功勋奖章"。1989年国际技术与技术交流大会授予钱学森"小罗克韦尔"奖章。

△ 钱学森手稿

面对巨大成就与荣誉，钱学森表现出了谦虚谨慎的作风与淡泊名利的襟怀。他坚持不题词、不为人写序、不参加鉴定会、不兼任任何顾问或荣誉顾问；他不同意单位为他建房，不同意报纸刊登颂扬他的文章。他说："我作为一名技术工作者，活着的目的就是为人民服务，如果人民最后对我的一生所做的各种工作表示满意的话，那才是最高奖赏。"

2009年10月31日，一代科学大师钱学森走完了98年的人生历程。他出生时，中国正积贫积弱，任人宰割；他离世的当月，中国在天安门广场上举行盛大阅兵仪式，那凝结着他毕生心血的一个个导弹方队向世人展现着中国的国威。他走了，化作人类文明天空中一颗明亮的星，那熠熠生辉的正是中华民族精神的光芒！

（钱伟刚）

★ 培 根

—— 一个被誉为"现代实验科学的真正始祖"的人

除去上帝，他最热爱和尊崇的，就是真理与科学。他对真理与科学，有着一种抑制不住的激情，"研究真理、认识真理和相信真理乃是人性中最高的美德"。在他心目中，科学与知识的威力可与万能的上帝相媲美。因此，他提出"知识就是力量"，并把复兴科学作为他终生奋斗的目标。他就是被誉为"现代实验科学的真正始祖"、"近代归纳法的创始人"的英国哲学家培根。

智力早熟的少年

1561年1月22日，弗兰西斯·培根（Francis Bacon，1561~1626）出生于英国伦敦一个新贵族家庭。父亲尼古拉·培根是伊丽莎白女王[①]时期的掌玺大臣，母亲安妮是尼古拉的继室。安妮的父亲曾是英王爱德华六世的老师，在当时以学问渊博著称。安妮从小受到良好的教育。她相夫教子，恪尽职守，

[①] 伊丽莎白1533年出生于英国的格林尼治，父亲是领导英国宗教改革的亨利八世，母亲安娜·布琳是亨利的第二个妻子。1558年，25岁的伊丽莎白继位。年轻的女王面临着许多问题：与法国的战争，与苏格兰和西班牙的紧张关系，国内的宗教派别之间的尖锐矛盾。然而她能顺应民意和时代要求，进行了一系列改革，使原本落后的英国在她在位期间击败西班牙，成为欧洲最强盛的国家；在一定的程度上解除了英国天主教和新教徒之间的深仇大恨，成功地保持了民族的统一。普遍认为她是英国历史上最杰出的帝王。

是当时伦敦上层社会有名的贤夫人。

尼古拉夫妇的社会地位、教养和学问造就了一种和谐美满且崇尚知识的家庭气氛。培根就是在这种家庭背景中长大成人的。

父亲的高位及家庭中诸多的显亲贵戚使得培根很小便熟悉和习惯官场生活。他常被带到宫廷里去，周旋于女王和大臣之间。在应对答问中，机智早慧的培根甚得女王的欢心，女王称他为"小掌玺大臣"。据说，一次女王问他："告诉朕，你今年多大了？"出乎女王意料，小培根一字一句地说："启禀女王陛下，培根比您的幸福朝代小两岁。"女王大喜，断言这孩子他日必会大有作为。

▲ 剑桥三一学院

1573年，12岁的培根被送进剑桥三一学院。当时剑桥还带有浓厚的经院哲学气氛，亚里士多德的学说仍占据着讲台。但是，宁静的大学校园里也出现了一些新时代的迹象，一些非亚里士多德的新学说开始在讲台上公开讲授。

在剑桥，培根读了许多柏拉图、亚里士多德及其注释家们的著作，接受了系统的逻辑学和语言学的训练。随着了解的深入，他对亚里士多德学说和

培 根

—— 一个被誉为"现代实验科学的真正始祖"的人

经院哲学也越来越反感。他还阅读了大量的艺术和科学方面的著作。

1575年圣诞节，培根结束了在剑桥的学业。1576年9月，他随同英国驻法国大使到了巴黎。两年多的使馆工作，使他得到了外交事务的实际训练。期间，他一方面留心法国和欧洲大陆政界情况，一方面收集材料，写成了一本《欧洲政情记》。这是培根早期的重要著作。

1579年2月，父亲突然病逝，培根只得中止了他在驻法使馆的工作，提前回国。父亲的去世，使培根不仅失去了政治上的靠山，经济上也陷入了困境。作为尼古拉五个儿子中的一个，他只获得了少量遗产，再也不能像过去那样衣食无忧地生活了。

走上学术之路

回国后，培根为了生活，不得不到处谋求职位。1582年，他成为正式律师。1584年，他被选为国会议员。初出茅庐的培根不仅能言善辩，且锋芒毕露，思想激进，曾在国会辩论中旗帜鲜明地反对女王的一项财政请求，这也为他在今后的仕途之路上种下了荆棘。

国会议员只是个虚衔，培根所期望的公职却迟迟得不到。他只得转而投靠赏识他的艾塞克斯伯爵（1566~1601）。伯爵不满二十岁，立有战功，美貌且有风度，深得伊丽莎白女王的垂爱。他多次向女王推荐培根，却始终未能如愿。

其实，培根真正的人生志向不在仕途，他把寻求高位作为实现科学理想的手段。他在1591年写给伯利伯爵的求职信中曾提到，他之所以谋求公职，一是因为生逢英主，愿为女王和国家效力；二是因为家道中落，无以为生。他对当时人类的知识状况非常不满，他的目标是要改造知识、复兴科学。他认为，政治家带来的效果只扩展到狭隘的空间，延续短暂的时间；而发明家

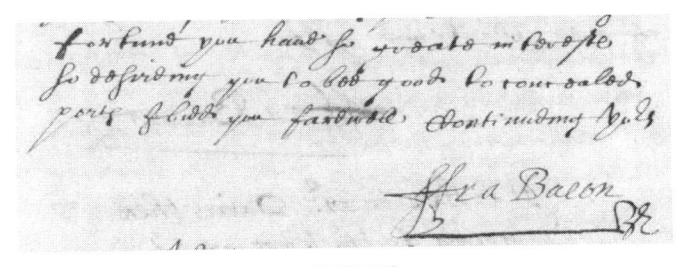

⬢ 培根手稿

的工作，虽然不怎么壮观和显赫，却能永远持续下去。他认为自己"天生就有求索的愿望，怀疑的耐心，思考的爱好，慎于判断，敏于考察，留心于安排和建立秩序"。

就在培根追求官位的同时，他的创作一直未断，大约在1592年，完成了《伟大的复兴》一书的初步构想。1597年出版了他的《论说文集》，本书初版只有10篇文章，1612年再版时增加到38篇，第三版于1625年刊行，这一版共收入文章58篇。

《论说文集》从问世起便大受欢迎。培根有着丰富的阅历和人生体验，他见过大世面，处理过国务，观察过各种人物、环境和关系。加之他精于思考，善于表达，这些条件造就了本书的独特价值和持久魅力。在这本篇幅不大的书中，培根论述了广泛的社会与人生问题，文笔优美，议论精妙，充满了人生哲理。时至1985年，此书还入选美国公众最喜爱的十本著作之一。

1605年，培根出版了《学术的进展》一书，这是他公开发表的第一部学术著作。在这部著作中，围绕科学知识的价值与功能、科学分类及人类知识的结构、科学的组织管理等问题，发表了一套全新的见解，从而引起科学观上的一场深刻变化，在欧洲科学界和思想界产生了热烈的反响。

在培根时代，近代科学刚刚起步，科学知识的作用还没有充分展现出来。信仰主义、宗教蒙昧主义占据着人们的头脑。面对这种情况，以复兴科学为目标的培根，首先得花大力气清理和纠正旧的科学观，批判贬损科学知识的宗教蒙昧主义，力图在人们的心灵中播下崇尚科学、尊重知识的种子。为此，在二卷本的《学术的进展》中，他差不多以整整一卷的篇幅，大谈科学的功能，颂扬科学的权威，给科学知识以前所未有的尊崇。

在《学术的进展》第二卷中，培根论述了科学分类的原则，并据此提出了人类知识体系的新结构。培根认为，科学是人的一种精神活动，所以它必然与人的精神相关联，因此，应该按照精神能力来划分科学。人的精神能力分为记忆、想象和理性三种，科学也相应地分为历史、诗歌（艺术）与哲学。在历史、诗歌、哲学这三大类目之下又划分出许多子目。

培根认为，提高科学和科学家的地位，给科学家的科学研究事业提供良好的条件，是促进科学发展的必要手段。他特别强调应尊重和信任学者，提

培根

—— 一个被誉为"现代实验科学的真正始祖"的人

高学者的社会地位和物质待遇等。

是政客，更是科学家

《论说文集》和《学术的进展》先后问世，使培根获得一定声誉，然而经济状况始终不见好转。直到1607年6月25日，他才得到了副检察长的位置。此后，他的政治和学术生涯都进入了一个顺畅时期，生活也随之发生变化：1613年他升任首席检察官，1616年被委任为枢密会议议员，1617年任掌玺大臣，1618年升任大法官，并被封为维露廉男爵，1620年被封为圣阿尔班子爵。

繁忙的政务并没有让培根忘记心中的理想。除去公务，他把时间全用在了思考与写作上。1609年，也即在任副检察长后的第三年，他的《论古人的智慧》一书出版，这是培根的第三部学术著作。

《新工具》的出版，为培根赢得了极大声誉。至此，培根一生的事业可谓是登峰造极了。然而，好景不长，厄运很快便向他袭来。他以受贿罪被起诉。1621年5月3日，上院宣判他有罪，罚款四万镑，收监伦敦塔。虽然培根很快就被放了出来，所交罚款也归还给他，但他的政治生涯从此画上了

▲ 1620年出版的《新工具》

句号。

然而,"失之东隅,收之桑榆。"对于培根来说,他在政治上的失意,很快在学术上找到了归宿。他下台之后5个月便完成了《亨利七世》一书。这部著作被荷兰著名法学家格罗蒂斯·胡果及英国著名哲学家约翰·洛克称为具有哲学意味的史学著作之典范。同时,他又着手写《亨利八世》。

然而,培根更热心于他的哲学著作即《伟大的复兴》的宏伟计划。1623年,他将早年的《学术的进展》一书扩充、增补后,以《学术的发展与价值》为书名印行。同年,他还写了《新大西岛》一书。

临终前的几年,他除修正增补《论说文集》第三版外,其余时间全用在了百科全书材料的搜集上。他把搜集到的自然史材料,整理成二百多个简短的专史,汇编成册,取名《林木集》,由他的秘书在他死后第二年与《新大西岛》同时发表。

1626年3月底的一天,春寒料峭,培根坐车到伦敦北郊。地上的积雪使他突然想到,雪是否和盐一样也能起防腐作用?他决定立即做一个实验。他在一个穷苦妇人家里买了一只鸡,宰杀后去除内脏,在鸡胸里塞满雪。做完后,他感到浑身发冷,无法回到城里,只好来到朋友家。这次受凉使他一病不起。1626年4月9日,培根静静地离世,终年65岁。

遵照培根的遗嘱,他的遗体被安葬在圣奥尔班斯的圣迈凯尔教堂他母亲的墓旁。

"科学之光"

培根大半生都在致力于《伟大的复兴》的创作,但到死都没能完成,这为后人留下了遗憾。其中,《新工具》是他完成的也是对

▲ 剑桥三一学院内的培根雕塑

后世影响最大的著作。

《新工具》分为两卷,以箴言的形式写成。该书分两大部分,一部分称为"破坏性部分",主要是批判旧哲学的弊端,揭示了妨碍人们获得真理的几种心理障碍,提出著名的四假象说。另一部分是所谓"建设性部分",培根阐述了唯物主义经验论的哲学立场和他关于科学方法的主张。

1.四假象说

培根把人心中固有的容易导致谬误的诸多偏见称之为"假象"。第一种假象是"种族假象",指的是人类总喜欢以自身为尺度,不按照思维的本来面目去认识事物,结果歪曲了事物的真相;第二种是"洞穴假象",是指个人所特有的一种偏见,每个人由于在环境、教育、性格、职业方面的不同,在观察事物时往往把自己的个性、偏爱渗入到事物中,使事物发生扭曲;第三种是"市场假象",指的是人们在交往中由于使用词语含义混乱或语言使用不当而造成的思想混乱和偏见;第四种是"剧场假象",是指由于盲目崇拜权威,迷信传统的哲学体系所造成的错误思想和偏见。

假象学说触及人的认识能力的一系列基本矛盾,因而具有永久的意义并在思想史上留下了深刻的影响。

2.知识就是力量

真正的知识是关于事物发展规律的认识。获得知识就意味着掌握了自然规律,洞悉了自然奥秘。如此,人就可以控制和驾驭自然,行使对自然的统治权。因此,知识不单是一种学问,还是一种改造自然、促进社会进步的重要力量。知识所导致的技术进步是社会进步的基本标志。

培根"知识就是力量"的观点是人类对科学和知识的一种全新看法,是科学观上的一次革命。培根是现实主义科学观的最早提出者,这种科学观为康德、黑格尔和马克思等近代思想家们所继承并发扬光大。

3.对旧逻辑的批判

在培根看来,制定科学的认识方法,探索发明和发现的艺术,是科学发展所必需的。有了它,即使中等资质的人也可以为科学作出贡献。现有的逻辑并不能令人满意。他所谓现有的逻辑,就是指经院哲学滥用了的亚里士多德的逻辑。亚里士多德从对自然现象的长期观察中,概括出科学研究的两阶段:这就是从观察上升到一般原理,然后再从一般原理回到观察的过程。前一阶段即归纳法，后一阶段即演绎法。

　　培根认为，现在流行的从感觉到普遍公理，然后便认这公理是无所不能的法宝，用它去"判断和发现中间公理"。其本质还是从教条到教条，从概念到概念。培根的方法是：从感觉与特殊事物中把公理引申出来，然后不断上升，最后达到最普遍的公理，即先从具体事物中找到二级真理，然后再去发现更高层次的真理，即"普遍公理"。比如我们的研究对象是钢铁，我们不能从钢铁一下子便归纳出普遍真理，而应该先找出有关钢铁的真理——二级真理，然后再通过对其他事物的研究，得到各自的二级真理，再对它们进行研究，最后才能达到普遍真理。

　　培根在介绍他的方法时，以"热"为例，做了一个列表试验。他把各种与热有关的现象都罗列出来，然后把那些非本质的因素一一排除，最后进行分析、归纳，从而得出"热是一种扩张的、受到抑制的、在其斗争中作用于物体的较小分子的运动"。这已经很接近现在对热的认识了。不过，培根得出的结论正确与否并不重要，关键是他提供了一种方法，这种方法既符合实验科学的大思路，又体现了经验哲学——培根式的经验哲学的本质特征。

　　培根的思想结束了以神学为中心的经院哲学旧时代，开创了以经验为手段认识自然的新时代，罗素称他为"近代归纳法的创始人""给科学研究程序进行逻辑组织化的先驱"，伏尔泰称他是位"大哲学家、良好的史学家和出色的作家"，费尔巴哈称他为"近代自然科学的直接或感性的缔造者"，马克思则称他为"现代实验科学的真正始祖"。至今，他依然被举世公认为对世界有重大影响的世界文化名人。他的思想传遍了整个世界，也必将影响我们身后的世界。

（李辉）

★ 笛卡尔

—— 一个被誉为"近代哲学之父"的人

他一生都在追求学问,追求安宁。他为学问冥思苦想,为安宁东走西奔。他说:"我只求安宁与平静。"为了安宁与平静,他曾多次隐藏起来,不让自己的朋友知道他的住处。他年轻时,曾在巴黎隐居了两年。定居荷兰后,为了同样的目的,前后换了13个城镇,有过24处住房。他要在安宁的环境中,建造一个庞大的哲学体系。为了完成这一伟业,他矢志不渝,奋斗到生命的最后一刻。他就是法国伟大的哲学家、数学家和科学家笛卡尔。

爱动脑筋的学生

勒奈·笛卡尔（René Descartes, 1596~1650）1596年3月31日生于法国都仑省拉爱城一个贵族家庭,父亲是布勒丹省议院参议官,母亲出身名门。笛卡尔是第四个孩子,在他出生后不久,母亲便因肺病去世。当时他那幼小的生命亦濒于垂危,幸亏一位热心的护士悉心照顾,方使他起死回生。父亲再婚后,他一直由外祖母抚养。笛卡尔从小体弱多病,但智力过人,且好奇心极强,经常向父亲提出一些诸如"事物的原因是什么"等问题。父亲很早就发现了他的才华,并经常以"小哲学家"称呼他。

1604年,8岁的笛卡尔被送到拉·费雷士教会公学读书。这里的院长和老师对他十分照顾，鼓励他静养身体和训练心灵，允许他早晨多睡一些时候，而他却用这段宝贵的时光，躺在床上阅读了大量的经典文献，"与其他时代的巨人交谈"。他在这里大约学了8年6个月，为该校的模范生。在这里，头几年学习的是人文学科，包括拉丁文、希腊文和古典作品，还学习法语的散文和诗歌作品、音乐、戏剧表演，以及作为一个绅士必不可少的训练，如骑术和剑术。高年级的课程总称为哲学，包括逻辑学、道德学、物理学、数学和天文学。这些学科讲的几乎都是亚里士多德的东西，只是在数学和天文学中，偶尔能从老师那里了解到当时的一些发展状况。最后一年学习形而上学，主要是托马斯·阿奎那[①]的哲学和耶稣会士的注释。

笛卡尔非常尊师重道，他对师长始终保持由衷的敬爱，但他对学校的功课却不满意，他认为，自己在这里学习的有关人文科学、哲学和道德教条都是一些花哨和虚假的"破烂"货，它不能使人类控制自己的环境，指导自己的命运。

1612年公学毕业后，笛卡尔前往普瓦捷大学攻读法律。经过几年的努力，他终于顺利获得学士学位。1616年，他又以最高成绩获法律硕士学位，但他对科学的兴趣始终未减。

为了增长见识，笛卡尔告别了亲人，孤身来到当时的科学、文化中心巴黎，但巴黎上流社会奢侈豪华的宴会和毫无意义的应酬弄得他心烦意乱。不久，他离开了社交界，改名换姓搬到巴黎郊区，期望在安静的环境里专心致志地研究几何、物理和哲学等学科。然而这种安静环境没有维持多久，他很快被朋友们发现了。

1618年，21岁的笛卡尔在荷兰加入了摩里斯王子的军队，尝试对军旅生活的体验。两年的军旅生活，他无所事事，但幸运的是结识了当时物理学家和哲学家艾萨克·比克昂，他激发了笛卡尔的天才的创造力，使笛卡尔敢于去进行更富挑战性的探索。

[①]托马斯·阿奎那（Thomas Aquinas，约1224~1274），中世纪经院哲学的哲学家和神学家。他是自然神学最早的提倡者之一，也是托马斯哲学学派的创立者，他的学说成为天主教长期以来研究哲学的重要根据。由于他著述甚广，被称为"天使博士""神学之王"。阿奎那的主要著作有《论存在与本质》《哲学大全》《亚里士多德〈政治学〉注释》《神学大全》等。其中《神学大全》是他论述神学思想最重要、最系统的著作，是经院哲学的百科全书。

三个梦改变了他的一生

1619年，笛卡尔又加入了巴伐利亚的天主教徒马克米连公爵的军队。服役期间，笛卡尔只干一些文职工作。就在这一年，有"一束强光"突然出现在他面前，即这年11月10日，在驻营的暖房中，笛卡尔连续做了三个梦，"我听到一声雷鸣……它是真理的精神降临到我的心中"。第二天早晨，他祈祷上帝给他光明。从这时起，他决心献身于追求真理的事业。

笛卡尔为了追求真理，需要读世界这本大书，于是就离开军队，从一个国家到另一个国家旅行。他一路上研究当地人民，阅读书籍，抓住许多零碎的线索，努力寻找它们的源头。先后游历了丹麦、波兰、德国，他确信他发现了一部分真理。他在他的第一部著作《宇宙论》中提出了地球是运动的这一革命性理论，但他没有公之于世，因为他看到布鲁诺被宗教裁判所烧死，伽利略深受牢狱之苦。他不愿冒险出版此书，就把手稿送到一个偏僻的地方，直到他死后才出版。

1620年，笛卡尔参加波汉姆之役。第二年他退伍了，前往荷兰，寓居海牙。这一年他还最后一次体验军营生活，加入了匈牙利军队。次年3月，他返回法国处理财务问题。为了日后能专心研究，他必须先筹划生活费用，将归他的那份产业卖掉。不久，他又外出旅行，途经巴塞尔、瑞士、威尼斯，圣诞节前夕抵达罗马。他在意大利住了一年多，然后由威尼斯步行至罗莱德圣母大殿朝圣。1625年他翻越阿尔卑斯山回到法国，住在巴黎从事研究。

笛卡尔需要找到一个更适宜的环境从事哲学和科学研究。1629年，33岁的笛卡尔在父亲去世后，决定放弃贵族称号，卖掉自己的贵族世袭领地，到荷兰隐居。他放弃了人人求之不得的荣誉，却选择了一条荆棘丛生的探索之路。笛卡尔一直在荷兰居住了二十多年，完成了他大部分的著作。他的最重要的哲学著作《第一哲学沉思集》《哲学原理》及《论灵魂的激情》等都是在此完成的。为了避免外界的干扰，他还经常搬家，只与少数朋友通信。偶尔返回法国，他也把自己关起来，完全与世隔绝。

通过宁静沉思的道路走向光明，这是笛卡尔这一时期的生活写照。他不必为生活分心：他从父亲那儿继承的遗产，如不挥霍就足够过舒服的日子；

他从未结婚，他的生活如平静的小溪。他偶尔也到国外旅行，但更多的时候是待在家里，通过书信与他的朋友们"交谈"。他在生活中受到最沉重打击的是他的私生女弗朗西尼的突然死亡，为此，他痛苦了好一阵子。之后，他又回到他的思想城堡。

由于对肺部的担心（母亲就是因肺病而死的），笛卡尔越来越注意待在家里。然而，1649年2月，瑞典女王克里斯蒂娜邀请他到她的国家去做她的哲学教师。瑞典的气候比荷兰要坏得多，这很可能危害他的健康，但是他还是拗不过女王的盛情，在这年9月冒着严寒北上。女王为他举行了盛大的欢迎仪式。她认为她在清晨最适合接受哲学，所以要求他每天在天亮以前就要到达王宫。在北方寒冷的冬天早起，这对习惯于在床上沉思的哲学家而言，无异于一种摧残。两个月后，1650年2月1日清晨，笛卡尔因为着凉患了感冒，很快又转成肺炎。1650年2月11日清晨4点，笛卡尔挣扎着想爬起来，"该起床了，女王在等着"，但又颓然地倒下。他轻声地说："灵魂起程的时间到了。"一个伟大的哲学头脑停止了沉思。他仅活了53岁。

可是笛卡尔的理想毕竟是历来思想家所企求的境界。他所提出的"方法的怀疑"，对于"什么是真"的问题的提出以及对自明律（或直观）的说明，无疑是近代哲学的中心问题。不久，人们就认识到他的伟大。1667年，笛卡尔的遗骸被运回巴黎，隆重地埋葬在圣格内弗埃-蒙特的圣堂中。1799年，法国政府又把他的遗骸供在法国历史博物馆，与法国历史上的光荣人物在一起。1819年以后，他的遗骸又被安置在柏雷斯的圣日曼教堂中，供人瞻仰。他的墓碑上写着："笛卡尔，欧洲文艺复兴以来第一个为人类争取并保证理性权利的人。"

▲ 笛卡尔之墓

"我思故我在"

笛卡尔和培根一样，打出了新哲学的大旗。他们指出经院哲学是空谈，只能引导人们陷入错误，不会带来真实可靠的知识。笛卡尔认为，必须建立一种以追求真理为目的、又利于人类征服自然界的新哲学即实践哲学。

认识方法和哲学体系 笛卡尔指出，我们已有的观念和论断有很多是极其可疑的，这些观念有的来自感官，但是感官会欺骗我们；我们醒着时的那些思想，也会出现在我们的睡梦中，梦境是虚幻的；还有一些观念是由推论得来的，我们在这些事情上也会犯错误。为了追求真理，必须对一切都尽可能地怀疑，只有这样才能破旧立新。这就是"笛卡尔式怀疑"。这种怀疑不同于否定一切知识的不可知论，而是以怀疑为手段，达到去伪存真的目的，所以被称为"方法论的怀疑"。

笛卡尔认为，凡是在理性看来清楚明白的就是真的。复杂的事情看不明白，应当把它尽可能分成简单的部分，直到理性可以看清其真伪。这就是笛卡尔的真理标准。笛卡尔并不完全排斥经验在认识中的作用，但认为单纯经验可能出错，不能作为真理标准。在他看来，数学是理性能够清楚明白地理解的，所以数学的方法可以用来作为求得真理的方法，应当以这种方法找出一些最根本的真理来作为哲学的基础。

笛卡尔把他的体系分为三个部分：①"形而上学"，即认识论和本体论。②"物理学"，即自然哲学。③各门具体科学，主要是医学、力学和伦理学。他把"形而上学"比作一棵树的根，把"物理

△ 笛卡尔雕塑

学"比作树干,把各门科学比作树枝,以此表明哲学的重要地位,但也指出果实是树枝上结出的,以表明科学的重要意义。

形而上学 笛卡尔认为我可以怀疑一切,但有一件事是无可怀疑的,即"我怀疑"。我怀疑也就是我思想。既然我思想,那就必定有一个在思想的我,即"思想者"。"我思故我在"的命题,是笛卡尔全部哲学的第一原理。"我"的本质是思想,又称为"灵魂",是认识的主体,是精神实体。他说,我心里清楚明白地有"形体"的观念,这观念不可能是我自己造成的,只能是上帝创造了"形体",又把"形体"的观念放到我心中。既然最完满的上帝不可能欺骗我们,那么"形体"也就是真实可靠的实体。

笛卡尔肯定了两个实体:灵魂和形体。他认为这两个实体是彼此独立存在的。灵魂的属性是思想,形体的属性是广延。为了将这两个毫无共同之处的实体联系起来,他又把上帝作为桥梁,说灵魂和形体只是相对的实体,两者都是绝对实体——上帝所创造的。

在认识论方面,笛卡尔认为世人有三种观念:①通过感官从外面得来的常常是混乱的错觉。②理性本身是固有的,即"天赋观念",如几何学原理之类,它有清楚明白的必然性。③我们自己任意制造的,如美人鱼之类。他完全否定第三种观念,对第一种观念持怀疑态度,认为第二种观念必然正确。他认为科学不能只是感性现象,必须是必然的理性认识。

物理学 笛卡尔的"物理学"是他的哲学中的重要部分。他明确指出,在自然界,物质是唯一的实体,天和地是由同一物质构成的。整个物质世界的广延是无限的,不可能设想有一个界限;物质的可分性也是无限的,不可能有什么不可分的原子存在,也不可能有任何"虚空",因为"虚空"意味着没有物质的广延。他反对绝对空间论。

笛卡尔认为人既有形体又能思想,是两个实体结合而成的。既然这两个实体毫无共同之处,为了解释心理现象,他提出松果腺[①]是形体和灵魂的接触点。

[①]松果腺(pineal gland),脊椎动物间脑顶部的小的松果样内分泌腺,又称松果体、脑上腺。一般认为,松果腺中含有抗性腺激素和降血糖因素,在幼年有抑制性成熟、抑制生殖器官发育和阻碍性征出现的作用。光照及季节变化通过松果腺调节着鸟类的迁徙等行为。据统计,70%的人,松果腺在60岁前均已钙化。

笛卡尔的演绎法是对古希腊演绎法的发展，他是以数学为基础的。他把直观和演绎当做认识事理的根本方法，"除了那些自明的直观和必然的推演，人类没有直接通向确实知识"。根据上述的方法论的原理，笛卡尔规定了方法的规则：第一，绝不承认任何事物为真，除非我明明白白知道它确实为真。第二，把所考察的每一个难题，都尽可能地分成细小的部分。这样将一个难题分析成很微小的部分，使其单纯化，则难题也就不成为难题了。第三，依照次序引导我们的思想，由最简单、最容易认识的对象开始，一步一步地上升到最复杂的知识。第四，把一切情形尽量完全地列举出来，直到足够保证没有遗漏任何一件为止。

多方面贡献

笛卡尔是伟大的哲学家，也是伟大的科学家和数学家。他声称，只要"给我物质和运动，我将构造出整个世界来"。意思是说，他可以用物质的机械运动为我们描绘一幅宇宙天体形成和发展的图画。在他看来，构成天体的物质微粒最初是以混沌状态处在一个统一的旋涡运动中。在运动过程中，由于引力和斥力的作用，逐渐形成土、空气和火三种元素。在旋转中，由于离心力的作用，把重的土元素抛出中心，形成行星；轻的火元素则留在旋涡中心，形成太阳；空气则包围着行星和太阳。笛卡尔的这一观点，不但否定了宗教神学的上帝创世说，而且与和他同时代的伽利略的观点相比，更激进、更科学。它成为一百多年后康德-拉普拉斯关于天体起源"星云假说"的先驱。

在光学的研究中，笛卡尔认为望远镜是光通过凹凸镜发生的"折射现象"。由此，他还用几何学说明了光的折射定律。在论证机械运动中，笛卡尔断定自然界是一架机器，它按照力学的规律在运动着。即使自然界和机器有什么不同，也只是自然界的零件，是眼睛看不见的微粒子。各种自然现象都可以用这些微粒子的形状、大小、力学的运动加以说明。由此，笛卡尔提出了运动守恒思想，为19世纪能量守恒定律的确立奠定了基础。

笛卡尔对人类社会的贡献是多方面的，但最重要的除哲学外就是数学，尤其是解析几何的创立。笛卡尔的指导思想是建立一种"普遍"的数学，把算术、代数、几何统一起来。他设想，把任何数学问题化为一个代数问题，再把任何代数问题归结到去解一个方程式。

为了实现这一设想，笛卡尔从天文和地理的经纬制度出发，指出平面上的点和实数对（x，y）的对应关系。x、y的不同数值可以确定平面上许多不同的点，这样就可以用代数的方法研究曲线的性质。这就是解析几何的基本思想。具体地说（平面解析几何），第一，在平面建立坐标系，一点的坐标与一组有序的实数对相对应；第二，坐标系建立后，平面上的一条曲线就可由带两个变量的一个代数方程来表示。从这里可以看到，运用坐标法不仅可以将几何问题通过代数的方法解决，而且还将变量、函数以及数和形等重要概念联系了起来。

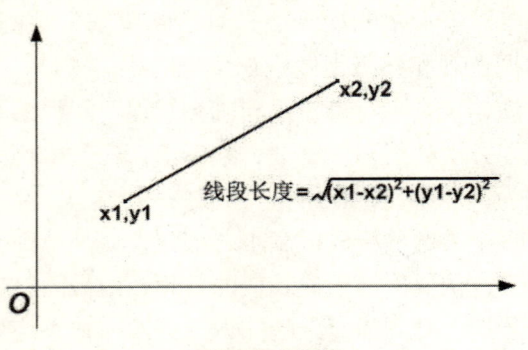

▲ 笛卡尔坐标系

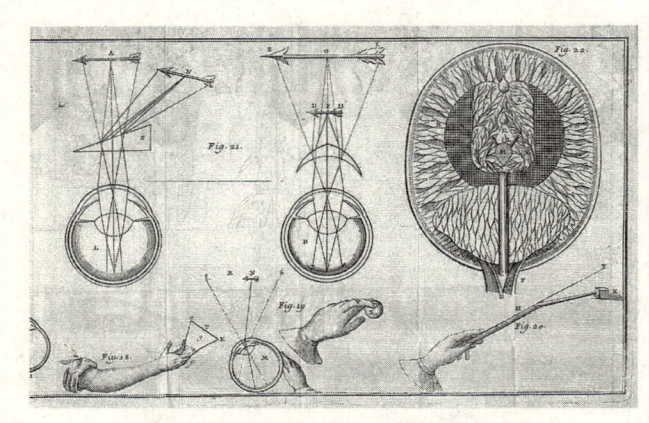

线段长度 = $\sqrt{(x_1-x_2)^2+(y_1-y_2)^2}$

▲ 笛卡尔手稿显示了他丰富的数学和几何知识

解析几何的创立，使变数进入了数学，引起了数学的深刻革命。有了变数，运动进入了数学；有了变数，辩证法进入了数学；有了变数，微分和积分也就立刻成为必要，并被牛顿和莱布尼茨分别创立起来。

笛卡尔的一生著述极丰，但哲学家的盛名掩盖了他在其他方面的光辉。可以说，笛卡尔是近代科技史上一位有多方面成就的伟大学者。当然，他自己并不自负，他说："我的努力求学并没有得到别的好处，只不过是愈来愈发觉自己是无知的。"

（李辉）

★ 朱 熹

——一个集宋明理学之大成的人

"修身、齐家、治国、平天下"是中国古代知识分子的理想，为此，他们"青春作赋，皓首穷经"。当然，这其中也不乏为"稻粱谋"而卖身官府者，他们一旦得逞，是绝然不会为老百姓办事的。他们除了为应付"上级"而不得不做些表面文章外，真正关心的就是搜刮钱财，中饱私囊。而朱熹却把"做圣人"当做自己的奋斗目标。他刻苦学习，发奋读书，所学范围十分广博，除四书五经外，对先儒的书乃至诸子百家、禅、道、兵书及史书无不涉猎，最终成为知识广博的大学问家，"入祀"孔庙，成为继孔孟之后的"圣人"。

立志要做圣人

朱熹（1130~1200），字元晦，又字仲晦，别号晦庵。祖籍徽州婺源（今属江西婺源县），宋高宗建炎四年（1130年）出生于福建南剑（今福建南平）尤溪县。祖辈世代做官，为"婺源著姓，以儒传家"。父朱松，字乔年，不到二十岁就考中进士。朱松曾上疏反对秦桧与金人议和，最后出知饶州（今江西鄱阳），但在朱熹出生的那年就失去官职，只好以教书为生，家境比较贫困。朱熹14岁时，父亲去世。他遵照父亲安排，依靠父亲生前好友刘子羽过活。

朱熹从小就受到良好的教育，具有强烈的求知欲。据《宋史》本传说："熹幼颖悟，甫能言，父指天示之曰：'天也'，熹问曰：'天上何物？'"父亲很是惊异。10岁时，读《孟子》，发现圣人与自己是同样的人，从此，便立志要做圣人。

朱熹读《中庸》，"博学之，审问之，慎思之，明辨之，笃行之。有弗学，学之弗能，弗措也；有弗问，问之弗知，弗措也；有弗辨，辨之弗明，弗措也；有弗行，行之弗笃，弗措也。人一能之，己百之；人十能之，己千之。果能此道矣，虽愚必明，虽柔必强"。这段话对他启发极大。从此，他不但按照这个途径和方法去学习，去实践，且更加刻苦，因而进步很快。他在18岁时就考上建州乡贡，19岁又考中进士。取得进士资格后，朱熹继续勤奋读书。24岁时，他竟徒步数百里，求学于当时著名理学家、父亲的同学李侗[1]。30岁时，正式拜李侗为师。

朱熹早年为学博杂，泛览词章，出入佛老，对各种学问都有着极为广泛的兴趣。自受学于李侗之后，便潜心于理学研究，他以继承二程"洛学"[2]为己任，广泛吸收了早期理学家的思想养分，构建起一个规模庞杂而又不失缜密精致的思想体系，从而成为理学的集大成者，宋明理学家中的最高代表。

做官清正有为

宋高宗绍兴二十一年（1151年），朱熹22岁，官授左边功郎，任泉州同安县主簿。在他任职期间，认真催收赋税，整饬民风。他纠正了贫民因"贫不能聘"而行的"引伴为妻"的陋习。他还搜集藏书，招收生徒进行讲学。

---

[1]李侗（1093~1163），南宋学者，字愿中，南剑州剑浦人。李侗为程颐的二传弟子，曾拜杨时、罗从彦为师。学成退居山田，谢绝世故40年。他认为万物统一于天理，提出"理与心一"，主张"默坐澄心，体认天理"的认识方法，即在认识上有了疑问，要通过"静坐思之"，激发人的智慧和灵性。朱熹曾从游其门，并将其语录编为《延平答问》。

[2]洛学，北宋洛阳以程颢、程颐兄弟为首的学派。他们提出了"理"的哲学范畴，认为理存在于天地万物之中，"一草一木皆有理"。还认为理是"天理"，乃人类社会永恒的最高准则。洛学奠定了宋明理学的基础，在中国哲学史上有重要地位。

朱熹为官正直，能体察民情。宋孝宗乾道三年（1167年）秋，福建崇安发生水灾，朝廷派他前往视察灾情，他遍访于崇安各山村之间。由于灾情严重，官府不认真救济，到次年青黄不接时，发生了饥民暴动。朱熹与知县共同发起倡议，要求地方豪富用藏粟赈救饥民，同时又请求朝廷赈济，这才平息了饥民的暴动。

　　乾道四年（1178年），朱熹知南康军（治所在今江西星子县）。就在上任那年，南康发生灾荒。朱熹发布了《劝谕救荒文》，劝导富裕之家要同情和救济他们的佃客，"务令民食"，应将余粮以公平的价格和足够的斤两卖给农民，不使有"流移饥饿之患"。同时要求农民"各依本分，凡事循理"，不要离乡流亡。若有不轨，"定当追捉"。他又竭诚上奏，恳求朝廷免征星子县的税钱，并要求上级拨支钱粮修复该地长江沿岸堤防。

　　淳熙八年（1181年）八月，浙东发生饥荒，朱熹受命提举浙东路常平茶盐公事。到任后，他不带随从，单车微服，察访民情。经过察访，朱熹亲眼看到了许多农民因受残酷剥削和灾荒而挣扎于死亡线上的惨状，同时访查到一些地方官的贪赃枉法行为。他大胆奏劾了绍兴府一个官员偷盗用于赈救饥民的官米的犯罪事实，又弹劾了衢州守臣隐瞒灾情和谎报政绩的事实。更值得一提的是，当时台州太守唐仲友是当朝宰相王淮的亲戚、吏部尚书郑丙和侍御史张大经的密友，但当朱熹发现唐仲友"违法扰民，贪污淫虐，蓄养亡命，偷盗钱粮，伪造官会（宋代发行的一种纸币）"等诸多罪行时，他不顾自身安危，连续六次上疏弹劾，终于逼迫王淮撤去了唐仲友的官职。与此同时，他又雷厉风行地下令惩办了一些贪官污吏，惩罚了一些暴虐乡民的恶霸土豪。

　　淳熙十六年（1189年），朱熹被任为福建漳州知州。到任后，便"奏除属县无名之赋七百万，减轻总制钱四百万"。在漳州任内，他又提出了"行经界"的主张，核实田亩，绘图造册，要求去除"贫者无业而有税""富者有业而无税"的不合理现象。然而，由于这种办法有损于豪民利益，因而遭到了大官僚地主的反对，除局部试行外，未能全面推行。

　　朱熹平生不喜为官，"仕于外者仅九考（共9年），立于朝者四十日"，但他在各地做官期间，能够不畏强暴，以一定的魄力去反对邪恶势力，也提出了一些补救时弊的正确主张，做了一些救民于水火的好事。这比起那些昏庸腐败的官员来说，显示了朱熹的正直和清廉。

推行理学，不遗余力

朱熹一生从事理学研究，又竭力主张以理学治国。为了实现自己的学说，他表现了"知其不可而为之"的精神。1162年，朱熹上书刚即位的宋孝宗，用"三纲领"和"八条目"①为指导，"任贤使能，立纲纪，正风俗"，先从自身做起，再施行于臣民，以期达到国富兵强、抗金雪耻的目的。次年，孝宗召见，朱熹趁机重申前议。这些意见，受到孝宗的赞许，但因阻力太大，未能施行。

△ 朱熹四书集注

在知南康军任上，朱熹又上奏疏说："天下之务，莫大于恤民，而恤民之本，在人君正心术以立纪纲。"在这次奏疏中，由于他力陈时弊，指斥朝中谏官失职，使皇帝言路闭塞，从而触怒了皇帝，幸好有人帮他说情，才免于治罪。不久，朱熹便感到其理想难于实行而辞官，专心从事研究。不过，他仍关心着国计民生，还是时常向孝宗进言国事。

宋淳熙十五年（1188年），朱熹又借孝宗召他入对之机，大讲"正心诚意"，并上《奏札》五篇，其中以《戊申封事》著称于时。此《封事》被送到宫中时，孝宗已经就寝，但他立即起床，秉烛披阅，并于次日下诏，授朱熹主管太一宫，兼崇政殿说书。朱熹虽力辞，但未得到准许。

宁宗即位后，朱熹得到提倡理学的宰相赵汝愚推荐，官拜焕章阁待制兼侍讲。他抓住为皇帝讲书的机会，多次向宁宗大谈"正心诚意"，要求皇帝身体力行，并直斥朝廷之弊。这引起了宁宗的反感，他仅在朝40日，就被撤去了职务。朱熹只好回到家乡，专心从事讲学著书。不久，赵汝愚也受到排挤而失去相位。

---

①三纲领即"明明德、亲民、止于至善"；八条目即"格物、致知、诚意、正心、修身、齐家、治国、平天下"。

随后，便发生了一场反理学的斗争。庆元元年（1195年），由监察御史沈继祖出面，指控朱熹犯有十大罪，并说他是一个伪君子。甚至有人上书要求斩杀朱熹，他最终受到"落职罢祠"（取消做官资格）的处分。第二年，朝廷又"更道学为伪学"，列《六经》《论语》《孟子》《中庸》《大学》为禁书。1198年朝廷再下诏，令道学伪邪之徒"改视回听"，若"进非不悔"，则"必罚无赦"。在这次事件中，朱熹受到沉重打击，以致门人故交常过其门而不敢入。但朱熹却能镇静自若，照常"讲学不休"。

庆元六年（1200年）3月9日，朱熹终于忧愤而死，享年71岁。去世前一直还在修改《大学诚意章》。

哲学思想

理学又称道学，它是以研究儒家经典的义理为宗旨的学说，即所谓义理之学。它萌发于晚唐的韩愈"道统"说和李翱的"复性论"，奠基于周敦颐、邵雍、张载，初创于程颢、程颐兄弟。朱熹深化和完善了理本体论思想，建立了一个精致的、富于理性思辨的理学体系，使之达到了理学的最高水平。后人习惯于称之为"程朱理学"。

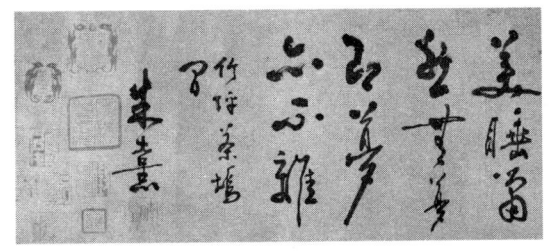

△ 朱熹《蓬户手卷》真迹

朱熹的哲学思想，概而言之，可归结为如下几方面：

理气论 朱熹认为，宇宙万物都是由"理"和"气"两方面构成的，气是构成一切事物的材料，理是事物的本质和规律；在现实世界中，理、气不能分离。"理"亦称"道"或"太极"。理，具有寂然不动、"无造作"的特点，它是一个实而不有、虚而不无的东西。这个无形无象的理，必须有一个附着体，这就是气。理与气合，构成包括人在内的世间万物。

每一个人和物都以理作为它存在的根据，每一个人和物都具有完整的理，这就叫"理一分殊"。天下之理未尝不一，万殊的事物统一于理。虽然人和物都具有完整的理，但由于各人和物的禀气不同，故有差异。正如一江之水，用勺或碗所取得的水便各有分殊。分殊的水来源于一江之水，万殊归于一理；一江之水变为分殊之水，理一分为万殊。

气，是朱熹哲学体系中仅次于理的第二位的范畴。它是形而下者，是有情、有状、有迹的，它具有凝聚、造作等特性。它是构成万物的质料。天下万物都是理和气相统一的产物。"天下未有无理之气，亦未有无气之理。"同时，理、气亦相分不杂。

在理与气的关系上，朱熹认为理制约、决定着气。从先后来看，理在先，气在后。理生出气而寓于气中，并借助气而生万物。气之轻清者为天，重浊者为地，精英者为人，渣滓者为物。

格物致知论 朱熹用《大学》中"致知在格物"的命题，探讨了认识领域中的理论问题。他强调穷理离不开格物，即格物才能穷理。由格物到致知，有一个从积累到贯通的过程。在这一过程中，由近及远，由浅入深，由粗到精，层层而进。

在认识来源问题上，朱熹既讲人生而有知，也不否认见闻之知。他探讨了认识的诸形式，如知觉、思虑等。人与事物接触而获得对事物的认识，便是知觉。心，从认识论意义上说，是思维的器官。心对感觉材料进行加工，这就是"虑"。善虑就会使思维"射而中的"，使认识逐渐接近正确。

朱熹还探讨了知行关系。他所说的知，便是知理；行，是按理去践行。知与行的关系是：①"知先行后"。学、问、思、辨，知在先，行在后，这是"为学之次序"。②"行重知轻"。朱熹认为，从知识来源上说，知在先；从社会效果上看，知轻行重。其理论依据是知易行难，笃行是明理之终，行是检验知之真与不真的标准。③"知行互发"。朱熹认为，"知之愈明，则行之愈笃；行之愈笃，则知之益明"。

心性理欲论 朱熹认为理在人身上体现为人性，在物上体现为物性。人性和物性有同有异。其同是，同得天地之理和气；其异是，人性能得形气之正和全，而物性则不能。所谓"天地之性"或"天命之性"，是专指理而言，是至善的、完美无缺的；"气质之性"则以理与气而言，有善与不善之分。与此有联系的，还有"道心、人心"的理论。朱熹认为，"道心"出于天理或性命之正，本来便禀受仁义礼智之心，发而为恻隐、羞恶、是非、辞让，则为善。"人心"出于形气之私，是指饥食渴饮之类。这样看来，虽圣人亦不能无人心。不过圣人不以人心为主，而以道心为主。

朱熹从心性说出发，探讨了天理人欲问题。他指出，人心有私欲，所以危殆；道心是天理，所以精微。道心表现为仁义礼智四德，体现为父子、兄弟、夫妇等伦常，是善的。因此朱熹提出了"遏人欲而存天理"的主张。他把人们对日常饮食的需求，说成是天理，超过此需求者即是人欲，因而他反对超过延续生存条件的物质欲望。

美学思想 朱熹的哲学体系中包含关于美与艺术的理论。他说："美者，声容之盛；善者，美之实也。"美是给人以美感的形式和道德的善的统一。这是对儒家传统的继承和发挥。

朱熹强调，文之所以为文，是因为它源于道。文不合道，便无以为文。他品评文艺作品时坚持重道轻文的原则，认为宋玉、司马相如、王褒、扬雄，崇尚浮华，无实可言；韩愈、柳宗元、欧阳修、苏轼，"只是要做好文章，令人称赏而已"，与道毫不相干。他推崇艺术风格上的平淡自然，欣赏陶渊明、韦应物、陆游的诗，认为他们的诗"平淡出于自然"，他反对浮华纤巧、晦涩艰深的文风。

朱熹对"文""道"关系的解决，在哲学思辨的深度上超过了前人。他对《诗经》与《楚辞》的研究，也经常表现出敏锐的审美洞察力。

一代儒学宗师

朱熹的哲学体系，虽在其生前不被理解，但他死后不久就得到重视。南宋时，宋理宗认为理学"有补于治道"，追封朱熹为"太师""朱文公"，不久又改封"徽国公"，下诏将朱熹的牌位供奉于孔庙，让他同孔子共享后人的祭祀。之后，自南宋末年历经元、明、清三代，历朝都把他的学说定为指导思想。元仁

△ 朱熹为安徽黄山西递胡氏宗祠写的"孝"字

宗于1313年发布命令，以"四书"为国家考试的主课，以朱注为官方解释。朱熹对其他经典的解释，也同样受到官方的认可，凡是希望获得科举功名的人，都必须遵循朱熹的注释来解释这些经典。在之后几百年的历史中，他的言论几乎成了判断是非善恶的最高标准。直到1905年废科举、兴学校为止。因此，中国宋代以后的儒家思想，实际上就是朱熹的理学思想。

作为一位博学多识的大学问家，朱熹有很多方面值得后人学习。他一生学而不厌，诲人不倦，博览经史，治学严谨，著作宏富。他在训诂、考证、注释古籍、整理文献资料等方面都取得了丰硕的成果。另外，他对天文、地理、律历等许多自然科学，也都进行过广泛的研究。

朱熹还是中国历史上的著名教育家之一。他一生热心于教育事业，孜孜不倦地授徒讲学，无论在教育思想或教育实践上，都取得了重大的成就。朱熹在世时，曾整顿过一些县学、州学，又亲手创办了同安县学、武夷精舍、考亭书院。特别值得指出的是，他重建了白鹿洞书院和岳麓书院①，并亲自制定了学规，编撰了"小学"和"大学"教材，为国家培养了一大批知识分子，其中包括不少著名学者，并形成了自己的学派。

△ 朱熹曾经在岳麓书院讲学

朱熹一生的建树，主要表现在他建立的一个博大而精深的以"理"为核心范畴的哲学体系。这个体系是

---

① 白鹿洞书院：南唐时期，李渤在隐居之地建立学馆，称"庐山国学"，又称"白鹿国学"。北宋初年，江州乡贤明起等人在白鹿洞办起了书院，"白鹿洞书院"之名从此始，但不久即废。直到朱熹重修书院后，白鹿洞书院才扬名国内。岳麓书院：北宋开宝九年（976年），潭州太守朱洞在原有办学基础上扩建，创立岳麓书院。大中祥符八年（1015年），宋真宗赐"岳麓书院"额，遂成为全国四大书院之一。岳麓书院创立伊始，即以其办学和传播学术文化而闻名于世。

以儒家政治伦理为中心，广泛吸取和糅合佛、道思想而建立起来的。朱熹一生著述极丰，是中国历史上著作最多的儒家学者之一。《宋史·艺文志》中著录者有四十余种，未著录的尚有二十余种，另外由其弟子或后人编纂的著作也有二十余种。清人全祖望在《宋元学案》中称：朱熹的学说"致广大，尽精微，综罗百代"。他的学生黄幹在《朱子行状》中说："道之正统，待人而传……由孟子而后，周、程、张子继其绝，至先生而始著。"此后，人们公认为朱熹是孔、孟之后最伟大的一位儒学家。

朱熹的学术思想在世界文化史上，也有重要影响。在朝鲜、日本称朱子学，曾一度十分盛行。在东南亚和欧美，朱学亦受到重视。

（李辉）

★ 王守仁

——一个集"心学"之大成并开创阳明学派的人

他谋略过人，胆识卓越，堪比姜子牙、诸葛亮。然而，后人更关注的是他博大精深的哲学思想。他开创的心学体系成为整个中国哲学发展史上的一个重要转折点。他勤勤恳恳、不知疲倦地教授弟子，上至宰相，下至贩夫走卒，都有他忠实的学生，真可谓"桃李满天下"。他的人格魅力使他深受世人的爱戴。在他去世时，全国上下为之痛哭流涕者不可胜计。他就是明朝中叶的大哲学家、教育家，学术界称其为"王阳明"的王守仁。

少年求学

王守仁（1472～1529），字伯安，明宪宗成化八年（1472年）九月三十日出生于浙江余姚，青年时全家迁至绍兴，他在会稽山阳明洞边盖了一间茅草屋，于是自称阳明子。后人便称其为王阳明。

王阳明从小就聪明过人。10岁那年，父亲王华进士及第，高中状元，官授翰林院修撰。第二年，王华将父亲竹轩公和王阳明一同接往京城。赴京途中，路过金山寺，与客饮酒半酣，竹轩公诗兴大发，本想信手草成一篇，不料微吟半响，迟迟未就。这时，小阳明在祖父身边站起来，脱口吟成一首七言绝句："金山一点大如拳，打破维扬水底天。醉倚妙高台上

王守仁
—— 一个集"心学"之大成并开创阳明学派的人

月，玉箫吹彻洞龙眠。"顿时，四座皆惊，众人啧啧称奇。

王阳明在祖父的教导下，勤奋学习，博览群书。从四书五经到唐诗、宋词，王阳明都如饥似渴地研读。在书的海洋中，他尤其喜爱兵法，对《孙子兵法》更是爱不释手。自从他到京师后，天下大事知道得越来越多，这使他大开眼界。年少的王阳明满脑子充塞着关系国家命运、人民生存的大事，而且立下大志，要做一个像孔子一样的圣人，建立利国利民的丰功伟业。

△ 浙江余姚的王阳明故居

12岁的一天，王阳明问塾师："什么是人生第一等事？"塾师答道："只是读书举进士而已！"小阳明听后不以为然，当即辩驳道："举进士恐怕不能算第一等事，而读书学做圣贤才是头等大事。"不看重登第做官，而有志于读书做圣贤，这在读书做官为知识分子第一要务的时代，实在是难能可贵。

成化二十二年（1486年），15岁的王阳明怀着尚武报国的雄心，出游居庸三关①。他冒着危险察看山川地形，孤身一人深入少数民族，打听备御方策。经过一个多月的漫游考察，王阳明"慨然有经略四方之志"。

明孝宗弘治十二年（1499年），28岁的王阳明高中进士，任刑部主事，后改任兵部主事。一入官场，他就为国事而忧愁，他经过仔细地调查研究，向皇帝提出巩固边疆的"便宜八事"：一曰蓄材以备急；二曰舍短以用长；三曰简师以省费；四曰屯田以足食；五曰行法以振威；六曰敷恩以激怒；七曰捐小以全大；八曰严守以乘弊。这些意见，皇帝没有采纳，而王阳明却因说话不圆滑而遭人非议。

---

①明代，为了抵御蒙古族的进攻，在北方不断设险置关，修筑防线，形成了外边与内边。在河北境内，沿线设紫荆关、倒马关、居庸关三关，是为内三关，又称"居庸三关"。

有志者事竟成

明武宗正德元年（1506年），阉党刘瑾①专权，朝政日非。南京户科给事戴铣、四川道御史薄彦微等人愤然上疏，连章切谏。刘瑾下令逮捕戴、薄二十余人入狱，廷杖除名。王阳明义愤填膺，不顾家人劝阻，找皇帝为二人讨公道。在朝堂上，他大义凛然，劝皇帝要像唐太宗那样勇于纳谏。皇帝根本不听，反而将王阳明廷杖四十，直打得他皮开肉绽，随后又将他发配距京城千里之外的贵州，当了一个小小的龙场驿驿丞。

龙场悟道

正德二年（1507年）夏，王阳明在去谪所的路上，躲过刘瑾所派的人的追杀，终于在正德三年（1508年）三月抵达贵州龙场驿谪所。

到了龙场，王阳明才发现那里的生活环境极其恶劣。那里到处树木丰茂，杂草丛生，虫蛇怪兽，任意恣行。所谓的"驿站"，竟然连房子都没有，粮食也不够吃。他只好住在山洞中，自己动手种菜。更有甚者，他不但要受地方官的气，

▲ 清幽的贵阳市修阳明洞，传王阳明曾在此明修心悟道

还要时刻躲避刘瑾的暗杀。身为贵家公子，一介儒生，又身患肺病，居此恶劣环境，他深知随时都有倒毙荒野的可能，于是"自计得失荣辱皆能超脱，惟生死一念，尚觉未化"，当即便做了一副石棺材，指天发誓曰："吾惟俟命而已！"他极力排除杂念，"日夜端居澄默，以求静一"，或歌诗谈笑，超然

---

①刘瑾（？~1510），陕西兴平人。本姓谈，六岁时被太监刘顺收养，后净身入宫当了太监，遂姓刘。他善于察言观色，随机应变，深受信任。最后爬上司礼监掌印太监的宝座。他利用权势，肆意贪污，大搞钱权交易，凡官员升迁赴任，回京述职，都得给他送礼。后被太监张永寻机向武宗揭露了刘瑾的罪状。经会审，刘瑾被判以凌迟，结束了他罪恶的一生。

王守仁

——一个集"心学"之大成并开创阳明学派的人

于尘世之外,力图发挥"心"的作用来战胜险恶的环境。

王阳明还把他居住的山洞取名为"阳明小洞天",把读《易经》的山洞命名为"玩易窝",草房叫"何陋轩""君子亭"。他经常拿自己与圣人先贤比,他想到"一箪食,一瓢饮"但却怡然自得、不改其志的颜回,想到被囚于羑里依然能写出《周易》的周文王……越是跟圣人相比,王阳明越是感悟艰难险阻算不了什么。他也在暗暗惊奇,自己的行动与圣人不期而合,于是得出结论:"圣人之道,吾性自足。"他把艰苦的环境当成陶冶性情、锤炼意志、追求圣人境界的资藉。

时间一久,王阳明常想:"圣人处此,更有何道?"一日,他在睡梦中突然悟出了"道":"圣人之道,吾心自足,向之求理于事物者误也。"也就是说,圣人之道先天地固存于吾心,不必外求,所以"吾心即道"。这便否定了朱熹"求理于事物"的认识途径,肯定了"吾性自足",而"求理于吾心"就是"圣人之道"。从此王阳明开始发明"心即理"的心学命题,为其"知行合一"学说的创立准备了理论基础。这就是后人称颂的"龙场悟道"。

龙场悟道,正是王阳明由否定程朱理学①而建立自己的学术思想体系之关键。经过这次思想飞跃,王阳明消沉苦闷的心境也豁然开朗。他鉴于当地居民生活方式落后,便教之范土架木以居。随后,居民们特意为他建造了龙冈书院,他便在此授徒讲学,常与诸弟子秉烛讲习,乃至通宵达旦。王阳明教育学生特别注重培养其独

▲ 贵州龙场王阳明教诲诸生雕塑

立人格,并亲手制定教条以训示龙冈诸弟子,要他们学会"做人"。他的学生多为中土追随王阳明求学之士,其学习热情十分高涨,这给他以莫大的精

---

①程朱理学是北宋程颢、程颐和南宋朱熹思想的合称。二程师承北宋理学大师周敦颐,他们把"理"或"天理"视作哲学的最高范畴,认为理无所不在,不生不灭,不仅是世界的本原,也是社会生活的最高准则。南宋时,朱熹继承和发展了二程思想,建立了一个完整的理学思想体系。宋以后,历代统治者多将程朱理学思想扶为官方统治思想。

121

神鼓舞。

正德四年（1509年），王阳明38岁，在讲学中正式提出"知行合一"的重要命题，成功地迈出了独创心学思想体系的第一步。以后他思想的发展只是在此基础上的完善和系统化。虽然日后的困难更多，更复杂，但他扬起人生的风帆，在惊涛骇浪中自由航行，最终建立起令人赞叹不已的伟大"事功"。这也正印证了巴尔扎克所说的："世界上的事情永远不是绝对的，结果完全因人而异，苦难对于天才是一块垫脚石，对能干的人是一笔财富，对弱者是一个万丈深渊。"

仕途坎坷

武宗正德五年（1510年），作恶多端的刘瑾终于被杀。王阳明苦尽甘来，被升任为庐陵知县。他没有辜负庐陵父老的期望，一上任便减少苛捐杂税，鼓励百姓多种粮食。看见有的百姓无米下锅，他就让将县府的粮食发放给他们，还把自己每月的俸禄都用来救济百姓，自己则粗茶淡饭。王阳明不仅为百姓的生活日夜操劳，还用较少的人力、物力建立军事保护。他利用庐陵周围有溪有河的地势，训练了一支神武干练、水性极好的士兵。

转眼之间7个月过去了，庐陵在王阳明的治理下，发生了很大的变化。因功绩突出，他被调入京师升任刑部侍郎。在他要赴京的清晨，全县百姓都来为他送行，人们头顶香烛，跪地而拜，感谢上苍送来了王阳明这样的圣贤之人。

王阳明入京任刑部侍郎后，又因事迹突出，于武宗正德十一年（1516年），升任都御史，巡抚南赣、汀漳等处。

王阳明在短短几年中，平定了几场农民起义。他还设立新的县制，改革旧的税制，所行仁政赢得了千千万万百姓的爱戴。百姓把他当做神灵下凡，包公再世，凡经过之处，夹道欢迎，对之无限崇敬。据《王阳明全书》中《年谱》记载，1517年12月，王阳明在从江西南部率领军队去南康，沿途一路"百姓顶香迎拜，所经州县隘所，各立生祠。远乡之民，画肖像于祖堂，岁时拜祝"。这是多么真挚淳朴的感激之情啊！人民是善良的，人民更是正直公正的，只有实实在在为人民办事情，不辞辛苦，不计较个人得失，才能赢得人们如此深厚的爱戴！

与此同时，王阳明的学说也在社会中普遍流传，但却遭到了包括皇帝——明武宗在内的许多人的嫉妒。正德十四年（1519年），王阳明仅用22天时间就破了准备8年之久的宁王朱宸濠的叛乱。这本是功德无量的大事，而王阳明不但没有得到封官晋爵，反而差点儿招来杀身之祸。

1521年，明武宗驾崩，世宗即位，王阳明才得以有喘息的机会。朝廷论功行赏，升王阳明为兵部尚书，又受封新建伯。就在这一年，他的父亲因病去世。随后三年，王阳明一直守孝在家。他把升官看得淡泊如水，转而潜心研究学问，他留给后世的重要书信，大多是在这三年中写成的。

世宗嘉靖七年（1528年），广西又爆发了大规模的农民起义。官兵被打得落花流水，告急文书频频送向皇宫。这时的明世宗又想到了王阳明。他传下圣旨，封王阳明为都察院左都御史，即日率兵赴广西除寇。57岁高龄的王阳明，再一次抱病挂帅，开赴广西。当他率人马行至南昌时，"父老军民，俱顶香林立，填途塞巷，至不能行"。

到了广西，王阳明了解到这次少数民族起义事出有因。他决定要缓解冲突，让汉族和少数民族重归于好，以行天道。他首先尊重反抗军首领，并为他们送医送药，以取得他们的信任。然后遣人送信，晓以大义，言辞诚恳，态度谦虚，最终感化了他们。就这样，王阳明未用一兵一卒，就让反抗大军撤出了边界。

可是，当王阳明上书明世宗，请求回师时，皇帝却迟迟不传圣旨。王阳明干脆不等圣旨就班师回朝，可惜因病情太重，于1529年1月9日死于归途南安，终年58岁。死前，王阳明异常平静，微笑着说："此心光明，亦复何言？"他的一生，不愧百姓，不愧苍天！正是因为了无遗憾，才能从容不迫地面对死亡。

浙江绍兴的王阳明墓

世宗嘉靖八年十一月十一日，王阳明的灵柩归葬于绍兴兰亭附近的洪溪。

阳明心学

王阳明的学说世称"心学",与陆九渊的学说合称"陆王心学"。陆王心学将"心"视作宇宙万物的本原,主张"发明本心""致良知"。王阳明集宋明心学之大成,着重对孟子"尽心"说和陆九渊"心即理"说进行了吸收和改造,创建了以注重"心"为特色的新儒学——阳明心学,从而达到理学发展的高峰。

"心即理"的本体论 "心即理"是王阳明心学的逻辑起点,是其哲学思想的理论基础。程颐认为"须是遍求"事物,方可"达理";朱熹继承程氏学说,提出了"即物穷理"的主张;而陆九渊则认为"理"不寓于外物,而存在于人的心里,"人皆有是心,心皆具是理,心即理也"。王阳明发展了陆氏"心即理"这一命题,主张"吾心之良知,即所谓天理也"。王阳明认定:吾心便是天理,便是世界的本体,它既是万物产生的根源,又是事物变化的归宿。因此,天地间诸事万物,举凡纲常伦理、言行举止、成败荣辱等,无一不是根于吾心而森然毕具。所以,他反复强调,"心外无物,心外无义,心外无善",提倡求"理需从自己心上体认,不假外求始得"。

王阳明"心即理"之说,充分肯定了认识主体的能动作用,相信自我的道德力量和自我成圣的潜在能力,反对迷信外在权威,否定用现成规范和教条来禁锢人的身心,在道德实践中努力实现自我的人生价值。

"知行合一"的认识论 "知行"是中国哲学史上的重要范畴。王阳明从程朱的"知

▲ 王阳明手迹

先行后"到"知行合一",乃是"知行"范畴发展的重要阶段。

"知行合一"论是阳明学说的核心,是其理论体系的主体结构,所以王阳明自始至终以此作为"立教宗旨"。他认为,"知行"问题与"心理"紧密相关,朱熹学说之失就在于分"心"与"理"为二,因而导致分"知""行"为二。他一反朱熹"外心以求理"之说,主张"求理于吾心",大力倡导"知行合一"。在王阳明看来,人们想的与其做的基本上是相合的,如果分"知""行"为二,其危害甚大。所以他曾明确指出:"今人学问,只因知行分作两件,故有一念发动虽有不善,然却未曾行,便不去禁止。我今说个知行合一,正要人晓得,一念发动处,便即是行了;发动处有不善,就将这不善的念克倒了,需要彻根彻底,不使一念不善潜伏在胸中。此是我立言宗旨。"

王阳明提倡"知行合一",着重从"知行"的同一性方面进行了探讨,"知是行之始,行是知之成","知""行"互相联系,互相依存。他自信这种"知行合一"论,既可纠正程朱"知先行后"之偏,又可补救世人"知而不行"之弊。

"致良知"的道德修养论 "良知"说是王阳明从孟子的"良知良能"说继承并发展而来。在王阳明那里,"良知"与"心""天理"是相通的,故不可在良知之外求天理。他说:"良知只是个是非之心,是非只是个好恶,只好恶就尽了是非,只是非就尽了万事万变。"这种是非善恶之心人人皆有,圣愚皆同。因此,人人都可以成圣人。如果求之于心而非,"虽其言之出于孔子,不敢以为是也";如果求之于心而是,"虽其言之出于庸常,不敢以为非也"。这就打破了圣人与凡人的界限,动摇了儒家权威的作用。

教育论 王阳明不仅是一位思想家,也是一位教育家。他以弘扬"圣学"为己任,一生讲学不辍。凡他所到之处,或立"乡约",或兴"社学",或建"书院",总是大力推行社会教化,并借以宣扬他的思想学说。他从弘治十八年(1505年)在京师任职时正式开始授徒讲学,直到嘉靖七年(1529年)去世,一共度过了二十余年的讲学生涯。他注意继承古代教育传统,提出了一些颇有价值的教育理论。比如,他要求学生必须立志、勤学、改过、责善。在这里,立志是为学的基础和前提,他曾说:"志不立,天下无可成之事。"紧接着,他提出了"勤学",要求学生"不以聪慧警捷为事,而以勤确谦抑为上"。王阳明提倡诸生勤学，不仅指读书，也包括个人的思想品德修养。为此，他又提出了"改过""责善"两项要求。在王阳明看来，人"不贵于无过，而贵于能改过"；而对别人提出批评，"须忠告而善道之"，"直不至于犯，而婉不至于隐"，这就是"责善"。他在教学中，注意培养学生独立与自主的治学精神。王阳明经常教导学生要"自得于心"，要具有独立思考与敢于自主的精神，即使对圣人的话，也不可轻信盲从。其他如，提倡学习要循序渐进，教学要因材施教，遇事要身体力行，不死守书本教条等。这些教育思想，至今仍在放射着光辉。

王阳明作为一个伟大的哲学家、教育学家，既能在平乱中像诸葛亮一样神机妙算，屡建战功，又能面对众多弟子，将精辟思想娓娓道来，值得后人敬佩。他为人处世的方式和他的思想学说对后人有着极其深远的影响。他的思想已突破国界，传到日本、朝鲜、东南亚，甚至已漂洋过海到了美国和欧洲。

（李辉）

★ 伏尔泰

——一个被誉为"法兰西思想之王"的人

17世纪的法国曾是一个空前强盛的国家，然而进入18世纪以后，她却面临着政治、经济、思想领域的全面危机。一方面是三个社会等级的严格划分使僧侣与贵族享有种种特权，一方面是下层人民无以为生、饿殍遍野；一方面是教会、政府的思想垄断，一方面是人们普遍的噤若寒蝉。监狱、流放、死刑的泛滥，既表现了统治者对人民的仇恨，也体现了他们的色厉内荏。正是在这样一个背景下，启蒙运动[①]拉开了轰轰烈烈的序幕，而伏尔泰则成为这场运动的领袖与导师。

立志做一个诗人

伏尔泰（Francois-Marie de Voltaire，1694~1778），原名弗朗索瓦-玛丽·阿鲁埃，伏尔泰是他的笔名。1694年11月21日，伏尔泰出生于法国巴黎一户中产阶级家庭。他是这个家庭的第五个孩子，生来体质孱弱。

[①] 启蒙运动是发生在17、18世纪欧洲的一场反封建、反教会的思想文化运动。它是文艺复兴反封建、反禁欲、反教会斗争的继续和发展，直接为1789年的法国大革命奠定了思想基础。启蒙思想家们从理论上证明封建制度的不合理，从而提出一整套哲学理论、政治纲领和社会改革方案，要求建立一个以"理性"为基础的社会。他们用政治自由对抗专制暴政，用信仰自由对抗宗教压迫，用"天赋人权"的口号来反对"君权神授"的观点，用"人人在法律面前平等"来反对贵族的等级特权。启蒙运动的代表人物有伏尔泰、卢梭、孟德斯鸠、狄德罗等。

有志者事竟成

伏尔泰7岁时，母亲不幸病逝。10岁时，他被父亲送进了圣路易中学。在这所学校，贵族子弟可以享受各种特权。小伏尔泰第一次体验到封建等级制度的罪恶，在他幼小的心灵中，渐渐埋下了反对封建特权的种子。

中学时的伏尔泰，在戏剧和文学方面就显露出非凡的才华，并被一些教师所欣赏。然而，伏尔泰并不是一个规规矩矩的学生：他爱学习，也爱捣乱；爱思考，也爱反叛。圣路易中学对学生要求苛刻，冬天要等到小礼拜堂圣水缸里的水结了冰才能生火取暖。小伏尔泰为了表示反抗，把院子里的冰偷偷地放进圣水缸里。另有一次，在上课时，他讽刺、挖苦老师，老师气得大吼道："真见鬼，你总有一天要成为法国自然神论[①]的宣传者。"

在圣路易中学学习期间，伏尔泰如饥似渴地阅读了许多宣传自由思想的书籍。一位名叫比埃尔·贝勒[②]的法国哲学家的著作，引起了他强烈的兴趣。贝勒在他的《历史批判辞典》和其他一系列著作中，对宗教狂热进行了大胆的批判。这使年轻的伏尔泰受到极大震撼。

16岁时，伏尔泰中学毕业，迫于父命，他进入了一所法科学校。在这里，伏尔泰对枯燥乏味的拉丁文法典没有一点兴趣，他渴望早日结束这种单调、呆板的生活。他的兴趣在诗的写作上，并立志成为一名诗人。父亲对此颇为恼火，就想用钱为儿子买一个荣誉的官职，以装点门面，却遭到伏尔泰的坚决反对。伏尔泰充满自信地说："有钱能买到法官的头衔，但买不到诗人的桂冠。买来的荣誉我不要，我自己会得到荣誉。"

离开法科学校后，19岁的伏尔泰在法国驻荷兰使馆担任过一段秘书，回国后，又担任法庭的书记。这时，伏尔泰刚满20岁，血气方刚，风华正茂，他以写讽刺诗为起点，开始了他的文学创作生活。

[①]自然神论是17世纪英国思想家L.赫尔伯特始创。18世纪法国启蒙思想家伏尔泰、孟德斯鸠、卢梭等人也都是具有一定唯物主义倾向的自然神论者。自然神论反对蒙昧主义和神秘主义，否定迷信和各种违反自然规律的"奇迹"；认为上帝作为世界的"始因"或"造物主"，它在创世之后就不再干预世界事务，而让世界按照它本身的规律存在和发展下去。

[②]贝勒（Pierre Bayle, 1647~1706），法国怀疑论哲学家、历史评论家。主要著作有《对耶稣基督"强使众人入教"之说的哲学评论》《历史批判辞典》等。

伏尔泰
——一个被誉为"法兰西思想之王"的人

巴士底狱的囚徒

　　1715年，路易十四去世，5岁的路易十五继位，由他的堂兄菲利浦·奥尔良公爵摄政。然而摄政王生活腐化，荒淫无度，伏尔泰就写了两首诗，对摄政王进行了冷嘲热讽。伏尔泰的这一举动，被统治者视为大逆不道，他因此被逐出京城。此后，伏尔泰仍我行我素，不久又发表了一首题为《小孩的统治》的讽刺诗，对宫廷内的罪恶进行了猛烈的攻击。此举使摄政王恼羞成怒。1717年，伏尔泰被投进了巴士底狱①。

　　巴士底狱的牢房，只能囚禁伏尔泰的身躯，却不能囚禁他的意志。在狱中，他奋笔疾书，完成了第一个悲剧《俄狄浦斯王》和史诗《亨利亚特》。1718年4月，伏尔泰出狱，重获自由。同年11月，《俄狄浦斯王》被搬上舞台，在巴黎法兰西剧院首次公映，获得了空前的成功，从而奠定了伏尔泰作为剧作家的声望。但后来的剧本《西戴米斯》和《玛丽亚纳》却反响平淡。伏尔泰毫不气馁，他反复修改，将这部剧作再度搬上舞台，终于走红。这使伏尔泰认识到，文艺创作不可能一蹴而就，只有付出艰辛，精心地修改、提炼才能成功。之后，伏尔泰从事文学事业的决心更大，信心也更强了。

△ 巴士底广场（位于巴黎市区东部的巴士底狱遗址，伏尔泰曾两次被关押在这里）

---

①巴士底狱始建于14世纪，原是法国的一座防御外来侵略的军事要塞。从16世纪起，它逐渐成为一个禁锢政治犯的重要监狱。凡是胆敢反对封建制度的著名人物，大都被监禁在这里，巴士底狱也因此成了法国专制王朝的象征。1789年7月14日，在法国大革命中，它被革命党人摧毁。

有志者事竟成

　　1722年初，伏尔泰的父亲去世。摄政王为了笼络伏尔泰，赐给他一笔2000法郎的年金。戏剧和文学上的成功使伏尔泰名声大涨，他还利用自己的法律知识和经济头脑，将自己的财产用于投资，在不长的时间里就获得了大量的财富。他的才华和富有使他能够和上流社会的贵族们来往，同时也为他带来了美女和爱情。他有多个情人，连王后也很赏识他的戏剧。奢侈的生活，浪漫的爱情，成功的荣誉，使得伏尔泰有点飘飘然了。他就这样度过了几年纸醉金迷的日子。后来发生了一件事，才使他猛然醒悟。

　　1725年，伏尔泰同贵族德·洛昂发生口角，洛昂指使仆人将伏尔泰毒打一顿。伏尔泰十分愤怒，想报复洛昂，就向一位武师学击剑，打算学好后和洛昂决斗。洛昂非常害怕，首先向警察署报了案。法国当局不容伏尔泰申辩，就在1726年3月28日将他第二次关进巴士底狱。在囚禁了7个月之后，伏尔泰被迫离开法国。这一遭遇，彻底把他从灯红酒绿的生活中解救出来。他不仅看清了贵族"朋友"们的嘴脸，也真正看清了政府的面目，并走上反对专制政府的道路。

在英国的岁月

　　1726年8月，伏尔泰来到英国。伦敦各界人士热烈地欢迎他，许多政界头面人物、著名科学家和文学家都愿意结识他。最使伏尔泰兴奋的是，他在伦敦享受到了某些政治和宗教上的自由：在这里，他可以与名流权贵分庭抗礼，或者与他们展开论争；他可以常到剧院看戏，欣赏莎士比亚和德莱顿[①]的艺术，不必像在巴黎时那样需要时时提防戒备。

　　伏尔泰在英国居住了三年，他考察了英国的政治制度，研究了英国的唯物主义哲学和牛顿的物理学新成就。这些都大大地开阔了伏尔泰的视野，促使他形成了君主立宪的政治主张和唯物主义的哲学观点。

　　此间，伏尔泰创作了不少作品，其中包括史书《查理十二史》、悲剧《布鲁图斯》、哲理小说《小大人》等，其中影响最大的是他的《哲学通信》。本书是伏尔泰第一部哲学著作，也是18世纪法国思想界接受英国影响

[①]约翰·德莱顿（John Dryden，1631~1700），英国古典主义时期重要的批评家和戏剧家，他通过戏剧批评和创作实践为英国古典主义戏剧的发生、发展作出了杰出的贡献。

的起源。作者广泛地论述了英国社会生活的各个侧面。全书由25封信组成，其中前7封信讨论英国的宗教信仰。在信中，伏尔泰以英国的宗教信仰自由反对法国的宗教专制，以英国教职人员言行的谨慎抨击法国宗教界的放荡与阴谋。在第8、第9两封信中，伏尔泰研究了英国的政体机构。他将英国的议会政府与罗马、法国进行对照，认为英国是世界上抵抗君主专制、达到节制君权的唯一国家。在第10封信中，伏尔泰赞赏英国的商业成就。他说，商业使英国公民富裕，实力增强，国望升高。在第11封信中，作者阐明种牛痘的好处。第12至17封信中，介绍了哲学家和科学家培根、洛克、笛卡尔和牛顿等人的成就与思想。第18至19封信中，他评论悲剧、喜剧和莎士比亚。在第20至22封信中，伏尔泰介绍英国诗歌和小说家。第23至24封信，主要谈论文学家在英格兰的地位以及英国朝野对文艺天才的敬仰。在第25封信中，伏尔泰列举并驳斥了帕斯卡尔《思想集》中的谬误。

在英国的三年，表明伏尔泰在政治、哲学、才智等方面都日趋成熟，他负辱离开法国，却载誉而归。

大半生的漂泊

1729年3月，伏尔泰回到巴黎。这个流落他乡多年的诗人一踏上国土，心情格外激动。他决计要为法兰西民族女英雄贞德[①]立谱画像，写了著名叙事长

[①] 圣女贞德（1412~1431），法国的民族英雄、军事家，天主教会的圣女。英法百年战争（1337~1453）时她带领法国军队对抗英军的入侵，为法国胜利作出贡献。最终被俘，被宗教裁判所以异端和女巫罪判处火刑。

诗《奥尔良的少女》。作者热情地歌颂了这位法国民族英雄，痛斥法国神父的伪善和反动教会的残暴，表达了诗人向往自由和正义的心声。他的爱情悲剧《查伊尔》则通过一个血淋淋的爱情悲剧，向宗教偏见提出了强烈的抗议和愤怒的控诉。1732年《查伊尔》在巴黎上演，很受观众赞赏，甚至连一贯反对戏剧的卢梭，也不得不承认它有非凡的艺术魅力。

1733年，伏尔泰开始撰写第二部历史著作《路易十四的时代》。为了完成这部著作，他阅读了两百多种书籍，研究了大量的档案材料，前后花了近二十年工夫才得以撰成。从历史学的角度看，伏尔泰是大有功绩的。他主张尽可能地写出时代风尚、科学、法律、习俗和迷信的历史。伏尔泰十分强调历史著作应具有启蒙教育作用，应陶冶人们的性情，启迪人们的智慧。

《哲学通信》于1733年由洛克曼根据原稿译成英文，在伦敦出版。次年，法文版在卢昂出版。由于伏尔泰在书中赞赏英国的信仰自由和政治自由，推崇英国的科学和文艺成就，批评法国政府，法国当局大为震怒。高等法院下令逮捕出版商，焚烧存书，通缉作者。伏尔泰不得不再次逃离法国，起初躲在荷兰，后来又来到一个偏僻的小城西雷，寄居在他的女友德·夏德莱夫人家中。伏尔泰在夏德莱夫人的庄园里生活了15年，专心致志于著书立说。悲剧《恺撒之死》《穆罕默德》《放荡的儿子》《梅洛普》，哲理小说《查第格》，历史著作《路易十四的时代》以及哲学和科学专著《形而上学论》《牛顿哲学原理》等都是在这一时期创作的。

1746年春，伏尔泰当选为法兰西学院院士和俄国科学院名誉院士。但由于伏尔泰连续发表了许多激进的言论，这又引起法国宫廷对他的怀疑。他渴望呼吸自由的空气，因而数度出国旅行。1748年，伏尔泰又偕同女友夏德莱夫人到荷兰游览，度过了一个愉快的夏天。次年9月，夏德莱夫人因产褥热去世，伏尔泰为失去这样一个知心女友而不胜悲痛。在很长一段时间内，他万念俱灰。在绝望与痛苦的思念中，他又回到了巴黎。

普鲁士国王腓特烈二世早年就邀请过伏尔泰，因夏德莱夫人劝阻，他才没有去。现在，腓特烈二世再度邀请他去普鲁士。1750年7月10日，伏尔泰到达柏林。他受到腓特烈二世的优礼厚待，每年俸金两万法郎，并被任命为高级侍从。不久，伏尔泰发觉，想借腓特烈二世之力推动启蒙运动是不现实的。腓特烈二世的专横暴虐，穷兵黩武，更使伏尔泰厌恶与失望。1753年3月

26日,伏尔泰断然离开了柏林。

伏尔泰回到巴黎,国王路易十五对他很冷淡。1754年12月,伏尔泰取道卢昂到日内瓦,在日内瓦附近的圣·约翰买下一所房子。这里景色迷人,房舍也较宽敞,伏尔泰觉得这是理想的定居地点,他将这一寓所取名为"愉园"。

▲ 法国边陲小镇菲尔内的伏尔泰故居

不久,伏尔泰同瑞士的加尔文教派发生冲突。这样一来,他又感到日内瓦也并不安全。他在离日内瓦不远的法兰西土地上,购置了菲尔奈庄园。从1760年开始,伏尔泰长期定居于菲尔奈庄园。从此,他终于可以避免遭受来自两方面的迫害,开始了人生的一个崭新阶段。他积极支持由狄德罗和达朗贝尔主持的《百科全书》的编纂和出版工作,并为《百科全书》撰写词条。伏尔泰习惯用写信的形式传播自己的观点,在他的一万多封信中,有八千余封是在这一时期写的。

由于伏尔泰的巨大影响,各界人士从四面八方慕名而至,伏尔泰在自己的家中热情地接待他们。菲尔奈成为当时欧洲的舆论中心,人们尊敬地称伏尔泰为"菲尔奈教长"。在这一时期，他相继完成了哲理诗《里斯本的灾难》，哲理小说《老实人》《天真汉》，历史著作《彼得大帝统治下的俄罗斯史》等大量著作。

知识分子的良心

伏尔泰身在庄园，却心系欧洲的局势，领导着声势浩大的法国启蒙运动。他除广泛地接触来自欧洲各国的进步人士外，还继续埋头写作。在菲尔奈庄园，伏尔泰着手编纂一部小型的百科全书——《哲学辞典》。这是一部文学色彩浓厚、颇有趣味的哲学著作。全书内容丰富，涉及文学、艺术、哲学、美学及社会科学的各个领域。

伏尔泰不仅从事文学和哲学创作，还关心当地人的生活。他请人建造房屋，种植花草树木；他关注农田生产和马匹驯养，做过改良马种的实验；他还创办丝袜工场和花边手工工场。他目睹周围人们的贫困，便想方设法使他们富裕起来。他觉得这样做，即便把自己搞穷了，也无所谓。伏尔泰坚信，一个人绝不会由于正义事业而破产。

但是，伏尔泰在菲尔奈的主要功绩，不在于改善当地人的物质生活，而在于谋求人类精神的解放。他凭着知识分子的良心，参加了大量的社会活动，经常为一些遭遇不幸的无辜的人据理力争，对天主教会的宗教迫害进行猛烈的抨击。哪里有不平，哪里就有伏尔泰的正义之声。

1760年，法国著名女演员楼古佛鲁去世。当时，教会下令将她的尸体抛在垃圾堆上，不许人们安葬她。伏尔泰得知这一情况后，拍案而起，当即奋笔疾书，写下了一首诗，题为《凭吊楼古佛鲁小姐长短句》，表达了对楼古佛鲁不幸遭遇的同情，以及对天主教会的强烈控诉。

第二年，法国发生了一起轰动欧洲的卡拉事件。让·卡拉是位信奉新教的商人，他的儿子因债务缠身不堪重负而自杀。教会却诬陷卡拉为了阻止儿子改信天主教而杀子。最后法院以反对天主教的罪名，判处卡拉车裂之极刑。伏尔泰闻讯后，当即挺身而出，他收容了卡拉一家，并亲自调查卡拉事件的真相，坚决要求最高法院对此案进行重新审理。经过4年的艰苦努力，法国政府不得不作出让步，撤销原来的判决，为死去的卡拉恢复名誉。

伏尔泰
—— 一个被誉为"法兰西思想之王"的人

1765年，19岁的青年骑士拉巴雷，被指控犯有渎神罪，法庭判处他砍手、拔舌、再用小火烧死的刑罚。伏尔泰得知这一消息后，奋起为死者辩护，并且安置了死者的遗孤。

就这样，伏尔泰以罕见的胆略和不懈的斗争精神，为不幸的人们据理抗争。他的行动，使法国专制政体的威信每况愈下，人民大众对封建专制的仇恨情绪与日俱增。

1778年2月10日，伏尔泰回到巴黎。这位一代大师的骤然降临，轰动了全城。妇孺老幼奔走相告，成群的市民热烈欢迎伏尔泰归来。3月16日，法兰西喜剧院上演伏尔泰的诗剧，盛况空前。3月30日晚上，伏尔泰赴法兰西喜剧院观看《伊莱娜》的演出。当人们发现伏尔泰入场时，观众欢声雷动。演出结束后，演员们在舞台上抬出一座戴有桂冠的伏尔泰大理石半身像，全体观众用暴风雨般的掌声和欢呼声，表达对这位诗人的祝贺。

一位八旬高龄的老人，怎么经得起如此热烈的感情震动呢？伏尔泰一病不起，卧床数月，于1778年5月30日逝世，时年84岁。

伏尔泰逝世后，教会不允许人们按宗教仪式将伏尔泰埋葬在巴黎。人民群众将伏尔泰的遗体秘密运到香槟省，安葬在色利埃礼拜堂内。10年后，法国爆发了轰轰烈烈的资产阶级革命运动。1791年，法国人民将伏尔泰的遗骸隆重地运回巴黎，骨灰安葬在法国的先贤祠。他的心脏被装在一只盒子里，存放在巴黎国家图书馆中。盒子上写着伏尔泰的一句话："这里是我的心脏，但到处是我的精神。"

伏尔泰坐像

（李辉）

★ 歌 德

——一个无与伦比的一代文化巨人

有了追求，人生才变得充实；有了追求，生命才有意义。他从青年时代起即在构思一首长诗，直到临终前不久才告完成。也正是有了这种追求，他一生都在不断地学习新事物，不断地探索新问题。《浮士德》就是他一生追求的结晶。这是一部与《荷马史诗》《神曲》《哈姆雷特》齐名的伟大作品。正是这部作品使他成为无与伦比的一代文化巨人，把德国文学提高到全欧的先进水平，并对欧洲文学的发展作出了巨大的贡献。他就是德国伟大的诗人、作家和思想家歌德。

童年与求学

1749年8月28日，约翰·沃尔夫冈·冯·歌德（Johann Wolfgang von Goethe，1749~1832）出生于美因河畔的法兰克福市。父亲学过法律，当过律师，在帝国政府、雷根斯堡议会及维也纳帝国枢密院任过职，婚后担任皇家顾问。母亲出身官宦书香之家。她精明活泼，有丰富的想象力，热爱生活，善讲故事。

小歌德的教育主要由父亲来负责。尽管歌德天资非凡，父亲仍教导他要勤勉、坚忍和反复练习。就这样，歌德很快学会了读和写，通晓了父亲和其他教师所授的功课。当然，他最感兴趣的还是文学，尤其是诗歌。10岁时他

歌德
—— 一个无与伦比的一代文化巨人

通读了伊索、荷马等人的作品，11岁时又博览拉辛和莫里哀的名著。1757年元旦，年仅8岁的歌德写了一首诗献给他的外祖父母；11岁时，他根据神话编写了一个剧本。

小歌德涉猎广泛，除了功课、文学，他也学习画画、弹钢琴，还做一些探索自然界奥秘的科学小实验。他学习了拉丁语、法语、英语、意大利语以及希伯来语。他还对《圣经》、神话、游牧民族的历史及原始生活都进行了深入研究。

小歌德在成长过程中，始终以要干出一番非凡的事业自期，渴望得到诗人的桂冠。但父亲却让他学习法律，歌德只好服从。1765年10月，歌德前往莱比锡攻读法律。这时他转而对自然科学发生了兴趣，贪婪地阅读了林奈、布丰[①]等科学家的著作，这为他后来对自然科学的研究打下了基础。

在莱比锡的三年里，他还写了一些诗歌，这些诗歌都是用一种华丽的诗体写成的情诗，表达他恋爱时的欢乐和痛苦。他还写了喜剧《恋人的脾气》和《同谋犯》。1768年，歌德因病回到法兰克福。1770年，歌德身体康复，前去斯特拉斯堡继续学业。在这里他遇到了赫尔德[②]，这对于他来说是一件最有意义的事。赫尔德使歌德理解了莎士比亚，了解了哈曼的情感哲学，使他摆脱了华丽文体的束缚，认识了民歌的意义。

△ 德国纪念歌德逝世150周年发行的5马克纪念币

1771年8月6日，歌德以论文《论立法者》通过了答辩，获法学博士学位。8月底，他回到故乡，做了一名律师。

[①] 布丰（Georges-Louis de Buffon，1707~1788），法国博物学家。他是现代进化论的先驱之一，发表了不少进化论观点。他认为物种是可变的，生物变异的原因在于环境的变化，而且这些变化会遗传给后代（获得性遗传）。他的主要著作是历时55年才完成的《自然史》44卷。

[②] 赫尔德（Johann Gottfried von Herder，1744~1803），是一位极具影响力的德国哲学家、文学评论家和历史学家。他影响了包括歌德和席勒在内的一批作家，成为"狂飙突进运动"的精神领袖。他接受并净化了康德和哈曼的思想，为德国哲学的发展作出了贡献。他继承了莱辛的思想，把德国文学引向新的发展阶段，他被认为是德国浪漫主义的先驱。

"狂飙突进"

赫尔德以其广博的知识、深刻的洞察力向歌德讲解新美学和新伦理，讲解语言和诗歌的起源，讲授荷马和莎士比亚，这使歌德眼界大开。不过他讲得最多的还是卢梭一心想把社会回复到自然状态的思想。就在他们交流的过程中，新文学运动的核心纲领形成了，他们从对启蒙运动的否定，开始了"狂飙突进"[①]的时代。

22岁生日那天，歌德递交了加入律师协会的申请，这就使他的父亲更加满意。而歌德此刻正如海燕，渴望到大风雨中搏击，到自由的环境中一显身手。为了积聚改造社会和思想的力量，歌德在寻求战友和追随者。他一回到家乡，就与那些分居各地的朋友建立了联系。他们声气相通，互相鞭策和鼓励，成为"狂飙突进"运动的主流。默尔克编辑的《法兰克福学报》和1770年创刊的哥廷根《文艺年刊》成为他们发表作品的阵地。这样，歌德的庞大奋斗目标就越来越清晰了：要把德意志民族从几世纪以来的思想禁锢和文化枷锁中解放出来。

1771年，歌德着手创作戏剧《葛兹·冯·伯利欣根》。葛兹是16世纪德国的一个骑士，他一度参加农民起义，但最后背叛了农民。歌德将他写成一个反封建、争自由的英雄。在歌德笔下，葛兹为了维护人的尊严和自然权利，与敌对势力进行了不懈的斗争。歌德还改变了葛兹的结局，使他在斗争中死去，临死时葛兹喊出了"自由！自由！"所有这些，都是时代精神的反映。这部戏剧于1773年出版后，为歌德赢得了巨大的声誉。

歌德对狂飙突进运动的另一伟大贡献是他在1774年完成的小说《少年维特之烦恼》。与《葛兹·冯·伯利欣根》的借古喻今不同，《少年维特之烦

[①] 狂飙突进运动是18世纪70年代在德国发生的一场文学运动。诞生于18世纪四五十年代的一批青年人，无一不受到启蒙文学的教育和影响。然而随着社会的发展，在他们身上产生了远比启蒙运动作家身上更为强烈的阶级意识和民族意识。他们对现存秩序加于他们身上的压迫格外敏感和痛切。他们崇尚自然，反对人性的压迫和割裂，要求人有精神上和肉体上的自由。为这个运动在理论上作了准备的有哈曼（1730~1788）、摩泽尔（1720~1794）等人，它的理论纲领的制订者是杰出的赫尔德。这一运动有一个庞大的作家群，但它的卓越的代表是青年歌德和席勒。这个运动以赫尔德和歌德于1770年在斯特拉斯堡的结识为起点，1785年歌德从魏玛的出走则标志着它的终结。

恼》直接描写了当代平民出身的知识分子的生活，体现了狂飙突进运动的理想，呼出了一代青年反封建的心声。这是一部用书信体写成的爱情小说，主人公维特要求摆脱现存秩序加在他身上的束缚，渴望思想和行动上的自由。但德国的丑恶现实，腐败而昏聩的统治者令他憎恶。这时，他爱上了一个名叫绿蒂的女子。在他的眼中，绿蒂就是自然、质朴和美的化身。绿蒂成了他精神上的寄托，成了他逃避丑恶现实的避难所。绿蒂爱他，但不能以身相许。经过激烈的内心斗争，他无奈地返回他所憎恶的社会。但这个社会不容纳他，他又被逼回到绿蒂身边。越来越炽热的爱情，终于酿成了一场悲剧：维特自杀了。他用这种极端方式宣告了同这个社会的决裂。

这部作品的出版引起了巨大的反响，一些年轻读者表现得更是狂热。在这个腐败的社会里，才能被扼杀，感情被压抑，爱情上失意的年轻人纷纷仿效维特，兴起了一股"维特热"。到18世纪末，《少年维特之烦恼》已被翻译成俄、英、法、意等十多种语言出版，青年时代的拿破仑曾多次阅读这部小说。

1775年，歌德陷入了深深的感情危机之中，庞大的创作计划无法完成，只能写出一些小文章，而像《浮士德》《普罗米修斯》《穆罕默德》等作品只是写了一些片断。就在这年11月，歌德开始了他人生的下一站。

魏玛"练政"

1776年，歌德应魏玛公爵之邀前去魏玛。这时的魏玛公国是德国许多封建小邦之一，人口不过10万。但这对于歌德来说，总算有了一个一试身手的机会，可以利用他与公爵的关系，在魏玛这个平台上，发挥自己的才能，实现自己的社会改革理想。

1776年6月，歌德被任命为枢密院顾问；1779年，任军备和筑路大臣；1780年，任枢密顾问；1782年任会计长官，并被提升为贵族。在这段时间里，歌德俨然是一名勤勉而干练的行政大员。他主持外交，恢复矿山开采，开发森林，整顿财政，精简军队，修建公路，开办剧院，甚至拟定防火条例。歌德的足迹遍及整个魏玛公国，并亲眼看到自己的理想变为现实。

歌德后来发现，他的雄心勃勃的改革计划，用于改善行政管理是有效

史诗性巨著《浮士德》第一部中描写的"莱比锡城的奥尔巴赫地下酒馆"一幕,灵感来自于这个古老的酒馆

的,但想更进一步实施如皇室领地的分封、减免农民赋税等措施都由于遭到反对和掣肘而收效甚微。他既不愿无希望地为公国的统治者服务,也无力与农民结成联盟推进改革。他曾一度埋头于自然科学研究,甚至获得了值得称道的成就。他希望退职,但公爵的挽留和加薪使歌德欲罢不能。他不得不采取一种断然措施:从魏玛潜逃,到他向往已久的意大利。

1786年10月29日,化名菲利普·默勒的歌德经过长途跋涉终于到达罗马,他感到轻松和自由,仿佛又回到了学生时代。他在市场闲逛、说笑,在博物馆、教堂、宫殿进行艺术观摩,大部分时间用于埋头写作。他不仅带来《伊菲格尼》《埃格蒙特》的初稿或片断,而且带着《塔索》《威廉·迈斯特》和《浮士德》的写作计划。

这段时期歌德创作非常丰富,除对上述几部作品的修改、完成外,他还写出了《浮士德》中的部分片断,搜集了《威廉·迈斯特》的材料。他不仅从事文艺创作,研究古希腊和罗马艺术,而且也曾在西西里岛巴勒莫的植物园中观察植物,欣赏地中海明媚的自然风光,研究其中的海藻,形成了植物学上"原始植物"的概念,认为各种植物都是从"原型"演化而来。

1788年6月18日,歌德结束了意大利之行,返回魏玛。经过与公爵约定,他将不再担任枢密院工作,不再负责财务的管理,而成为国家科学和艺术部门的行政领导,担任了魏玛剧院、魏玛美术院和耶拿大学的总督。他试图运用自己的权力,通过对科学、艺术和文学问题的研究,实现自己在意大利获得的新理念，把魏玛城变成第二个佛罗伦萨。

时势造英雄

1789年，歌德完成了组诗《罗马悲歌》的创作。他把源于古希腊、罗马的古典风格与个人经历相融合，既回顾了在罗马度过的愉悦生活，又反映了他与新的生活伴侣、23岁的制花女工克里斯蒂安娜·乌尔皮乌斯的爱情生活。1790年，歌德一度因公赴威尼斯，创作《威尼斯铭语》103首。作品除表达他对于时事、世界和威尼斯生活的感受，也贯穿着他对克里斯蒂安娜的思念。

18世纪90年代对于歌德是个不寻常的时代。法国大革命震撼了欧洲，各国的进步力量和守旧势力相互对垒。一些进步知识分子热烈欢迎新时代的到来。歌德对这一历史事件的态度较为复杂，他肯定下层阶级的革命是权贵们多行不义的结果，但对暴力本身又忧心忡忡，认为暴力失去理性的节制必将导致玉石俱焚。歌德这一时期创作的《大科夫塔》《平民将军》《叛乱者》等都隐约反映了这种矛盾思想。

1792年，奥地利、普鲁士与法国流亡王朝联合进攻法国革命政权，1793年，联军又围攻并扼杀了摇篮中的德国革命——美因茨城的共和国。两次出征歌德都参加了。但当他看到美因兹城投降后联军不顾信义迫害德国革命者时，他心里十分苦恼。在以后的日子里，他沉入到自然科学的研究中，植物学、解剖学、光和颜色学等，既是他的兴趣所在，又是排遣世事纷扰的避风港。

1794年7月，歌德和席勒在一次大自然协会的会后相识。尽管他们的年龄、出身、经历、美学观完全不同，本着求同存异的精神，他们拟

◎ 歌德与席勒雕塑

定了一个旨在繁荣民族文化的合作计划。以《季节女神》和后来的《文艺年鉴》为基本阵地,两个世界观互相对立、精神上却志同道合的文艺和思想巨人,走向一个共同的目标:用完美的形式、纯洁的语言,以古希腊的艺术为榜样,表达一种人道主义的思想内容。

歌德已衰竭的创作精力经由席勒的激荡重新旺盛起来,进入他创作的第二个高潮。他们合写了近五百首《赠辞》,大都收入1797年席勒编的《文艺年鉴》里。他们竞赛似的创作了一系列叙事谣曲,这些作品被收进1798年的《文艺年鉴》中。另外,诗情勃发的歌德在修改完动物叙事诗《列那狐》之后,又全力以赴开始《威廉·迈斯特》的创作。1796年6月,他终于完成名为《威廉·迈斯特的学习时代》的长篇小说。

1801年,歌德感染了可怕的面部丹毒。1805年,他又得了严重的肾绞痛。就在这一年,席勒逝世。这使歌德失掉的不仅是一个朋友,而且是自己"生命的一半"。他再次沉入科学研究之中,色彩学成为他研究的主要领域。歌德花费大量资金,置办物理实验器材,购买有关的科学书籍。多亏克里斯蒂安娜的精心照料,歌德终于战胜死神,渐渐从疾病和消沉中恢复过来。

从1807年夏天开始,歌德的创作又出现了一个新的高潮。之后,他除写十四行诗和诗剧外,还构思了一部长篇小说《亲和力》。这是一部探讨爱情和婚姻制度的小说,小说认为"婚姻是一切文化的开端和顶点",因此描写婚姻是旨在"象征性地描述社会关系和社会关系中的矛盾"。

1814年之后,歌德意识到自己可能成为历史人物,就开始了自传《诗与真》的写作。这本书记叙了他从童年直到魏玛从政之前的广阔生活,试图通过自己的思想发展,写出个人同社会、时代的关系,"怎样从其中形成自己的世界观和人生观"(《诗与真·自序》)。1815年歌德写完《诗与真》的前三部,第四部则直到1831年才完成。他以后的经历分别在《意大利游记》《出征法国记》《1797年赴瑞士旅行》《1814年与1815年在莱茵河、美因河、内卡河畔》等著作中得到记录和表现。

千古风流

1814年7月26日,65岁的歌德又开始了新的给他带来创作丰收的莱茵之旅。他在威斯马登碰到他朋友的养女玛丽安娜·冯·威利美尔。她能歌善舞,活泼聪明,且善解人意,歌德见到她后感到一下子年轻了许多。他曾从1813年起研究阿拉伯、波斯诗歌以及中国、印度的哲学,此刻他仿佛觉得自己成了波斯诗人哈菲兹[1],于是开始写作一些爱情诗。11月,歌德返回魏玛,他精神焕发、怀着强烈的激情,沉醉于抒情诗的创作中。

1819年,歌德出版了《西东诗集》。该诗集中的诗不只是爱情诗,由玛丽安娜激发的灵感还把他的创造力引向一个更大的范围,这就是他不能忘怀的欧洲政治变动对德国社会的影响。

1821年,歌德的长篇小说《威廉·迈斯特的漫游时代》第一部问世,它由自1807年以来写的若干中篇小说组成;第二部则直到1827年才完成。尽管这部书是《学习时代》的续篇,但由于中间相隔三十多年,歌德的人生阅历、思想等都有不少变化,它已不再是威廉·迈斯特经历的简单

◎ 歌德博物馆

继续。可以说,它是一部通过以威廉这一线索而连缀作者的故事、书信、日记、格言、笔记的思想库。小说中汇入了不少代表歌德智慧的格言警句,既与小说的各部分具有内在联系,又可相对独立,包括做人、治学、文艺、宗教、美术、哲学、历史、政治诸方面。这些格言肯定了生命的价值,也洋溢着人道主义精神,堪称有意义的生活教科书。

从1825年2月起,歌德开始写《浮士德》第二部。1828年,对歌德有知

---

[1]哈菲兹(Shamsoddin Mohammad Hāfez,1320~1389),波斯诗人。20岁时在抒情诗和劝诫诗方面崭露头角,受到世人注目。最能代表其文学成就的是近五百首嘎扎勒。这是波斯古典诗歌中的抒情诗体,形式较为自由。诗中歌唱现世幸福,赞美人与人之间的真挚情感,揭露和嘲讽了社会虚伪与宗教偏见,表现了对社会道德沉沦的不满和追求自由的激情。在咏叹春天、鲜花、呼唤自由、公正的抒情诗中,洋溢着对美好新生活的企盼,以及关注下层人民命运的深情。哈菲兹的诗歌以手抄本和民间艺人吟唱的方式,广为流传。其诗集于1791年首次出版,从18世纪起又相继被译成多种外国文字。

遇之恩的卡尔·奥古斯特大公去世,两年后大公夫人路易莎也去世了。1831年,歌德年轻时的朋友克林格尔去世,接着他的儿子在意大利旅行中意外死亡。歌德忍受着巨大的悲痛,不停地写作。与此同时,他也在大量阅读莎士比亚、马洛、卡尔德隆、德·维迦、拜伦、司各特、巴尔扎克、司汤达、雨果、维尼等古代和当代作家的名著。他在1826年就开始订阅《环球》杂志,关注法国作家的情况,他阅读《法兰西评论》《时代》《爱丁堡评论》等杂志,对法国、英国、意大利、俄国的文学发展作出估价。他还与拜伦、卡莱尔通信,与英国的萨克雷、波兰的密茨凯维奇、美国的爱迪生等会晤。

  1831年歌德完成了《浮士德》第二部。这部作品有着独特的艺术特色。歌德以丰富的想象力,跨越时空的限制,从人间到天上,从现实到远古,有机地把现实主义和浪漫主义结合在一起,这种表现手法使这部作品具有一种奇特的艺术魅力,展示了"一种特殊的美感"(席勒语)。《浮士德》是对人类的一首颂歌,它充分肯定了人生的积极意义,赞扬了人的进取精神,对人的认识力量和创造力量作出了高度的评价。它的丰富内涵和深刻哲理以及独特的艺术魅力,使它成为世界文学宝库中一颗熠熠生辉的宝石。

  1832年3月22日,歌德走完了他的人生之路,静静地离开了人世。

(李辉)

★ 巴尔扎克

—— 一个用笔竟拿破仑之功的人

他在短暂的一生中，用20年的时间，完成了九十多部艺术杰作。他用自己的艺术成果向世人昭示：拿破仑以剑创其始，他则以笔锋竟其业！因而被后人称为"文坛上的拿破仑"。他就是19世纪法国最伟大的小说家、举世公认的现实主义艺术大师巴尔扎克。

被压抑的童年

1799年5月20日，巴尔扎克（Honoré de Balzac，1799～1850）生于多瓦河畔的图尔城。其祖上世代务农，到他父亲时，赶上了法国大革命。父亲经过一番拼搏，从一个农民直至跻身上流，一度做过图尔市的第二副市长，后来还娶了银行要员的女儿为妻。巴尔扎克刚一出世，母亲就让人立刻将他从家里送到乡下奶娘家，只允许星期天才能回家探视。她从来不想给孩子们以自由，也不愿同孩子们住在一起。巴尔扎克就是生活在这样一个家庭里。

巴尔扎克在奶娘家长到8岁，被送到更远的外省教会学校寄读。这所学校环境闭塞，授课方式机械，学习内容枯燥乏味，这使生性敏感而不安分的巴尔扎克度日如年，时常以他微弱的力量进行反抗，结果常常是被关进黑暗的禁闭室。6年的"精神监狱"般的生活，给幼小的巴尔扎克的心灵上烙下了深深的印痕。父母对巴尔扎克毫不过问，他只有以书为伴。他广泛地阅读历史、哲学、科学、神学，尤其是文学作品，并试图写一些诗作，因而在同学中得到"诗人"的雅号。这也激起了他的朦胧的作家梦。

1814年冬天，巴尔扎克因父亲调任巴黎第一师军需官而随家搬到巴黎。他又被送进了黎毕德先生的寄宿学校。在这所学校，巴尔扎克依然无法使自己成为一个"好学生"。父母只好把他送到另一所学校。在那里，他的成绩依然如故。在巴尔扎克所经历的学校中，他一直不被学校所认可，更得不到父母的亲情与理解。巴尔扎克就这样走过了他的童年与少年时代，告别了中学。

1816年下半年，巴尔扎克进入了大学。他虽然喜欢文学，但他没有自主选择权。他不得不接受父母的意志，进入法学系，而且课余时间，还得按他们的意愿，到一家律师事务所去干活。按照父母的逻辑，巴尔扎克在获得学位后，可在律师事务所担任助手，只要勤勉工作，娶一位有地位的阔人家的女儿成婚，安居乐业，总有一天会在上层社会有一席之地，也能为巴尔扎克家族增添光彩。至于儿子想些什么，他们不去关心，也不屑于关心。

幸运的是，随着年龄的增长，巴尔扎克的自我意识日益增强，多年来在家庭与学校被压抑的反抗情绪终于在他20岁那年爆发了。他毅然推开律师事务所成叠的文牍，决心按照自己的兴趣走向未来。巴尔扎克以不容商量的语气告知父母，他已决定不做法官或律师，而要从事写作：他将靠着他未来的伟大著作，去获得他的独立、财产与荣誉，并最终成为一个名扬天下的作家。

风雨十年

巴尔扎克的决定，使父母十分震惊。在激烈地争论后，终于达成一个折中方案：同意巴尔扎克用两年的时间去实现作家梦。倘若两年期满他未能如愿，那就要毫不迟疑地回到律师事务所中去。

母亲给他在巴黎租了一间全巴黎最破、最旧、最糟糕的住所：那是一扇早已朽坏、用几块木板拼成的门；进门后，在黑暗中摸进一间冬寒夏热的低矮阁楼；一张平板硬床，一张盖着破烂皮革的橡木桌子，外加两把椅子，仅此而已。

一个伟大的天才，最终将从这里产生，从这个如"洞穴"般的房间走向世界。

巴尔扎克
——一个用笔竟拿破仑之功的人

△ 法国巴黎的巴尔扎克旧居

但是天才之路，并非一帆风顺。

因为直到21岁，巴尔扎克还不知道自己到底是个怎样的人物，或者说他想成为什么样的人物——是哲学家、小说家、诗人、戏剧家，抑或是科学家？他认识到自身内在的力量，却不知道该在什么事情上释放出来。无论如何，为了从依赖父母的状态下解放出来，首先得写出些东西来，以便尽早成名。他钻进大堆的图书之中，想找一个题目来写。

巴尔扎克首先想到要写一部悲剧，名叫《克伦威尔》[①]。为了写作，他几乎过着隐居式生活。他经常三四天不离开屋子，没日没夜地伏案写作。偶尔出门买些咖啡，以给他疲劳过度的神经一点刺激。冬天来临，在这没有火炉、四面透风的顶楼上，他的手指有时因被冻僵而不能写字。

不幸的是，《克伦威尔》变为杰作的希望很小，因为巴尔扎克此时还根本不懂舞台技巧。1820年5月，剧本终于完稿。巴尔扎克夫人为慎重起见，携女儿亲赴巴黎参谒一位文学方面的教授。这位教授虽然说话委婉，但对剧本

---

①克伦威尔是17世纪英国资产阶级革命时期的主要政治、军事领导人。

基本予以否定。

巴尔扎克的父母希望他有一个脚踏实地的工作，业余搞一点文学创作。但巴尔扎克坚持原来的合同，拒绝妥协。他以更为坚强的意志，又心甘情愿地回到他的"洞室"里去。

巴尔扎克想通过"悲剧"的写作而一举成名，看来已成泡影。但他首先必须养活自己。他一想起父母给钱时的神情就像对待乞丐似的，就感到羞愧难当。他只有先去完成一些能立竿见影的作品。

他想好了要写一部历史小说。初稿简略概括出了战争的进行、围攻，直至退守到最后阵地，以及因负伤而血流满面的英雄。但此时的巴尔扎克还远未能驾驭这种宏伟的场面。第二次尝试又失败了。1820年11月15日，他被通知必须在1821年1月1日从"洞室"中搬出。

巴尔扎克不得不开始自己挣钱了。为了独立自主，在他被监禁在"洞室"中的日子里，他曾尽力省吃俭用，忍饥挨冻。然而现在连"洞室"都没有了，这时只有"奇迹"才能挽救他了。

"奇迹"出现了。巴尔扎克认识了一位贵族青年，他向巴尔扎克谈了他的想法：只要找到一个题材——最好是历史题材，两个人把故事情节拼凑一番，然后让巴尔扎克去写，而他自己则负责营业方面的事，并说他已经找到一个肯用他们作品的出版社。

于是他们谈好：巴尔扎克只是作为一个"幕后"作家，名字将不会出现在封面上。为了难得的自由，他竟愿卖身为奴。在这以后的几年里，他的天才和大名被埋没在昏暗之中，不为世人所知。

巴尔扎克开始考虑赚钱了。他的家人也因为巴尔扎克能够自立而高兴。他们觉得儿子显然放弃了成为名作家的想法，并用各种各样的假名来避免使巴尔扎克尊贵的姓氏受辱。巴尔扎克像一个奴隶般地在拼命工作着。他平均每天写20页、30页至40页，甚至一天写一章。然而他收获得愈多，他就越想有更大的收获。最后他像着了魔似的拼命地无节制地工作，甚至连他母亲都害怕起来了。

对于巴尔扎克在这些年里所写的低俗的东西，没有详细的记载。但就我们所知，在他22岁至29岁这七年间，无论什么样式的文学作品，不论委托他什么事，不论哪种人际关系，只要肯付出相当的价钱，他都可以廉价出售他的署名权。

但巴尔扎克毕竟不是商人。几年来，除了债务之外，他的工作没有给他带来任何东西。他干过出版商、印刷商和铅字铸造商，却三次破产；他曾经为自己建造了一间房屋，但这房屋却又被别人抄押去了；他创办了一家杂志，但外面的世界对他的政论、评论反应冷淡。他的政治活动也被一些选举人不表同情而破坏了，他想竞选为研究院评议员的候选人也被推翻了。他所从事的任何事情都落了空。

巴尔扎克已经29岁了，却依然不能自立。他19岁时虽然一无所有，但也不欠别人什么；而他29岁时，却欠了他父母和别人近10万法郎的债。10年中，他扑在工作上无休止的拼命劳动和艰辛，都付诸东流了。

高度浓缩的20年

在苦苦挣扎的10年里，巴尔扎克要与工人一起干活，跟高利贷者争执，与批发商们讨价还价，还与各种各样的出版商、债权人打交道，而且不得不面对逼债、清算、高利盘剥、敲诈勒索等一系列近乎掠夺的人。巴尔扎克也学会了去观看，去描绘那些生活中的贫困与丑恶，以及隐伏在人们内心的灵魂。

更重要的是，巴尔扎克不仅发现自己的才能所在，而且知道了他工作究竟是为了达到什么目的，知道了取得成功的条件是坚强的性格和不屈不挠的精神。他认为，只要专注于某一方面的事业，并且把全部的精力都投向它，就有可能取得成功。

为了激励自己，巴尔扎克把一座

△ 罗丹雕塑的巴尔扎克

拿破仑的小石膏像立在书房的壁炉架上，下面压着一个字条，写着："彼以剑锋创其始者，我将以笔锋竟其业！"以此来作为一种驱动自己奋发向上的动力，直到取得拿破仑曾经攀摘到的果实。巴尔扎克以桌子为战场，以笔为武器，把几卷稿纸作为他的弹药，他要去征服这个世界了。

写作《最后一个朱安党人》是巴尔扎克迈向文坛的第一步。他想选用他同时代的题材，但仅靠纸上虚构的情节描写人物、环境显然是不够的。巴尔扎克用他那踏实的、一丝不苟的精神去开展工作。事有凑巧，一位曾经参加过抵抗朱安党农民军的老人还健在，并且是巴尔扎克家族的一位老朋友。巴尔扎克就在老人家住了两个月，以听取老人谈一些战争的细节。他还从图书馆借来当时人们的回忆录，仔细研究那些军事报告，并大量地摘录了许多有用的细节。他发现，那些微小的、无足轻重但真实的琐碎小事，竟能使一部小说令人信服且显得活泼生动。巴尔扎克找遍了所有能利用的材料，并仔细地研究。

作品以叛军的领导人孟多兰和维尔纳尔的爱情为主线，在广阔的历史背景下，真实地描写了1800年法国共和政府武装镇压由保皇党人煽动而爆发的叛乱。在这部书里，巴尔扎克第一次显示出大作家的手笔：他用极熟练的笔法展开场面，使读者犹如身临其境，全书的布局和照应处理得非常完美。本书的出版虽然没有立即蜚声文坛，但使巴尔扎克获得了应有的声誉，并被社会所接纳。

此后，巴尔扎克进入了创作的丰收期。这一黄金季节竟不间断地持续了20年，写了九十多部《人间喜剧》。如果单从作品数量论，不止一位大作家可以超过巴尔扎克，但如果想到他在如此短暂的生命中，能创造出如此惊人的作品，而且大多数是第一流的作品，就没有几个人能望其项背了。何况他为了生计，还常常在其他事情上消耗不少时光呢。

《人间喜剧》——文学史上的丰碑

巴尔扎克是在1833年开始构思《人间喜剧》这部艺术大作的，但它的最后定名，却是到1841年　他受中世纪的伟大诗人但丁《神曲》的启示后才确定的。

《人间喜剧》是一项庞大的工程，这个工程分为三大部分，即《风俗研究》《哲理研究》和《分析研究》。按照巴尔扎克的设想，《风俗研究》要反映一切社会实况。要描写每一种生活的情景，每一种男女的性格，每一种生活方式、职业、社会地位，每一个法兰西的省份，童年、青年和老年，政治、法律和战争等。

《哲理研究》要说到感情的来源和生活的动机是什么？社会或个人的生命所必要的推动力或条件是什么？巴尔扎克要在《风俗研究》里把个人写成典型；而在《哲理研究》中要把典型描写为个人。

在巴尔扎克看来，《分析研究》是为了说明"结果和原因之后"的"追求原则"，他说："风俗提供给我们戏剧，原因代表舞台。最后，原则就是这戏剧的作者。"

巴尔扎克要给19世纪的法兰西写一部历史，他要为他这一世纪的社会描绘一幅画像。从这里我们可以窥见巴尔扎克既有着艺术家的眼光，又有着哲学家的睿智。他能抓住这个社会的主要矛盾，看到这些有产者们虽然代表着时代潮流，但他们在推动历史前进中，也带来了无尽的灾难，留下了斑斑血迹。

《驴皮记》里的泰伊番，因为腰缠万贯，使得他高人一等。人们尊重他，法律保护他。"对他来说，'在法律面前法兰西人一律平等'这句话，只不过是写在宪章里的一句谎言。"

△《巴尔扎克全集》

《赛查·皮罗多盛衰记》中写了一个花粉店的伙计杜·蒂埃，他因为偷情又偷钱，被老实的老板发现，但老板原谅了他，然而他对掌握自己隐私的老板始终有着一股仇恨。他采取了极端卑鄙的手段，让自己的老板破产，又通过公证人罗甘进一步结识了法国金融界，借着给罗甘做投机买卖的机会发了财，居然成了银行家。

　　巴尔扎克不但深刻地描写了一个个有产者的罪恶发家史，而且通过几个典型形象，把社会由原始积累时期到金融资本阶段的整个发展过程，淋漓尽致地反映出来，艺术地再现了社会剥削方式的演变，具有极大的认识价值与审美价值。

　　《高利贷者》中的高贝赛克是一个铁石心肠的吸血鬼，他以收取抵押品的方式聚敛财富。伯爵夫人为了给情人偿还赌债，背着丈夫把家里贵重的钻石卖给他，一转眼，他又让伯爵用高价赎回这些钻石。因为有钱，他甚至让那些"最骄傲的商人""自视清高的军人""最有名的艺术家"，都成了他玩弄于股掌中的奴隶。

　　《葛朗台》中写了一个箍桶匠出身的老头葛朗台。1789年大革命时期，葛朗台赶着时代大潮，通过各种手段，最后成了索漠城的首富。他除了放高利贷外，还用自己的现款和妻子的陪嫁贿赂收买监督官，买到了区里最好的葡萄园、一座老修道院和几块田产。以后，他的财源不断扩大，从丈母娘、妻子的外公和自己的外婆那里继承了三笔遗产，又从一位没落的侯爵手里廉价买进一整块良田。另外，他还通过毁约卖酒、抛售黄金、公债投机等投机活动来增加财富。虽然富有，但葛朗台老头却是财富的奴隶。他吝啬到极点，装穷、节俭，不管天气多么冷，不到11月不许生火；每天分配尽量少的面包给家人；妻子病了他无所谓，但一想到要花钱请医生却痛苦万分；妻子死了他不难过，而女儿要继承妈妈的遗产却要了他的命；直到临终，他舍不得的不是女儿，而是金钱。

　　在《纽沁根银行》中，巴尔扎克描写了一个金融资产者的典型纽沁根。在19世纪初，纽沁根开始染指证券市场时还是个默默无闻的人，到拿破仑垮台后，他的纽沁根银行已在金融界居于首屈一指的地位，他本人已蜚声巴黎。纽沁根诡计多端且胆识过人，不但洞察经济行情，而且关注政治动向，在你死我活的角逐中胸有成竹。他还用卑鄙手法制造假象，散布谣言，在股市的涨落中投机取巧，牟取暴利。纽沁根的身上已没有了早期资产者的守财奴特性，他过的是穷奢极欲、挥霍无度的豪华生活。他拿漂亮的老婆做广告，以招徕顾客；花巨资造公馆；用几百万来豢养情妇。什么挣钱他就干什么，房地产获利大，他就置房地产；开矿赚钱多，他就设矿局。巴尔扎克说，他手里的每一枚铜板都沾满了千家万户的血。

巴尔扎克另一个主题是"金钱"。打开《人间喜剧》，一幕幕围绕着金钱的惊心动魄的场面展现在我们眼前。为了金钱，《红色旅馆》里的泰伊番竟杀害两个无辜的生命，取得了最初的资本，后来竟成了人人尊敬的银行家；为了金钱，《高利贷者》中的母亲烧毁了丈夫的遗嘱，为的是剥夺儿女的继承权；因为没有现金，《邦斯舅舅》中的穷亲戚邦斯受到百般凌辱，而一旦知道他是个富有的收藏家时，周围的人个个如狼似虎，连偷带抢，甚至不惜谋财害命；为了独吞家产，《夏倍上校》中的妻子竟然不承认还活着的丈夫，而要把他送到监狱里去。

用文学作品来揭示金钱的罪恶，巴尔扎克并非第一人。但巴尔扎克的过人之处在于，他充分利用了时代给他提供的丰富素材，加之他的艺术家的勇气与才能，从而取得了前人没有取得的成就。

《人间喜剧》是一项庞大的工程，它包括长篇、中篇、短篇小说，出现了两千四百多个人物，触及社会各阶层，被称为"社会百科全书"，为世界文学史所罕见。恩格斯认为《人间喜剧》是一部伟大的作品，称赞作者"提供了一部法国'社会'特别是巴黎'上流社会'的卓越的现实主义历史"。

1850年8月17日夜里10点半，巴尔扎克与世长辞，享年51岁。墓地选在巴尔扎克喜欢的拉雪兹神甫公墓。一代旷世奇才陨落了，他的灵魂可能正在天堂继续完成他的未竟之业吧！

△ 巴尔扎克墓

（李辉）

★ 雨 果

——一个被称为"法兰西的莎士比亚"的人

他喜爱学习，嗜好读书，经常捧起一本书几个小时舍不得放下。他对文学尤为感兴趣，十二三岁时，就尝试着写诗。他曾立下壮志，要成为夏多布里昂①。就是靠着这种志向和坚强的毅力，他得到了成功。他从14岁开始写诗，直到83岁逝世，从未间断过写作。他一生所写各类作品达79部之多。无论在诗歌、小说、戏剧、评论等方面，均有卓越的成就。作为浪漫主义文学的泰斗，他称雄于整个19世纪。在巴尔扎克看来："他的名字是一面旗帜，他的作品是一种学说的表现，而他本人又是一位至尊。"他就是法国伟大的诗人、小说家、剧作家和文艺评论家雨果。

初露锋芒

维克多·雨果（Victor Hugo，1802～1885）出生于法国东部贝藏松的一座古老的住宅里，父亲是拿破仑手下的将军，母亲信奉旧教，拥护王室。军

---

① 夏多布里昂（Francois-Rene de Chateaubriand，1768～1848），法国作家。1802年，他发表的《基督教真谛》，大获成功，并受到拿破仑赏识。1814年发表《论波拿巴和波旁王室》，受到波旁王朝的重用，出任驻柏林、伦敦大使和外交部长，直至1830年七月革命后才结束政治生涯，自此闭门写作。最后完成6卷巨著《墓畔回忆录》。

雨 果
—— 一个被称为"法兰西的莎士比亚"的人

队的生活飘忽不定，母亲带着孩子们随军不断迁徙。他们先去科西嘉，再转往波托·费拉约和巴斯蒂亚。雨果两岁那年，母亲带着他和两个哥哥，迁居巴黎。其后几年间，他们一直在巴黎和父亲的营房驻地间穿梭往来。雨果随母亲到过意大利的热那亚和罗马，也去过西班牙的马德里。那奇妙的异地风光在他幼小的心灵中留下了深刻的印象。

1812年初，父母分居，雨果和母亲在巴黎一条僻静街道的一幢旧楼里定居下来。楼房周围是一片灌木丛，那里活跃着无数的小生命，也为童

△ 雨果雕像

年雨果带来了无穷的乐趣。不过，小雨果最感兴趣的还是读书。母亲经常带他到附近图书馆，任他选择自己的读物。几年下来，雨果几乎博览了那家图书馆里的全部藏书。莫里哀、卢梭、伏尔泰、狄德罗、司各特等人的著作，戏剧、小说、诗歌、游记、哲学、法律和历史等书籍，他无所不读。广泛的阅读，使雨果迅速增长了知识，而文学的种子也在雨果的心中深深地扎下了根。雨果在十二三岁时，就试写了成千上万行诗，还写了一部喜歌剧、一部散文剧、一部史诗和一部五幕诗体悲剧的剧情梗概。

1817年，法兰西学院有奖征文，雨果作了一首《读书乐》应征，获得了法兰西学院的奖赏，国王路易十八发给他每年1000法郎的助学金。1819年，他参加了法国南部图卢兹文学院的诗歌竞赛，两次获奖。其中在拟题诗歌《亨利四世雕像重塑颂》有奖征文赛中，他获得了该征文的一等奖——金质百合花奖。在他战胜的无数对手中，包括比他年长10岁、当时已经成名的诗人拉马丁[1]。

---

[1] 拉马丁（Alphonse de Lamartine，1790~1869），法国19世纪第一位浪漫派诗人，也是浪漫主义文学的前驱和巨擘。他的诗，特别是他的代表作《沉思集》，多是感情的自然流露，给人以轻灵、飘逸的感觉；语言朴素，一扫三百多年来笼罩在法国文坛上的理性至上、压抑自我的沉闷空气，对19世纪初的法国文坛起了振聋发聩的作用，催生了雨果、乔治·桑、维尼等一代浪漫派大师。

155

这时雨果的创作，自然还停留在模仿阶段，但他却显示出对诗歌音乐性、诗节灵活性的本能追求。其中相当一部分诗作，表现了作者对君主制度的拥戴和对天主教会的狂热，如《旺岱》《贝里公爵之死》《颂查理十世加冕大典》等诗。此外，母爱、友情也成为他早期作品中常见的题材。

外界的奖励恰如润滑剂，推动着年轻的文学家在诗歌道路上前进。没有这些早期的成功，就不会造就出未来的伟大文学家。他在自己的日记中抒发豪情壮志："我要成为夏多布里昂，否则就一事无成。"

"我要成为夏多布里昂"

19世纪20年代中期，在自由主义思潮的影响下，雨果的创作逐渐从古典主义转向浪漫主义。与此同时，他在法国文坛初露锋芒。他不但不停地写诗，而且对诗歌有明确的见解。1821年12月28日，雨果在写给未婚妻的信中谈到他对诗歌的认识："……仅仅诗句不是诗。诗存在于思想中，思想来自心灵。诗句无非是美丽的身体上的漂亮外衣。诗可以用散文表达，不过在诗句的庄严曼妙的外表之下，诗更显得完美。"

1827年，雨果发表了著名的战斗宣言《〈克伦威尔〉序》，文中猛烈抨击了古典主义的清规戒律，强调自然中的一切都能成为艺术题材。他主张新剧本要用人民群众中存在的朴素、丰富的语言，要求把活的说白引进剧本。在创作原则上，雨果提出美与丑、崇高优美与滑稽丑怪相对照的方法，他认为丑就在美的旁边，恶与善并存，黑暗与光明相共。他反对古典主义单纯追求高贵和典雅的艺术原则，强调作家的想象和夸张在创作中的作用。《〈克伦威尔〉序》的发表，在当时法国的文艺界引起强烈的反响，对进步的浪漫主义文学运动有着重要的贡献，也使雨果成为浪漫主义文学运动的领袖。

本着这种浪漫主义的艺术观，在二三十年代，许多绚丽多彩的诗歌、戏剧、小说从雨果笔下涌流而出。"七月革命"前夕，正值古典主义戏剧顽固地霸占剧坛的最后时刻，雨果的浪漫主义剧本《爱尔那尼》上演了，成为轰动文坛的大事。围绕《爱尔那尼》的演出，古典主义者同浪漫主义者之间进行了激烈的斗争。《爱尔那尼》以一百场演出，场场爆满而取得决战的最后胜利。

1830年7月26日，巴黎发生了"七月革命"。查理十世妄图恢复革命前封建君主专制，遭到法国人民的激烈反对。从7月27日到7月29日，巴黎的大学生、工人等喊着"自由万岁"的口号，攻占王宫，查理十世被迫退位，由此结束了旧贵族在法国的统治。雨果热情地赞美七月革命，讴歌"年轻的法兰西"。

1831年，雨果出版了浪漫主义杰作，反封建、反教会的长篇历史小说《巴黎圣母院》。小说以它奇异的故事情节、性格夸张的人物形象及活泼的语言，震撼了法国乃至世界文坛。

在路易·菲利普的统治下，社会矛盾愈益加深，几次工人起义的失败，使雨果一度认为"七月王朝"的统治是不可避免的，转而与它妥协，希图寻找资产阶级民主政体与君主政体相结合的政治制度。1841年，雨果被选为法兰西学士院院士，在演说中表示拥护君主立宪政体。路易·菲利普授予雨果伯爵称号，并被选为上议院议员。这时的雨果，虽然过着豪华的显贵生活，内心却充满矛盾。

1848年，法国爆发了"二月革命"。路易·菲利普被推翻，革命者宣布成立共和国。从此，雨果转到共和制立场上来，并被选为立宪会议成员，参加共和国的立法工作。1851年12月2日晚，路易·波拿巴发动政变，解散国民议会和参议院，宣布法兰西共和国为帝国，号称拿破仑三世。国民议会中的左派议员决定拿起武器，以鲜血和生命捍卫革命成果。人们在街头筑起堡垒，准备与共和国的敌人决一死战。雨果坚定地站在共和一边，他冒着枪林弹雨，奔走于各街垒之间，鼓舞起义者的战斗士气。拿破仑三世大为恼火，下令悬赏通缉雨果。雨果只得化装逃出巴黎，开始了长达19年的流亡生活。

流亡生涯

雨果流亡的第一站是比利时的布鲁塞尔。他到达的第二天，立即动笔撰写《一件罪行的始末》，他要以自己的亲身见闻，揭露波拿巴发动政变的罪行。1852年1月9日，波拿巴正式签署法令，宣布将雨果驱逐出境。愤怒的作家也立即写了一本小册子——《小波拿巴》予以回敬。

不久，雨果从布鲁塞尔迁到离法国不远的英属小岛泽西岛，这是雨果流亡的第二站。在泽西岛，雨果出版了政治讽刺诗《惩罚集》，号召人民拿起草叉、锤子、石子进行斗争。

1855年10月27日，泽西岛当局正式向雨果下达了逐客令。雨果被迫迁往格恩济岛。这是一个古老的流放地，比泽西岛更小、更陡峭。雨果全家住在靠近悬崖顶端的一座三层木楼里。在这里，他走访当地渔民，同他们交谈，了解当地的风俗民情和岛上的历史，更多的时间则是埋头写作。他有太多的事情要做：修改诗集，写作小说，与各国革命者通信，一如既往地对各国的暴政加以谴责……

到1859年，拿破仑第三在国内已站稳脚跟。他故作姿态，颁发了包括雨果在内的流亡者特赦令。许多人都归国了。雨果非常想念祖国，想念留在祖国的老朋友们。但他不能回去。此时回国就意味着与帝国的妥协。"哪怕留下一个人，我就是这最后的一个！"雨果坚定地说："我把自由的放逐坚持到底；自由回去的时候，我才回去。"

在流放生活中，雨果的社会政治活动远超出国界，他是世界上一切被压迫、被奴役人民的朋友。1860年，英法联军侵入中国，强占北京，抢劫财宝。雨果坚决反对这种强盗行为。1862年，法国军队侵入墨西哥，雨果写信给墨西哥人民："不是法兰西同你们作战，是帝国……勇敢的墨西哥人，抵抗罢！我是和你们在一起的。"1863年，雨果发表宣言，支持波兰人民反对沙皇俄国的起义……

在流放中，雨果的创作获得了思想和艺术方面的更高成就。他不仅创作了《悲惨世界》《海上劳工》《笑面人》等优秀小说，还写了文艺专著。

晚年时期

1870年9月4日，法国在普法战争中失败，波拿巴被俘，拿破仑第三帝国覆灭。雨果也结束了长期的流放生活回到祖国，受到巴黎人民热烈的欢迎。当普鲁士军队长驱直入，包围巴黎的严峻时刻，雨果到处发表演讲，号召法国人民起来抗击侵略者，保卫祖国。他还用自己的著作和朗诵诗歌得来的报酬为人民军队买了两门大炮，表现了极其崇高的爱国精神。

临时政府和敌人私订和约，这一叛卖行径激怒了工人群众。巴黎爆发了推翻临时政府的起义，起义被反革命武装所挫败，雨果痛心疾首。1871年2月，资产阶级在人民革命的威胁下，加紧卖国投降活动，以反动的政客梯也尔为首的政府同普鲁士签订了卖国的屈辱条约。整个法兰西沸腾起来了，人民在怒吼。雨果在国民议会发表慷慨激昂的演说，强烈抗议梯也尔政府把

△ 雨果的工作室

法国的阿尔萨斯省和洛林的一部分割给德国。雨果的抗议引来反动派的捣乱和侮辱，雨果愤而辞职，宣布退出国民议会。

1871年3月18日，巴黎的革命群众举行了具有划时代意义的巴黎公社起义。雨果对巴黎公社起义是同情的。他认为巴黎公社的革命措施，将作为新社会成功的步伐，成为全法国和全欧洲所效法的榜样。不过他认为起义的时机选在国难当头不合适。当巴黎公社起义失败，公社社员遭到血腥屠杀时，雨果竭尽全力予以保护。他痛悼牺牲的死难社员，同情流放异国的起义战士。雨果成为上议院代表后，始终坚持赦免公社社员的正义立场。

雨果晚年仍笔耕不辍，先后完成诗集《做祖父的艺术》《历史传说》《精神的四种风尚》，政论文集《教皇》《至高的怜悯》和戏剧《多尔格玛达》等。

1885年5月22日，雨果病逝于巴黎。约两百万巴黎人民走上街头，参加伟大诗人盛况空前的国葬，浩浩荡荡的人群唱着《马赛曲》行进。雨果的遗体被安葬在法国伟人的墓地先贤祠。

永世辉煌

雨果从14岁开始写诗，直到83岁逝世，从未间断过写作。他一生写了各类作品达79部之多。无论在诗歌、小说、戏剧、评论等方面，均成就卓越。

有志者事竟成

《雨果文集》

巴尔扎克曾满怀激情地说："他的名字是一面旗帜，他的作品是一种学说的表现，而他本人又是一位至尊。"

作为诗人，雨果一生共写有26部诗集。他的诗与19世纪法国的社会现实联系在一起，他关心祖国的命运，向往自由解放事业；他对专制暴政充满憎恨；资产阶级民主主义是他创作的基调。如《惩罚集》充满革命的气势，具有巨大的战斗力和艺术感染力；《东方吟》表达了雨果对19世纪20年代希腊人民争取独立斗争的同情；《赞美诗》歌颂为革命英勇牺牲的战士；《秋叶集》中的诗有的表达诗人对贫苦受难者的同情，有的强调诗歌的战斗任务。1835年至1840年，雨果发表了诗集《黄昏之歌》《心声集》和《光与影》，其中有时事政治诗，有家庭生活诗，有爱情诗、哲理诗和杂感诗，但描写贫苦人家的悲惨生活，歌咏人类记忆的伟大意义和肯定诗人的崇高使命等主题占主要地位。

除社会政治的主题外，雨果还写了不少抒情诗。发表于1856年的《静观集》，概括了作者从1830年至1855年这25年间的思想感情，在这些诗集里，既有描写民生疾苦的社会诗，又有歌咏柔情的恋情诗；有探索宇宙人生的哲理诗，有记述童年往事的家庭诗，也有士女云集、春意盎然的华宴诗等。这些诗多意境高妙，脉络清晰，词汇丰富，诗韵优美，真可说是不露雕琢，已入化境。

作为小说家，雨果在长达四十余年的岁月里，共创作了20部小说。人道主义这条红线，贯穿于他小说创作的始终。气势雄

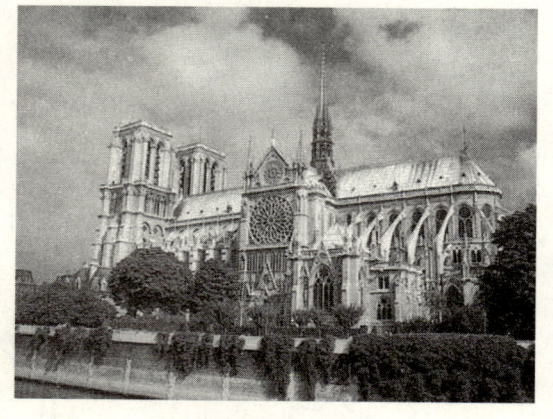

巴黎圣母院

雨 果
—— 一个被称为"法兰西的莎士比亚"的人

浑,富于浪漫主义激情,五光十色的画面,构成了雨果小说的主要风采。

在雨果的长篇小说中,《巴黎圣母院》《悲惨世界》和《九三年》是最著名的代表作。

发表于1831年的《巴黎圣母院》以15世纪巴黎圣母院为背景,中心情节是克罗德副主教迫害吉卜赛女郎爱斯梅拉达的故事。小说以紧张奇异的故事情节,鲜明突出的人物形象和优美生动的语言而成为浪漫主义小说的典范之作。在小说里,广泛地运用了对照手法,把封建王国和乞丐王国、教会的伪善和人民的善良、高贵与卑贱、美与丑、外形与内心等,都一一予以对照。通过这种种对照,造成了强烈的艺术效果。

如果说《巴黎圣母院》是一部浪漫主义名著,那《悲惨世界》就是一部现实主义杰作。它是雨果创作的高峰,是最成功的一部代表作。全书由中心人物冉·阿让的经历贯穿始终,并穿插了滑铁卢战役和1832年共和党人起义等历史事件。

小说揭示了劳动人民的悲惨命运。冉·阿让为饥寒所迫,仅偷了一小块面包,却在铁窗里苦度了19个寒暑;芳汀只因有了一个私生女,就被剥夺了工作和生活的权利;珂赛特这个私生女,在饭店老板的淫威下过着屈辱的生活。小说无异是对社会的一份控诉书:它控诉了资本主义社会保护有产阶级的利益及其与人民为敌的本质。"窃钩者诛,窃国者侯",这种颠倒的世界在这里得到充分的暴露。

发表于1874年的《九三年》是雨果长篇小说的"压轴"之作,也是作者人道主义思想表现得最完整的一部作品。小说描写1793年法兰西共和国军队镇压旺代地区反革命叛乱的事迹。共和国军司令官郭文私自放了叛乱头子朗特纳克侯爵,后者在逃跑时为了从火中救出三个小孩而被捕。郭文这一行为,违反了革命的利益,军事法庭判处他死刑。但是判决和执行的政务

△ 雨果为孩子们举办宴会

委员薛木尔登，由于思想发生矛盾，就在郭文被处决的同一瞬间开枪自杀。作者在这里宣扬了"在绝对正确的革命之上，有一个绝对的人道主义"的思想。

　　作为剧作家，雨果一生共创作了12部戏剧。这些戏剧在内容上，大多以德才兼备的普通人来对照腐朽的王公贵族，反封建的民主色调非常鲜明。在艺术上，情节紧张奇特，想象丰富。在这些剧作中，成就最高，影响最大的，无疑是1830年创作的《爱尔那尼》。

　　该剧叙述了一个16世纪西班牙一贵族出身的强盗为父复仇而与国王抗争，并穿插爱情悲剧的故事。《爱尔那尼》是浪漫主义戏剧的典型。古典主义的戏剧遵从"三一律"，而这个剧本在艺术手法上完全打破了"三一律"：时间远不止24小时，地点换了好几处；它把悲喜剧的因素糅合在一起，情节错综复杂，回旋跌宕，出人意料。剧本使用了强烈对照的手法：国王与强盗对照，坟墓与婚礼对照。通过对照使作品有声有色，增强美的感受。

　　雨果是热情的民主主义战士，真诚的爱国主义者和人道主义者。他是被压迫人民的朋友，是专制主义的仇敌。他的作品，反映了半个多世纪法兰西民族生活的进程。特别是他那别人无法企及的力量、气势和风度，令人崇敬。他的人格、风采、胸怀、情愫，吸引着一代又一代的人。他为全世界的人民留下了极其丰富、宝贵的文学遗产。

（李辉）

果戈理

—— 一个奠定俄罗斯现实主义文学基础的人

1852年3月7日早晨，几个人抬着灵柩，踏着头一天夜里下的厚厚的雪，一直走到达尼洛夫修道院，将灵柩放入已掘好的墓穴。送葬的有农民，有贵族，有将军，也有商人、仆役、大学生，还有作家、普通百姓和外地来的人。成千上万哀伤的人像一条黑色的河流在白雪上流动着……这样的葬礼，在莫斯科这个古老的首都还从未有过。这个刚刚逝去的人就是尼古拉·瓦西里耶维奇·果戈理。

幻想少年

1809年4月1日，果戈理（Николай Гоголъ，1809～1852）生于乌克兰波尔塔瓦省米尔戈罗德县大索罗庆采村一个地主家庭。父亲华西里·亚芳纳西耶维奇·果戈理，受过正统中学教育，服过军役，后来又供职政界。他博学多才，爱好戏剧和文学，是一个在邻近小有名气的喜剧作家。母亲玛丽亚·伊凡诺夫娜出身官吏兼贵族家庭。她受宗教影响很深，经常给果戈理讲地狱的恐怖和因果报应的故事，这给果戈理幼小的心灵带来了恐惧的潜意识。祖母是一个很会讲故事的人。每到那寂寞而漫长的冬夜，她就给果戈理讲一些古代英雄动人的事迹，还经常唱一些古老的歌曲给果戈理听。

有志者事竟成

离果戈理家不远有一个富家亲戚,他家有一个巨大的藏书室,还有画廊和各式各样的艺术珍品。果戈理经常一个人躲进他们的藏书室,专心致志地阅读大量的稀奇古怪的故事书,浏览、鉴赏画廊与珍品。他也被亲戚家的私人乐队和戏剧演出所吸引。在这种环境下,果戈理从小就喜爱乌克兰的民谣、传说和民间戏剧。

果戈理还养成了细致入微观察生活的习惯。家乡的风土人情、生活习俗往往给他一种美好的感受;而那些荒诞离奇的故事传说,却给他那幼小的心灵抹上了一层神秘的色彩,使他的思想随之进入一个瑰丽、烂漫的幻想世界。

△ 意大利罗马的果戈理雕塑

1818年8月,果戈理进了当地的县立小学。第二年,他的弟弟病死了,果戈理患了一场大病。这对果戈理忧郁、孤僻性格的形成产生了重大影响。病愈后,他回家自修。1821年,在亲戚的帮助下,他进了涅仁高级科学中学。学校里同学们自己组织戏剧团,果戈理在戏剧团里当编剧、导演、演员和舞台美术设计师,显露出了超凡的艺术才能。

学习期间,果戈理受到十二月党人和普希金的诗篇以及法国启蒙学者著作的影响,这对他的民主、自由思想的形成起了积极作用。他想写诗,同时又醉心于戏剧,是一个很出色的喜剧演员,有着"伟大的演剧才能"。因此,他的同学们对他寄予很大的希望。

然而,果戈理自己却另有想法。当时他觉得他应该有一个重要而高尚的、于祖国有利、能给人民带来幸福的工作,但这个工作不是文学,也不是演戏,而是进入司法界做社会最公平的裁判者,施惠于人民大众,给人民减轻和消除痛苦。1828年底,毕业后的果戈理抱着这种想法来到圣彼得堡。

果戈理
—— 一个奠定俄罗斯现实主义文学基础的人

初露锋芒

果戈理到圣彼得堡后，四处碰壁。失业造成的贫困，给他以严重威胁；社会风尚的腐败，使他感到失望和压抑。他的幻想破灭了。也就在这一年，果戈理突然意识到，应该从事文学创作活动。然而初战并不顺利，次年发表的长诗《汉斯·古谢加顿》受到社会的批评，果戈理从书店买回全部存书并把它烧毁。

之后直到1831年3月，果戈理先后在圣彼得堡国有财产及公共房产局和封地局供职。在这些岁月里，果戈理深切地体验到官场的腐化堕落、小公务员所遭受的贫困与歧视。这段生活，对他后来的创作有着深刻的影响。

1831年夏，经人介绍，果戈理开始在一所专为"名门淑女"设立的中学讲授历史，并有幸认识了普希金。从此，他与普希金结成了莫逆之交。普希金对这位青年作家非常关心，鼓励他大胆地进行创作。果戈理受到鼓舞，于同年9月和次年3月先后发表了《狄康卡近乡夜话》第一集和第二集。这两本书的出

◎ 果戈理诞辰200周年纪念邮票

版，被普希金誉为俄国文学中"极不平凡的现象"。两部小说集将乌克兰的民间故事、童话、歌谣中的情节同乌克兰现实生活的描写交融在一起，以幽默的笔调嘲笑乡镇的统治阶层和黑暗势力，歌颂农民、工匠、哥萨克的勇敢机智，展现了富有诗意的乌克兰民族生活。

1834年秋开始，果戈理在圣彼得堡大学任世界史副教授，对乌克兰史和世界中世纪史进行研究。开头几次，他教得十分起劲，学生们被他那新颖的观点、广阔的范围以及富有诗意美的语言深深地吸引住了。但是他的历史观与大学当局的见解不合，很快使他失去了对工作的信心与兴趣。次年底，果戈理离职，从此专事创作。同年发表的中篇小说集《米尔戈罗德》和《小品集》表明果戈理批判现实主义创作方法已开始形成。这两个集子的出版，给

果戈理带来了很大的荣誉，受到了别林斯基[1]的热情赞扬。

《米尔戈罗德》包括4篇小说。《旧式地主》讽刺一对地主夫妇百无聊赖的寄生生活，揭示他们灵魂空虚，展现出宗法制地主庄园日益荒废的真实图画。《伊凡·伊凡诺维奇和伊凡·尼基福罗维奇吵架的故事》以夸张的手法，辛辣地嘲讽了两个贵族绅士。他们原是莫逆之交，后因小事结仇，长年涉讼，直到双双死亡。这两篇小说已显示出果戈理独特的讽刺艺术。《塔拉斯·布尔巴》以史诗的风格展现了17世纪乌克兰人民反对波兰王国统治阶级的英勇斗争。根据民间传说写成的《地鬼》，描写一个神学校学生因被迫为一个女妖念经而身亡的故事，带有神秘主义、宿命论的色彩。

《小品集》以描写圣彼得堡生活为主。《涅瓦大街》揭露圣彼得堡贵族官僚社会的庸俗与空虚。《肖像》描写一个有才能的年轻画家因追求上流社会生活而毁了艺术才能，对金钱和权势主宰一切的圣彼得堡社会进行了批判。《狂人日记》对于被剥夺了一切的"小人物"、小官吏的悲惨命运表达深厚的人道主义同情，向巧取豪夺的"大人物"发出抗议。这3篇小说同后来发表的《鼻子》（1836年）、《外套》（1842年）一起合成一组"圣彼得堡故事"。

《小品集》还包括《论小俄罗斯歌谣》《雕塑、绘画和音乐》等一组评论文章。作者在其中探讨了艺术与社会、生活之间的关系，提出"真正的民族性不在于描写农妇的长坎肩，而在于描写人民的精神本身"，"对象愈是平凡，诗人就应站得更高"等著名论点。

《米尔戈罗德》和《小品集》出版后，别林斯基写了《论俄国中篇小说和果戈理君的中篇小说》（1835年）一文，论述果戈理创作中的现实主义典型塑造和"含泪的笑"，阐明了他的小说对俄国文学发展的重要意义。

走向辉煌

果戈理在圣彼得堡已小有名气，但他的生活仍然困苦不堪，他不得不向

---

[1]别林斯基（1811～1848），俄国革命民主主义者、哲学家、文学评论家。别林斯基的贡献是多方面的。他不仅通过他的著作宣传革命民主主义的政治纲领，而且第一个系统地总结了俄国文学发展的历史，科学地阐述了艺术创作的规律，提出了一系列重要的文学和美学见解，成为俄国文学批评与文学理论的奠基人。1848年6月，因病去世，年仅37岁。

果戈理
—— 一个奠定俄罗斯现实主义文学基础的人

好友普希金借钱过活。当时，《祖国纪事》的发行人斯维恩英是个吹牛撒谎的家伙。有一次，他冒充圣彼得堡的要人去比萨拉比亚，那里的老百姓纷纷向他呈递状纸，控告当地县长。普希金得知后，便把这个题材告诉了果戈理，并建议他将这件奇闻进行虚构。果戈理正是在这个离奇趣闻的基础上，花了两个月时间，顺利地完成了讽刺喜剧《钦差大臣》的初稿。后来，作者对它进行了反复修改。1836年4月，《钦差大臣》首次在圣彼得堡亚历山德拉剧院公演，获得了惊人的成功。这大大提高了果戈理的名望，也使他感到做一个喜剧作家的伟大意义和真正乐趣。

《钦差大臣》写的是在俄国某偏僻城市，以市长为首的一群官吏听到钦差大臣前来视察的消息后，惊慌失措，竟将一个过路的彼得堡小官员赫列斯达科夫当做钦差大臣，对他大加阿谀、行贿。正当市长欲将自己的女儿许配给这位"钦差"、做着升官发

◎《果戈理全集》

财的美梦时，传来了真正钦差大臣到达的消息，喜剧以哑场告终。果戈理以卓越的现实主义艺术手法，刻画了老奸巨猾的市长、玩忽职守的法官、不顾病人死活的慈善医院院长、愚昧的督学、偷拆信件的邮政局长——所有这些形象都异常真实地反映出俄国官僚阶层贪赃枉法、谄媚钻营、卑鄙庸俗的本质特征。《钦差大臣》是整个俄国官僚界的缩影。赫尔岑[①]称赞它是迄今为止"最完备的俄国官吏病理解剖学教程"。它对俄国戏剧的发展产生了重要影响。

《钦差大臣》上演后，遭到以尼古拉一世为首的俄国官僚贵族社会的攻击和诽谤，果戈理深感痛心。1836年6月，他离开俄国到了德国和瑞士，写作

---

①赫尔岑（1812~1870），俄国革命活动家、作家。自幼深受十二月党人的影响。1829年进莫斯科大学学习，与奥加辽夫组织政治小组，研究和宣传社会政治问题。1834年、1841年两次被捕入狱，先后被流放长达8年。1842年回到莫斯科，随即开始从事政治活动，撰写了大量哲学论著和文学作品，很快成为俄国进步思想界的领袖人物之一。1847年携全家离开俄国，长期侨居西欧。在国外创办了影响很大的《北极星》丛刊和《钟声》报，坚决站在革命民主派一边。1870年1月21日，病逝于巴黎。

前一年开始的长篇小说《死魂灵》。1837年3月迁居罗马。在启程前获悉普希金惨遭杀害，他极为震惊。他怀着悲痛的心情，倾注自己的全部心血，将《死魂灵》的写作当做执行普希金的"神圣遗嘱"。1842年5月，《死魂灵》第一部问世，继《钦差大臣》之后，再一次"震撼了整个俄罗斯"（赫尔岑语）。

《死魂灵》刻画了主人公乞乞科夫这个19世纪三四十年代俄国社会中从小贵族地主向新兴资产者过渡的典型形象。他在官场中混迹多年，磨炼了投机钻营、招摇撞骗的本领。当时俄国每10年进行一次人口登记，而在两次登记之间死去的人在法律上仍被当做活人，有的地主曾经拿他们做抵押品向国家银行借款。乞乞科夫决计到偏僻的省份，收购"死魂灵"来牟取暴利。随着小说情节的发展，展现出一个又一个地主形象，如懒散的梦想家玛尼罗夫，愚昧、贪财的柯罗博奇卡，喜爱撒谎打架的酒鬼、赌棍诺兹德列夫，粗鲁、顽固的索巴克维奇以及爱财如命的吝啬鬼普柳什金等。果戈理以辛辣的讽刺手法，对这些人物的生活环境、外表、嗜好、言谈、心理等进行了极为出色的描绘，使他们成为俄国批判现实主义文学中不朽的艺术典型。

《死魂灵》第一部发表后，果戈理在继续写作第二部的同时，发表了中篇小说《外套》（1842年）和喜剧《婚事》（1842年）等作品。

巨星陨落

《死魂灵》第一部是1840年在意大利完成的。第二年，果戈理把手稿带回俄国，准备正式出版，因受种种阻挠，拖至1842年5月才正式问世。从此，果戈理作为伟大的暴露者和现实主义作家，挺立于俄罗斯文坛。1842年6月，果戈理为了治病，再度出国，长达6年之久。他经常往来于法国、德国和意大利之间，过着漂泊流荡的生活。由于他长期侨居国外，脱离国内的先进人士，再加上他原来就深受封建宗教的影响，因此，他的思想发生了激烈的变化，由批判封建农奴制转为歌颂它、保卫它，并热衷于从神秘主义和禁欲主义中去寻找出路。

果戈理在《死魂灵》第二部中虽然继续对专制农奴制社会作了一些批

果戈理
—— 一个奠定俄罗斯现实主义文学基础的人

判，却塑造了一些理想的、品德高尚的官僚、地主以及虔诚的包税商人形象。继续游历地主庄园的乞乞科夫，在他们的道德感召下，灵魂更新，改恶从善。作为一个现实主义艺术家，果戈理感到这些正面形象苍白无力，在1845年将手稿烧毁。1847年发表《与友人书简选》，宣扬君主制度、超阶级的博爱和宗教神秘主义，为专制农奴制的俄国辩护。同年，别林斯基写了《给果戈理的一封信》，对他的思想加以愤怒的驳斥和毁灭性的批评。为了替自己申辩，果戈理写了《作者自白》，但与此同时他也承认了自己的失败，认为他的职责应当是用生动的艺术形象来反映现实生活，而不应当是凭空说教，并决心回到现实主义艺术创作上来。

1848年春天，果戈理在朝拜耶路撒冷之后回国，定居莫斯科。他又开始慢慢地写作《死魂灵》第二部。他虽不停地写，但进展却很缓慢。由于主观思想与实际写出来的东西无法统一起来，反复修改也没有效果。他感到自己的创作力枯竭了。在他的新作中，乞乞科夫、泼留希金们变成了高尚的人物。他自己深深地感觉到，他的作品并非来自生活，而是主观臆想的结果。因此，他的内心矛盾日益加剧，时时受到艺术家良心的谴责，精神处于极度不安的状态之中，身体健

▲ 果戈理墓

康状况也日益恶化。1851年夏天，果戈理旧病复发，精神显著地衰弱下去，他预感到死神的来临。于是，果戈理终于在1852年2月11日夜里将第二部残稿烧掉。10天后，他便在极度忧伤和病痛中与世长辞。

果戈理已魂归西天，但他却把他的"珍品"留在了人间。他那大胆和辛辣的笔触，暴露了农奴制社会的一切腐朽现象，指出了这种制度的不合理性，在他之前，还没有一个俄国作家能将官僚集团和农奴制度的弊病揭露得

169

如此淋漓尽致。他那正义的"笑"声震撼着19世纪30年代至40年代俄国的天空，如呐喊呼唤着整个俄罗斯民族。他那杰出的讽刺艺术不仅为俄国文学的发展开辟了一条独特的道路，而且为整个世界文学的发展作出了卓越的贡献。1856年，车尔尼雪夫斯基在《俄国文学果戈理时期概观》中称他为"俄国散文之父"。屠格涅夫、冈察洛夫、谢德林、陀思妥耶夫斯基等杰出作家都受到过他创作的影响。

（李辉）

屠格涅夫

——一个善于用小说把握时代脉搏的人

他的创作跨越了19世纪30年代到70年代这一漫长的岁月,他以小说、散文和戏剧等各种文学形式,真实而艺术地再现了他所生活的那个时代,因而他的作品被人们称为"艺术编年史"。他就是伊凡·谢尔盖耶维奇·屠格涅夫。

反叛少年

1818年11月9日,伊凡·谢尔盖耶维奇·屠格涅夫(Иван Сергеевич Тургенев,1818~1883)生于俄国奥廖尔省一个贵族家庭。父亲是退职军官,母亲是个拥有5000个农奴的地主。母亲性情暴戾,仆役们只要稍不遂她的意,就要遭到严惩。所以,小屠格涅夫尽管物质生活优越,却并没有给他带来多少幸福的回忆,相反,农奴主与奴隶之间巨大的生活反差,深深地刺激了他童年的记忆。

屠格涅夫七八岁时,与比他大两岁的哥哥一起跟着家庭教师学习。课后,他俩特别喜欢做游戏,但常常遭到母亲的野蛮干涉,有时还要无故遭到责打。

一次,著名的寓言作家德米特里耶夫到屠格涅夫家作客。母亲叫他朗诵德米特里耶夫写的一个寓言。小屠格涅夫朗诵后,大胆地说:"您的寓言很好，但克雷洛夫①的寓言更好。"母亲十分尴尬。客人走后，就把他痛打了一顿。

小屠格涅夫终于找到了自己的乐趣：他和老仆人费陀尔交上了朋友。他们躲进花园里几个隐秘的地方，倾听各种小鸟的歌声，观赏着迷人的花草。老仆人记得许多古代优美的诗歌，他经常朗诵给屠格涅夫听。小屠格涅夫被这些诗句迷住了。老仆人为他日后踏上文学道路播下了良种。

1827年，9岁的屠格涅夫随全家迁居莫斯科，在私立寄宿学校读书。

11岁时，家里把屠格涅夫接回去准备大学的入学考试。15岁那年，他以出色的成绩考进了莫斯科大学语言文学系。他在莫斯科大学只学了一年，到1834年秋天，他就转入圣彼得堡大学哲学历史系。

▲ 屠格涅夫诞辰125周年纪念邮票

在大学，屠格涅夫喜欢同一些平民子弟接近，特别对大学生集会感兴趣。当时，在城郊的某个地方，经常有青年人围坐在一起争论。先进的学生还纷纷结成小组，讨论着俄国社会发生的问题和祖国的未来。在不知不觉中，屠格涅夫开阔了眼界，吸取了新的精神营养。

屠格涅夫每次假期回家，总爱带着狗出外打猎。这不仅使他充分享受到大自然的乐趣，也使他有更多机会了解人民的生活。对照农村的现实，"怎么生活？"——这个问题就愈来愈频繁地困扰着他。他逐渐认识到社会的症结，他由当初厌恶母亲的暴行，发展到仇视整个农奴制度。没有正义和真理的俄罗斯社会，使屠格涅夫感到窒息。他开始对农奴制产生厌恶，后来他立

---

①克雷洛夫（1769~1844），俄国著名寓言作家、诗人。克雷洛夫的寓言反映了现实生活，刻画了各种性格，表达了先进思想，深受当时人们的喜爱，成为十九世纪上半段读者最爱阅读的作品之一。克雷洛夫寓言在世界上也有广泛声誉，在作家生前就被译成十余种文字，而现在则已有五六十种，有的被收入教材，因此他的影响是深远的。

下"汉尼拔誓言"[1]，表示决不同农奴制妥协。

"找出自己的道路"

  "怎么生活？"这是屠格涅夫多年来一直思索的问题。上大学时，他同许多青年人一样，对未来的生活充满着幻想：他一会儿打算做教育家，做教授；一会儿又准备从事科学研究……他的历史、古代语言，特别是哲学，学得非常出色。1838年至1841年，屠格涅夫在柏林大学修习哲学、历史和希腊文、拉丁文。1842年，他在圣彼得堡大学获得哲学硕士学位。在母亲一再坚持下，屠格涅夫到政府去作了一次尝试。但很不成功，不久上级"劝告"他辞职。

  促使屠格涅夫坚定地走上文学创作道路的引路人，是俄国资产阶级民主革命先驱、著名文学批评家别林斯基。1842年他们相识，并结成至交。屠格涅夫受别林斯基熏陶，增强了反农奴制的勇气，促进了他现实主义文学观的形成。他在晚年回忆说："当时我有过许多打算，……不久我认识了别林斯基。……动手写诗，过后写散文，至于全部哲学，以及当教育家的计划和打算，就都被搁在一边了：我全心全意献身于俄罗斯文学。"

  几年内屠格涅夫写出了《地主》等小说，被别林斯基称赞为有才华的好作品。但这个时期，屠格涅夫的作品还没有摆脱模仿普希金、果戈理的痕迹，他常常怀疑自己的创作才能，一度想放弃文学工作。

  1847年初，屠格涅夫在去巴黎的前夕，在《现代人》杂志留下一篇《霍尔和卡里内奇》。编辑给它加上个副标题："猎人笔记之一。"这篇小说以热情而真实的笔调描写了在农奴制度压迫下农民的优美品德和超人才干。而在他之前，还没有人这样描写过农奴制度下的农民。

  屠格涅夫在国外收到了刊载他这个短篇的《现代人》杂志。不久，他又收到别林斯基的来信："您自己还没有了解，《霍尔和卡里内奇》到底是篇什么样的东西……根据《霍尔和卡里内奇》来看，您的写作前程无量……找

---

[1]汉尼拔·巴卡（Hannibal Barca）（公元前247年~约前183年），北非古国迦太基著名军事家和政治家。其生长的时代正逢古罗马共和国势力崛起。少时随父亲哈米尔卡·巴卡进军西班牙，并在父亲面前发下一生的誓言，要终身与罗马为敌，自小接受严格和艰苦的军事锻炼，在军事及外交活动上有卓越表现。现今仍为许多军事学家所研究之重要军事战略家之一。

出自己的道路，了解自己的地位——对一个人来说，这就是一切，这就是说他掌握了自己的未来。"

"找出自己的道路"，这是屠格涅夫长期探索的问题。现在别林斯基从他的步履中看到了这条路，并及时揭示给他。屠格涅夫相信别林斯基杰出的眼光，于是他又满怀信心地回到了文坛，并最终成为世界文坛大家。

"流放者的耳房"

1850年夏，屠格涅夫回到俄国。这年秋天，母亲去世。屠格涅夫履行了自己的誓言，立即解放家奴，让他们自由。他还根据一部分农民的意愿，把他们改为缴纳租税的佃农。他在家乡住了一段时间，期间常常打猎，仔细观察农民的生活，用从生活中获得的新资料，继续《猎人笔记》的创作。

1852年，《猎人笔记》经作者增订，分两卷在莫斯科出版。这是一部反对农奴制的现实主义作品，作者塑造了众多的农民形象。在尖锐的阶级斗争中，作者看到了农奴制的残酷和不合理性，对广大农民寄予深切的同情。由于屠格涅夫立足于现实生活，因而使作品显得真实而生动。这部作品，不仅是俄罗斯19世纪乡村生活的艺术编年史，也是屠格涅夫坚定地走上现实主义文学创作道路的基石。它以独特的艺术风格和深刻的思想内容，在俄国引起了强烈的反响。

1848年5月26日，作为良师益友的别林斯基逝世，屠格涅夫心痛欲裂。他没有辜负别林斯基的教导，从此与革命民主主义者的堡垒《现代人》更接近了。1851年，屠格涅夫毅然加入了《现代人》集团，同革命民主主义者们站在同一战壕，以笔做刀枪，向俄罗斯黑暗世界开火。

△ 屠格涅夫故居

1852年，因为《猎人笔记》的出版，沙皇政府逮捕了屠格涅夫。尼古拉一世命令先监禁他一个月，然后遣送回老家，交地方官看管。这年初夏，屠格涅夫被流放到故乡斯巴斯基。他住在一间叫做"流放者的耳房"的小屋里。这是画地为牢式的囚禁，不准他走出这个圈子。

从流放的最初几天开始，屠格涅夫就投入了工作。他一边努力研究俄国人民，一边写些短篇，为创作长篇小说作准备。

"流放者的耳房"是屠格涅夫创作史上的里程碑。他获得自由后，每出国一段时间，有了什么创作计划，总要回到这里来完成。他的《罗亭》《贵族之家》《前夜》等长篇小说都是在这里完成的。

1853年底，屠格涅夫结束流放生活回到圣彼得堡，受到朋友们的热烈欢迎。他的声誉与日俱增，但他并不满足于已取得的成就，而是以加倍的努力，来报答人民给予的荣誉。

屠格涅夫从1847年起为《现代人》杂志撰稿，到1860年共合作了13年。此后，在农奴制改革前夕，他渐渐同《现代人》中革命民主主义者车尔尼雪夫斯基[1]等人发生分歧。他出于自由主义和人道主义观点反对农奴制，并同情人民的苦难，但却拥护自上而下的改革，不赞成革命。

从1863年起，屠格涅夫同波里娜·维亚尔多一家住在一起。维亚尔多是法国著名歌唱家，1843年认识屠格涅夫，之后他们成为终生密友。1871年普法战争后，他同维亚尔多一家迁居巴黎。1882年初，屠格涅夫罹患脊椎癌，次年9月3日病逝。遵照他的遗嘱，他的遗体被运回祖国，安葬在圣彼得堡沃尔科夫公墓。成千上万的人怀着崇敬的心情，参加了这位俄罗斯伟大作家的葬礼。屠格涅夫的逝世，在整个欧洲引起了强烈的反响，许多作家纷纷写文章哀悼这位文化伟人。

"艺术编年史"

早在大学时代，屠格涅夫就以浪漫主义诗歌开始其创作生涯。1843年发表的叙事诗《巴拉莎》表现出现实主义倾向，并为别林斯基所赞许。

《猎人笔记》是屠格涅夫第一部成名作。它写于1847年至1852年间，内收22个短篇，相继刊登在《现代人》杂志上。1852年，短篇小说集《猎人笔

---

[1] 车尔尼雪夫斯基（1828~1889）俄国革命民主主义思想家、唯物主义哲学家、作家和文学批评家、人本主义的代表人物。

《猎人笔记》被多次翻译和出版

记》以单行本出版。

《猎人笔记》以"随笔"的形式，叙述了猎人（作者自己）在俄罗斯田原和山野行猎时所见所闻的一些生动故事。它的基本主题是反对农奴制。这一基本主题构成各个短篇的内在联系，它像一条彩线串联起一颗颗夺目的珍珠，使《猎人笔记》的各个短篇集成一部完整的艺术珍品。

作者以深厚的人道主义，表现俄国农民的民族特征、他们的精神品质和才华（《霍尔和卡里内奇》《歌手》《白净草原》等），描写他们在农奴制下贫困无权、备受侮辱和压榨的境况（《事务所》《莓泉》《活尸首》），揭露地主的假仁慈和凶残本性（《总管》《两地主》）等。

把握时代脉搏，敏锐地发现新的重大社会现象，是屠格涅夫的主要特点。他创作的极盛期是19世纪50年代至60年代初，这正是俄国解放运动从贵族时期过渡到平民知识分子时期的转折点，他的注意力主要集中在贵族知识分子和平民知识分子的生活和命运上。50年代初他写的一些中篇小说，如《多余人日记》（1850年）和《雅科夫·帕辛科夫》（1855年），曾勾勒过"多余的人"的形象，1856年发表的第一部长篇小说《罗亭》更为这类"多余的人"塑造了著名的典型。

《罗亭》塑造了一个贵族知识分子的形象。这个叫罗亭的青年，有着良好的文化素养，热情而富有理性，对历史和文化有着独到的见解。他是个善于思考的人，表达能力很强，语言很有魅力。但是，由于不了解现实，缺少实际经验，在生活和工作中，他几乎毫无建树。罗亭像许多幼稚的俄国知识青年一样，是这个社会新一代的"多余的人"。罗亭的精神是丰满的，尽管他身上有"缺陷"，但从他的身上，毕竟能感受到民主精神的力量。

1859年8月，屠格涅夫回到故乡斯巴斯基，一口气写成了长篇小说《前夜》。《前夜》塑造了革命者英沙罗夫和进步女性叶琳娜的形象。他们为祖国解放的崇高事业而坚定不移地投身到艰苦的实际运动中去。这与只会高尚的空谈而无实际行动的罗亭们形成鲜明的对照。这种实践精神，正是当时俄国社会所普遍缺乏的。在这个故事里，人物形象包含了更深的内蕴。民族解放的反抗意志，成了压倒一切的主旋律。

几年后，屠格涅夫创作的《父与子》（1862年），标志着作者批判现实主义精神的成熟。屠格涅夫终于在俄国的平民知识分子中找到了"新人"。小说中"子"与"父"的矛盾，实际上是平民知识分子同贵族之间的矛盾。子辈的代表、民主主义者巴扎罗夫坚强、沉着、自信，重视实际行动。他不仅否定艺术、诗歌，而且否定日常生活中"公认的法则"，也就是否定专制农奴制度的一切。他被称为虚无主义者，屠格涅夫说这就意味着是"革命者"。但是，这位富有魅力的青年，却过早地死于非命。其实，这里充分反映了屠格涅夫思想上的矛盾，在对巴扎罗夫的描写中，糅进了作者复杂的情感因素。他既看到了主人公令人尊敬的一面，又对其个性中的超常因素持怀疑态度。

在沙皇政府猖狂反动时期，屠格涅夫的思想发生危机，创作转入低潮。他对社会斗争感到厌倦，企图遁入艺术和美的世界。1864年和1865年先后发表的中篇小说《幻影》和《够了》，表现出唯美主义和悲观情绪。

1867年发表的《烟》，明显地表现了屠格涅夫后期创作的危机。在作品中，屠格涅夫一方面以辛辣的讽刺手法，深刻地揭露了贵族阶级在政治上的反动，批判了贵族的道德堕落和精神空虚。但另一方面又否定了以政治侨民谷柏廖夫为首的民主主义者的社会活动，把他们的改革活动比作一团烟，实际是否定了在俄国进行民主革命的必要。

在《烟》发表10年以后，1877年屠格涅夫才又写出了最直接最广泛地反映社会运动的作品《处女地》。这是他的最后一部长篇小说。《处女地》真实地揭示了俄国贵族反动势力和革命的民粹派两个敌对阵营的冲突。作品主人公涅日达诺夫是个贵族出身的民粹主义者，为人正直，有反农奴制的热情。为了改变不合理的现实，他离开了贵族家庭，到民间去宣传社会改革，鼓动农民起来参加反对沙皇专制制度的斗争。但是，他并不了解人民的生活和愿望，也得不到人民的支持。最后，他动摇了自己的革命信念，自杀身亡。屠格涅夫通过涅日达诺夫的形象，表明了民粹派运动的失败和没有前途。

屠格涅夫有着惊人的艺术才华。他的长篇小说、散文等作品，给后人以深刻的影响。他的语言富有魅力，思想境界深邃。在文学的天地里，他找到了思考人生、思考美的途径，也找到了他生命意志的表达方式。屠格涅夫有高度的爱国主义感情，他笔下的主人公很多和祖国命运息息相关。他

◎ 俄罗斯作家集团肖像，前排左二为屠格涅夫

对俄国文学中的现实主义尤其是对长篇小说的发展产生过巨大影响。他生前就已享有国际声望，他的作品已成为全人类的共同财富。

（李辉）

★ 托尔斯泰

——一个出身贵族却怀揣平民心的大文豪

他出身贵族，却时刻想着人民；他是地主，却一直想着把他的土地分给农奴；他受的正规教育不多，却能一举而成为世界级"文豪"。他就是俄国批判现实主义文学家托尔斯泰。托尔斯泰始终不渝地寻求接近人民的道路，"追根究底"地要找出人民灾难的真实原因，认真地思考祖国的命运和未来，因此，他的艺术视野达到罕有的广度，在他作品中能够反映俄国1861年农奴制废除后到1905年革命之间的重要社会现象，并且提出很多这个转折时期的"重大问题"。而这些"重大问题"都是托尔斯泰以其天才艺术家的笔，通过各种艺术形象再现出来的。

一个纯真而胆怯的少年

1828年9月9日，列夫·尼古拉耶维奇·托尔斯泰（Лев Николаевич Толстой，1828～1910）出生于图拉省克拉皮文县的亚斯纳亚·波利亚纳庄园。父亲尼古拉·伊里奇伯爵参加过1812年卫国战争，以中校军衔退役。母亲玛丽亚·尼古拉耶夫娜是尼·谢·沃尔康斯基公爵的女儿。托尔斯泰一岁半的时候，母亲去世。母亲去世后，五个孩子便由父亲和姑妈们照管。而教育孩子的主要责任落到了一个远房表姑塔季扬娜的肩上。

托尔斯泰在塔季扬娜表姑和保姆的照管下，跟妹妹玛丽亚一起生活到5岁。后来他被安排与哥哥们住到一起，由德国家庭教师列斯谢利来照管。

大哥尼古拉富于幻想，善于讲故事。他讲的神话传说故事，给5岁的托尔斯泰留下了不可磨灭的印象。

△ 托尔斯泰雕塑

1836年秋，为了孩子们的学业，父亲带领全家迁居莫斯科。亚斯纳亚·波利亚纳相距莫斯科161公里，当时坐马车得走4天。8岁的托尔斯泰第一次出远门，他尽情地浏览了沿途的草地、森林、高山和河流。

在莫斯科，托尔斯泰一家住进了一座宽敞而舒适的住宅。在家庭教师的指导下，男孩子都念书，14岁的尼古拉准备考大学。托尔斯泰学习成绩不好，但他对周围的一切很感兴趣，常跟着德国家庭教师逛大街。父亲经常外出，塔季扬娜表姑像从前一样温柔亲切地关怀着孩子们。

1837年6月的一天，托尔斯泰的父亲突然死亡。姑妈亚历山德拉成了孩子们最近的亲属，被指定为他们的监护人。

托尔斯泰从小就对爱充满无限需求，他既需要爱别人，也需要被别人爱。如果别人不接受他的爱或他得不到别人的爱，都会使他难受。他先后向小男孩穆欣·普希金和小女孩索涅奇卡表示过爱慕之情，可是人家却看不起他，未予理睬。

托尔斯泰是家里最小的男孩，长得不好看。他寻找自己能够爱恋的人和事，找不到；他寻找能够使他自我肯定、摆脱不受重视的处境，找不到；他寻求鼓励，但别人都嘲笑他，没有人理解他。因此，他感到孤独，经常沉思一些抽象的问题——人的使命、未来的生活、灵魂不朽等。这些人类智慧最高阶段才能探索的问题，在他那幼稚的头脑中时时出现。有一次他忽然想到，幸福不取决于外部，而取决于我们对外部的态度；一个人若是能够吃苦耐劳，是不会不幸福的。为了训练自己吃苦耐劳，他忍受着各种痛苦，去进行多种体验。他常常把自己想象成一个发现了新的真理从而为人类造福的伟大人物，踌躇满志地瞧着芸芸众生。但说来奇怪，在他同人们接触的时候，却变得很胆怯。

大学时代

1841年秋，托尔斯泰家5个孩子的监护人亚历山德拉姑妈病逝，佩拉格娅姑妈把孩子们带到喀山自己家里去。1844年托尔斯泰考入喀山大学东方系，攻读土耳其、阿拉伯语，准备当外交官。由于期终考试不及格，次年转到法律系。但在那时，他不专心学业，却迷恋社交生活。法学系有位年轻的德国教授梅耶尔，他才华出众，布置大学生们对叶卡捷琳娜女皇的《训示》和孟德鸠斯的《论法的精神》进行比较。

托尔斯泰有生以来第一次认真研究一个问题。梅耶尔教授本来是想通过布置这个作业促使托尔斯泰好好学习，但却得到了相反的结果。在独立完成这次作业之后，托尔斯泰得出了一个结论，认为不受学校课程束缚，自由地学习他感兴趣的东西，可能更适合他。这样，托尔斯泰就产生了离开大学的念头。

这时，托尔斯泰对法学已失去兴趣，开始喜爱上了哲学。1845年暑假，托尔斯泰是在亚斯纳亚·波利亚纳度过的。就在这年夏天，托尔斯泰开始接触卢梭的著作。卢梭的《忏悔录》给他留下了很强烈的印象，也大大加强了托尔斯泰本来就有的追求真实、厌恶虚伪的秉性，他当时只承认一种美德："不管做了好事还是坏事都要诚实。"托尔斯泰后来经常严格剖析自己的思想，是与卢梭对他的影响分不开的。

1847年4月，托尔斯泰终于离开大学，回到了亚斯纳亚·波利亚纳。他虽然离开了大学，但并不想成为一个不学无术的人。相反，他给自己制定了一个庞大的自学规划，这个规划包括：①学好大学毕业考试的法律学科的各门课程。②学好实用医学以及部分医学理论。③学好法语、俄语、德语、英语、意大利语和拉丁语。④不仅在理论方面，而且在实践方面对农业进行研究。⑤学好历史、地理和统计学。⑥学好数学等课程。⑦写一篇学位论文。

⑧在音乐和绘画方面要达到相当高的水平。⑨订出行为守则。⑩掌握一些自然科学方面的知识。此外,他还要求自己在将要学的各门学科中必须写出一些文章来。

这个庞大的学习计划看上去是无法实现的,但是,据他女儿亚历山德拉说,除了法律、绘画和医学外,他在其他方面都获得了真正的知识。托尔斯泰直到晚年都没有停止过在这些领域里的自学。

牛刀小试

1847年初夏,托尔斯泰跟哥哥和妹妹在亚斯纳亚·彼利亚纳聚到了一起。他们都已到了成家立业的年龄,该分家了。分家的结果,托尔斯泰得到了亚斯纳亚·波利亚纳这片庄园。这样,托尔斯泰就成了拥有1470俄亩土地和330名男性农奴的地主了。他早年的计划可以实施了。他开始到农奴中间去,接触农奴并真心诚意地想帮助农奴。但农奴不信任他,也有人欺负他年轻、没经验。总之,农奴并不相信他的良好愿望。

1848年10月中旬,托尔斯泰怀着对个人幸福和欢乐的渴望离开家乡前往

△ 托尔斯泰的亚斯纳亚·波利亚纳庄园,托尔斯泰喜欢在这白桦林中散步

莫斯科。在莫斯科,他过了一段花天酒地的生活。1849年1月,托尔斯泰离

开莫斯科,来到圣彼得堡。他原来打算通过圣彼得堡大学副博士考试,像周围所有的正派青年一样开始工作。可是不久,他又改变了主意,想进骑兵连当一名士官生,幻想两年后或更短的时间成为军官。一晃五个月过去了。托尔斯泰痛感自己什么有用的事也没有做,只是花费了一大笔钱,而且还负了债。他决定回家乡去。

托尔斯泰的过人之处就在于,他的心里始终有一股追求美好理想的力量推动他去战胜恶劣环境对他的腐蚀。他不甘沉沦,不断剖析自己。在富兰克林传里,他读到富兰克林有一本特别的记事簿,在上面记下自己必须改正的所有缺点。托尔斯泰也马上搞了这么一本记事簿,并针对自己的缺点,逐一进行改正。

1852年1月,托尔斯泰正式入伍,成了一名炮兵士官生。在他参军后第一次战斗中,一颗炮弹打中他指挥的大炮的轮子,他也险些遇难。这段经历对托尔斯泰的思想和创作都产生了重要影响,有许多经历成了他小说的题材。

1851年夏,托尔斯泰着手写作。1852年7月3日,托尔斯泰把《童年》寄给了《现代人》杂志,得到了涅克拉索夫[①]的肯定。他接着写出了《一个地主的早晨》《袭击》和《一个台球记分员札记》。《童年》发表后,在圣彼得堡文坛引起很大轰动。许多杂志纷纷发表评论文章加以赞扬,有的认为"俄罗斯文坛出现了一位新的杰出天才"。这使托尔斯泰受到极大鼓舞。

不久,托尔斯泰被调到多瑙河部队继续服役。戎马倥偬的生活不适宜从事文学创作,所以直到1954年4月底,他才把《少年》写完,寄给了涅克拉索夫。

1854年11月7日,托尔斯泰到了塞瓦斯托波尔。1855年4月7日,他被调到第四棱堡。第四棱堡是塞瓦斯托波尔最危险的地方,也是最令它的守卫者自豪的地方。托尔斯泰在这里待了一个半月。就在这样的环境里,托尔斯泰继续进行创作。他在这里开始写《青年》,并写出了系列小说《塞瓦斯托波尔故事》。

[①]涅克拉索夫(1821~1877),俄国诗人。1845年创作《彼得堡的角落》和《在旅途中》,被别林斯基预言为"将在文学上发生影响"的人。1847年接办《现代人》杂志。他的诗歌紧密结合俄国的解放运动,充满爱国精神和公民责任感,许多诗篇忠实地描绘了贫苦下层人民和俄罗斯农民的生活和情感,因而被称为"人民诗人"。

托尔斯泰在俄国文学上第一次描绘了俄罗斯士兵和军官,描写了他们的缺点和勇敢。这些默默无闻的士兵和军官在托尔斯泰的笔下变得栩栩如生,有血有肉。《塞瓦斯托波尔故事》在圣彼得堡一发表就受到了好评。屠格涅夫读这些故事的时候激动得热泪盈眶,巴纳耶夫给托尔斯泰写信时说全俄国都在读这些故事。据说亚历山德拉·费奥多罗夫娜皇后读《十二月的塞瓦斯托波尔》的时候曾感动得流下了泪水,皇帝还下旨把这篇小说译成法文。

1856年11月,托尔斯泰正式退役。

进入世界文豪之列

1856年整个夏天,托尔斯泰都是在家乡农村度过的。除了管理家业外,就是读书和写作。经过一段摸索之后,他终于决定接着改写在塞瓦斯托波尔就已开始写的《青年》。9月24日,他将誊清稿寄给了《读者文库》主编德鲁日宁征求意见。

△ 中译本《安娜·卡列尼娜》和《战争与和平》

托尔斯泰
—— 一个出身贵族却怀揣平民心的大文豪

如今托尔斯泰"已找到文学作为自己的道路和使命"。

在以后的日子里,托尔斯泰二次出国,办学,当调解人①,但他的主要事情是读书与写作。

1863年,托尔斯泰开始着手创作长篇历史小说《战争与和平》。1869年,该书正式出版,得到了文学界和广大读者的好评。这是他创作历程中的第一个里程碑。小说以四大家族间的相互关系为线索,展现了当时俄国从城市到乡村的广阔社会生活画面,气势磅礴地反映了1805年至1820年之间发生的一系列重大历史事件,特别是1812年库图佐夫领导的反对拿破仑的卫国战争,歌颂了俄国人民的爱国热忱和英勇斗争精神,探讨了俄国的前途和命运,特别是贵族的地位和出路问题。《战争与和平》场面浩大,人物繁多,被称为"世界上最伟大的小说",是一部具有史诗和编年史特色的鸿篇巨制。

《安娜·卡列尼娜》的构思始于1870年,到1873年才开始动笔,托尔斯泰原来只想写一个上流社会已婚妇女失足的故事,而在1877年写成的定稿中,小说的重心转移到农奴制改革后俄国资本主义发展所产生的灾难性后果上。主人公安娜·卡列尼娜不能忍受丈夫的虚伪和冷漠,她要追求真正的爱情和幸福。但她既无力对抗上流社会的虚伪和冷酷的道德压力,又不能完全脱离贵族社会,战胜自己身上贵族的传统观念,在极度矛盾的心境下卧轨自杀。另一主人公列文,是作者的自传性人物。他痛心地看到地主经济的没落,寻求避免资本主义发展的道路,希望借地主和农民合作来缓和阶级矛盾。这种空想破灭后,他悲观失望,怀疑人生意义,甚至要从自杀中求得解脱,最后在家庭幸福和宗法制农民的信仰中得到精神的归宿。小说出版后,无论莫斯科还是圣彼得堡,人们纷纷议论它,像以往一样既有赞扬也有批评。

《复活》是托尔斯泰晚年的代表作,写的是一个贵族青年聂赫留道夫诱奸姑母家中养女、农家姑娘喀秋莎·玛斯洛娃,导致她沦为妓女;而当她被诬为谋财害命时,他却以陪审员身份出席法庭审判她。聂赫留道夫良心受到震动,觉得自己是造成喀秋莎苦难的罪人,于是决定赎罪。作品借聂赫留

---

① 调解人这种职务是废除农奴制后新设的,其任务是调解地主和农民之间的纠纷。

道夫的经历和见闻,展示了从城市到农村的社会阴暗面,对政府、法庭、监狱、教会、土地私有制和资本主义制度作了深刻的批判。上诉失败后聂赫留道夫和喀秋莎一同前往西伯利亚服刑地。在聂赫留道夫精神复活的同时,喀秋莎也经历了一个精神复活的过程。她最后将自己的命运同一个被流放的革命者结合在一起,聂赫留道夫也在《福音书》中找到了真理。作品的后面部分,渐渐突出了托尔斯泰不以暴力抗恶和自我修身的说教。托尔斯泰的力量和弱点,在这里得到最集中最鲜明的表现。

托尔斯泰的创作是世界现实主义文学的高峰之一。他的作品在世界文学中也有着巨大影响。从19世纪60年代起,他的作品开始在英、德等国翻译出版。19世纪70年代至80年代之交以《战争与和平》的法译本出版并获得国际上第一流作家的声誉。80年代至90年代法、英等国最早论述他的评论家,都承认他的现实主义创作对俄国文学的振兴作用。在19世纪末至20世纪初成长起来的著名作家法朗士、罗曼·罗兰、亨利希·曼、托马斯·曼、德莱塞、萧伯纳、高尔斯华绥以及其他欧美作家和亚洲作家都受到他的熏陶。

托尔斯泰晚年生活孤独,因妻子不理解他的所作所为,夫妻间经常吵闹,但他时刻还在为国为民操心。1910年11月10日,托尔斯泰经过长期激烈的思想斗争,最终决定摆脱贵族生活,把财产交给妻子,弃家出走,以实现自己"平民化"的夙愿。结果途中他身染肺炎,这年11月20日在梁赞至乌拉尔铁路沿线的阿斯塔波沃车站去世。尽管当局百般阻挠,仍有数万群众坐火车赶来为托尔斯泰送葬。遵照托尔斯泰的遗嘱,他的遗体被安葬在亚斯纳亚·波利亚纳的森林中。

托尔斯泰的坟墓与众不同。奥地利著名作家茨威格曾经充

▲ 亚斯纳亚·波利亚纳庄园中的托尔斯泰墓,没有任何标志

满感情地写道:"我在俄国所见到的景物再没有比托尔斯泰墓更宏伟、更感人的了。""他的墓成了世间最美的、给人印象最深刻的、最感人的坟墓。它只是树林中的一个小小长方形土丘,上面开满鲜花,没有十字架没有墓碑,没有墓志铭,连托尔斯泰这个名字也没有。""人们重新感到,这个世界上再也没有比这最后留下的、纪念碑式的朴素更打动人心的了。"

(李辉)

★ 韩 愈

——一个被苏轼誉为"文起八代之衰"的百代文宗

他虽然一生汲汲于功名，但并不只满足于个人富贵，而是始终保持着强烈的进取心，希望立德、立言、立功，对那些"得一名、获一位，则弃其业而役役于持权者之门"的人非常轻蔑。他认为，身为素习儒业的士大夫，对社会、对国家应该有强烈的责任感，以天下为己任，敢为天下先，言人之所不敢言。他还以儒家传统的卫道者自居，将复兴儒学作为自己的终身事业。他就是唐代大文学家、思想家韩愈。

幼年依寡嫂

韩愈（768～824），字退之，唐代宗大历三年（768年）生于河南河阳（今河南孟县）一个世代官宦之家，因他的先世曾居昌黎，故韩愈也自称昌黎人。母亲早逝，在韩愈3岁时，父亲也去世了。其伯兄韩会承担了抚养他的责任。

7岁时，韩愈随伯兄来到长安。这时，他已立志于学，一日能记诵数千言，所学包括经、史、百家之言，而以儒家文化的经典为主。韩愈在学习中，逐渐服膺于孔孟之学，而且对三代两汉的古文也有特别的兴趣，尤其喜爱司马相如、董仲舒、司马迁、扬雄的文章。

大历十二年（777年），韩会被贬为韶州刺史，韩愈随兄嫂第一次来到岭

韩愈
—— 一个被苏轼誉为"文起八代之衰"的百代文宗

南①。韶州地处边远，人烟稀少。韩会一路旅途劳顿，加之气候不适，刚到韶州，就病倒了。不久，便病死于贬所。韩愈由兄嫂郑氏抚养，并与兄嫂一起护送伯兄的灵柩归葬于河阳老家。

在河阳不到一年，由于节度使联合叛乱，郑氏只好带领全家到宣城居住。宣城的生活，清贫但却平静。韩愈每天专心研究儒家经典，诵读诗文。随着年龄的增长和理解力的提高，他越来越感到两晋以后，骈文风气大盛，不分内容、场合，几乎无文不骈、无语不偶，走向了形式主义歧途。为了改变这一现状，韩愈逐步树立起发扬儒道、倡导古文的志向。

▲ 韩愈雕塑

唐德宗贞元二年（786年），韩愈第二次到长安，怀着济世之志进京参加进士考试。这年他刚满19岁，但已尽通六经、百家之学。他投文于公卿，故相郑余庆颇为延誉，韩愈由此被时人所知。此间，韩愈与被儒林推重的独孤及、梁肃等人交游，并深受他们的影响，锐意钻研，"欲自振于一代"，也更加坚定了起衰、济溺的信念。第二年，他到州县求举，取得考试资格。但经过四次考试，直到贞元八年陆贽主持科举考试时，经梁肃引荐，他才考取了礼部进士。

韩愈得到了功名，他的第一个愿望已实现。但按照唐制，学子中礼部进士后，只能说初步具备了入仕的资格，只有再经吏部考试合格，才能得到官职。否则，就只能等待藩镇聘用，做幕府僚属了。

第二年，韩愈满怀希望地应试吏部的"博学宏词"科，但连续三年，均告失败。此时韩愈已28岁，到京求仕已历10年，犹未得一官。他就像一匹栏中的骏马，渴望驰骋，但得不到机会，加上长安开销很大，此时他已囊中羞

---

①岭南，是指中国五岭以南地区，相当于现在广东、广西全境，以及湖南、江西等省的部分地区。

涩，于是只得以文章作为见面礼，奔走于权贵之门，希望有一位伯乐欣赏他的才华，对他加以提拔奖掖。

坎坷求仕路

韩愈的恳求并未引起当权者的重视，他的上书如石沉大海，无声无息。求官不得的韩愈，只好离开京城，怀着不得志的心情东归故里。在归乡途中，遇到地方官吏正送两只鸟进京，要献给皇上。韩愈联想到自己饱读诗书，身怀抱负，却得不到推荐，而这两只鸟只不过有华丽的羽毛，反被重视，他感物伤怀，发出"遭时者虽小善必达，不遭时者累善无所容"（《感二鸟赋》）之叹。

贞元十二年（796年）七月，29岁的韩愈，受董晋辟举，出任汴州观察推官，掌管刑狱。这是韩愈从政的开始。经过多年的努力，他终于得到一官半职，应该说已如愿以偿，以后就只等平步青云了。贞元十五年二月，董晋去世。不久，汴州发生兵变，韩愈携家出城，辗转依于武宁节度使张建封，被辟为推官。

贞元十六年（800年）冬，韩愈离开洛阳，去长安第四次参加吏部铨选。第二年（801年）通过铨选①。这一时期，韩愈赋闲在家，一直没有什么经济来源，一家三十余口，就靠以前的一点儿积蓄，日子过得很是困窘。关于这段生活，韩愈在赠孟郊的诗中有"倏忽十六年，终朝苦寒饥"的感叹。第二年秋末，时年34岁的韩愈，被任命为国子监四门博士，做了学官。这是韩愈步入京师政府机构任职的开端。此时的韩愈，已经成了文坛领袖，名动海内。贞元十九年（803年）写了名作《师说》，这是韩愈系统提出师道的理论。就在这一年冬，韩愈晋升为监察御史。

监察御史的职责是纠察百官，虽然官阶只有正八品下，但权力很大。仕途得意，使韩愈觉得终于可以施展自己的才华，以实现平生抱负，按照儒家的理想治国平天下了。贞元十九年，关中大旱，饥民遍野，而有关部门不仅不予减免租役，反而竭泽而渔，致使民不聊生。韩愈认为民为国之根本，百

---

① 铨选，指选官制度。唐五品以上官员由皇帝任命，六品以下官员除员外郎、御史及供奉官外，文官由吏部，武官由兵部，按规定审查合格后授官，称为铨选。

姓基本生活不能保障，必然会影响到社会的安宁稳定，便上疏《论天旱人饥状》，请求宽徭役、免租税以安京师。哪知德宗皇帝不但不听，反而嫌他直言多事，一气之下，将任职仅两个月的韩愈贬为连州阳山县令（今广东西北）。

韩愈任职阳山县令两年期间，深入民间，亲自参加山民耕作和渔猎活动，颇受当地百姓爱戴，《新唐书·韩愈传》说："有爱于民，民生子以其姓字之。"彼时，韩愈开始构思并著述《原道》等篇章。贞元二十一年（805年），德宗死，顺宗即位，改元永贞，韩愈获得赦免，并被任命为江陵法曹参军。在赴江陵途中，他曾在湖南郴县待命三月。在这段时间里，韩愈写下了在中国思想史上具有深远影响的五篇哲学论文"五原"——《原道》《原性》《原人》《原毁》《原鬼》。这五篇文章不仅是散文史上的名篇，而且是韩愈政治、哲学思想的代表作，标志着他的新儒学思想已经成熟。他以敏锐的目光，看到孔孟以来的儒学正在衰落，在与释、道二教的竞争中面临着深刻的危机。他以卫道者自居，挺身而出，发出尊孔孟、排异端的口号，独自举起了复兴儒学的旗帜。

顺宗在位仅数月即被废黜，太子李淳即位，即宪宗。次年正月，改元元和元年（806年）。六月，韩愈奉召回长安，暂住国子博士。元和四年，韩愈改住都官员外郎，分管东都兼判祠部。是年冬被降职调为河南令，后又职方员外郎。韩愈自视颇高，却又屡遭贬黜，情绪非常低落，于是写了《进学解》一文，试图解答仕途穷通与学业精粗间的关系，反思自己为什么动辄得咎。谁知他的这篇牢骚，却得到了宪宗的赏识，认为他有史才，改任他为礼部郎中、史馆修撰。元和八年（813年），他完成史书《顺宗实录》的编写。

元和九年（814年），韩愈任考功郎中知制诰，第二年晋升为中书舍人。元和十二年（817年），他协助宰相裴度，以行军司马身份，平定淮西叛乱，因军功晋授刑部侍郎。

元和十四年（819年），宪宗皇帝派遣使者去凤翔迎佛骨，京城一时间掀起信佛狂潮，韩愈不顾个人安危，毅然上书《论佛骨表》，痛斥佛之不可信，要求将佛骨"投诸水火，永绝根本，断天下之疑，绝后代之惑"。宪宗得表，龙颜震怒，要对他处以极刑。多亏宰相裴度及朝中大臣说情，韩愈才得免一死，被贬为潮州刺史。韩愈任潮州刺史八个月间，驱鳄鱼，办乡校，释放奴隶，兴修水利。为百姓做了许多好事。

元和十五年（820年）九月，韩愈奉诏内调为国子祭酒。长庆元年（821年）七月，韩愈转任兵部侍郎，第二年，他单人匹马，冒着风险赴镇州宣慰乱军，史称"勇夺三军帅"，没费一兵一卒，平息了镇州之乱。九月转任吏部侍郎。

长庆三年（823年）六月，韩愈晋升为京兆尹兼御史大夫。京兆之地，在韩愈整治下，社会安定，盗贼止息，米价稳定。之后，韩愈相继调任兵部侍郎、吏部侍郎。

长庆四年（824年），韩愈因病告假，十二月二日，病死于长安，终年57岁。谥号"文"，世称韩文公。

文起八代之衰

早在青年时代，韩愈就在文学上独树一帜，创作出许多高水平的散文。如《原道》《原毁》《送孟东野序》《进学解》《师说》等，都堪称散文典范。他反对六朝以来文学上的形式主义，提倡形式与内容的统一，主张文艺形式要服从思想内容，文章要反映事理，不讲排比，不工对偶，推动着新古文运动的前进。在他周围，散文家有张籍、李翱、皇甫湜、孙樵等，诗人有张籍、孟郊、贾岛、樊宗师、卢仝、李贺等，形成了韩门学派，对当时文坛乃至整个中国文学史都产生了深远的影响。

韩愈的历史地位，主要是他在文学上和思想上的建树。他除了以一代文宗著称外，还力排佛家和道家，挽救儒家文化的危机，致力于儒学创新。在文学革新与儒学创新之间，以"文以载道"的形式贯通起来。唐代的古文运动与儒学复兴运动，是作为一对孪生兄弟，几乎同时诞生的。

韩愈认为，欲儒学复兴，则必排斥佛、道。佛教传入中国，已有六百余年。"齐民逃赋役，高士著幽禅。官吏不之制，纷纷听其然。"因此，儒家文化面临严重的挑战。

除佛教外，道教对唐代社会生活也有相当的影响。自唐初以降，世人逐渐信奉道教，至玄宗而极盛。唐玄宗还亲自为《老子》作注，颁布全国，下诏要求"士庶家藏一本，劝令习读，使知指要"。唐代很多帝王还迷信道教

韩愈
—— 一个被苏轼誉为"文起八代之衰"的百代文宗

长生术，服食丹药，对唐代政治、经济造成一定的危害。

面对异质与旁门文化的威胁，儒家学说在当时逐渐显得苍白无力，缺乏应战能力。

先秦儒学发展到汉代，经董仲舒等人的改造，在意识形态领域中取得了独尊的地位。但这是以牺牲它的活力为代价的，以章句训诂为主要形式的烦琐方法代替了对儒家义理的发挥。而佛、道二教发展到唐代，各自形成了自己的理论体系。特别是佛教关于心性义理之探讨，较之变得刻板枯燥的儒学，对知识分子具有相当的吸引力。而佛教的来世说、轮回说，道教的长生术、神仙说，不仅招来了大批士大夫信徒，而对于生活在社会底层的广大劳苦大众，也无疑是一种精神抚慰剂。因此，寺观香火之兴盛，与孔门气氛之冷落，形成了鲜明的对比。

韩愈草书"鸢飞鱼跃"

韩愈受时代召唤，首先举起了复兴儒学的大旗。他的目的是要唤起士大夫群体自觉，以儒家之道作为安身立命之地。因此，他首先从排击佛老入手，甚至不惜冒杀头危险而上书皇帝，阻止迎佛骨入京。

韩愈站在中华文化本位的立场上，奉儒家文化为华夏正统。他的反佛论点，或着眼政治经济，或着眼伦理道德。这些论点，大抵在他之前都有人提出过。韩愈不同于前人之处在于，他敏锐地从佛道儒三教势力的消长中，感觉到儒家文化面临的困境。他不单停留在对佛教、道教的抨击上，还企图建立一个完整的、与佛道二教对抗的理论体系。这个理论体系的轮廓就体现在《原道》《原性》《原人》等著作中。苏轼谓：韩氏"文起八代之衰[①]，道济天下之溺"（《潮州韩文公庙碑》）就是指韩愈在这两方面的功绩。

[①] "八代"指的是东汉、魏、晋、宋、齐、梁、陈、隋，这几个朝代正是骈文由形成到鼎盛的时代。"衰"是针对八代中的骈文而言的。韩愈、柳宗元发起的声势浩大的古文运动，主张用散句的形式写作散文，使这种散文逐渐代替了骈文，并持续千百年。在这场运动中，韩愈的开创之功不可没，并且以卓越的理论和创作实践，为古典散文的艺术生命注入了新鲜血液，为散文的历史发展开辟了一条康庄大道。

韩笔惊今古

韩愈在多方面都有贡献。在诗歌方面,他推崇陈子昂、李白和杜甫,是韩孟诗派的代表人物之一。其艺术特色,主要表现为奇特雄伟,光怪陆离。如《陆浑山火和皇甫湜用其韵》《月食诗效玉川子作》等,不仅怪奇,而且具有深刻的时代内容。那种雄奇境界,也存在于不少写景诗中,如《南山诗》《岳阳楼别窦司直》,抒情诗如《孟东野失子》等作品中。

韩愈写诗的方法是"以文为诗"。这是他提倡古文、反对骈文主张在诗歌领域的贯彻。这种诗体散文化的长处是,自由流畅,扩大了诗歌的表达功能;缺点是有时把散文的虚词过多地引进诗中,而使其"诗意"大减。韩愈还把大量议论成分入诗,用辞赋家的手法为诗。这种写诗方法,有成功,亦有失败。沈括说:"退之诗,押韵之文耳,虽健美富赡,然终不是诗。"吕惠卿却说:"诗正当如是,吾谓诗人亦未有如退之者。"他们各持一端,褒贬不一。

韩愈主张学古要在继承的基础上创新,坚持"词必己出"、"陈言务去"。他重视作家的道德修养,提出养气论,"气盛则言之短长与声之高下者皆宜"(《答李翊书》)。他还

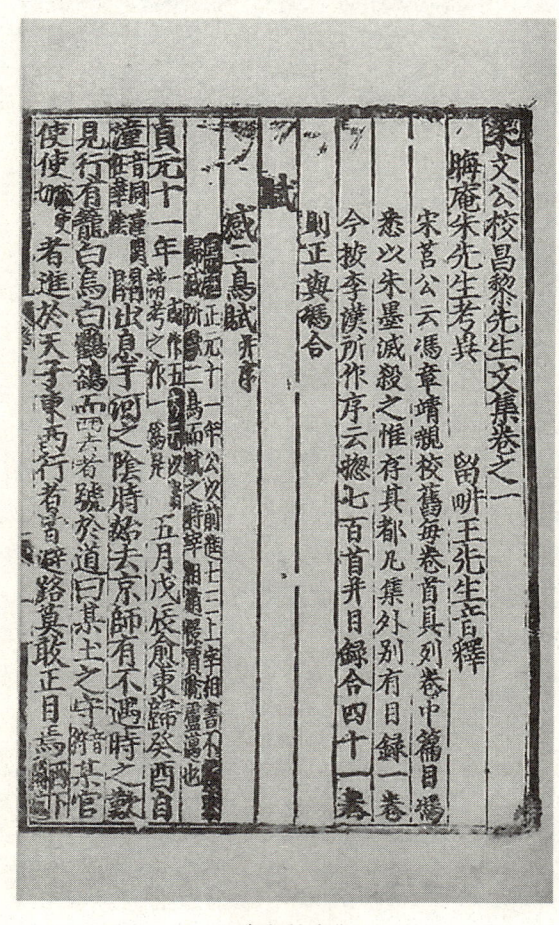

◎ 宋版韩愈集

韩愈
—— 一个被苏轼誉为"文起八代之衰"的百代文宗

提出"不平则鸣"的论点,"和平之音淡薄,而愁思之声要妙;欢愉之辞难工,而穷苦之言易好"(《荆潭唱和诗序》)等论点。这就继承并发展了儒家关于《诗三百篇》的"怨""刺"作用、屈原的"发愤以抒情"、司马迁的"发愤著书"等说。

韩愈的散文,行文流畅,富于变化,感情充沛,笔力雄健,语言生动精炼,给后世留下了许多脍炙人口的佳句。他被尊为唐宋八大家之首,人称"杜诗韩笔"。成书于清代康熙年间,在社会上具有很大影响的《古文观止》,共辑明末以前的五十余家散文220篇,其中韩愈一家就有24篇,可见其深受人们的推崇。现代学者钱仲联先生说:"韩愈的散文,气势充沛,纵横开阖,奇偶交错,巧譬善喻,或诡谲,或严正,具有多样的艺术特色。"

韩愈还善于扬弃前人语言,提炼当时的口语,如"蝇营狗苟""同工异曲""俱收并蓄"等新颖词语,韩文中颇多。他主张"文从字顺",创造了一种在口语基础上提炼出来的书面散文语言,扩大了文言文的表达功能。在他的文章里,常常是警句不断,妙语横生。他创造的许多名言隽语,如"出类拔萃""闲居独处""虚张声势""业精于勤而荒于嬉,行成于思而毁于随"等,已作为成语或格言被沿用,至今仍活在人们的口头上和文章里。

在教育方面,韩愈敢为人师,注重师道,提携后生。他认识到靠科举考试是选不到人才的。同时他还提出了识别人才、培养人才的学说,如他在《杂说四·马说》一文中提出了"世有伯乐,然后有千里马;千里马常有,而伯乐不常有"的观点。在《师说》中,他系统地提出了师与道的密切关系,"道之所存,师之所存";教师的任务是传道、授业、解惑;尤其提出"弟子不必不如师,师不必贤于弟子,闻道有先后,术业有专攻"的思想。"吾爱吾师,吾尤爱真理",成为我国教育史上的优良传统。《师说》是我国教育史上第一篇比较全面地从理论上论述师道的文章。

韩愈在朝中遇事能先人之所言,言人之所不敢言,表现了一个正直的儒家士大夫应有的气节。韩愈把复兴儒学、排挤异端作为自己的事业,并为之奋斗一生,这种精神,是留给后人的一份宝贵财富。他的政治品德,是儒家师徒的基本内容,使其成为一代师表;他在哲学上的成就,开启了宋明理学的前导;他的教育思想,至今仍具有旺盛的生命力,值得我们学习与借鉴。

(李辉)

★ 辛弃疾
——一个集大词家和干臣于一身的人

他平生以气节自负，以功业自诩，一生力主抗战，曾上《美芹十论》与《九议》，条陈战守之策，显示其卓越的军事才能与爱国热忱。"达"时为风雨飘摇的南宋朝廷之"干臣"；"穷"时吟诗作词，成为一代词宗，并与苏轼齐名，人称"苏辛"。后世赞美他是人中之杰、词中之龙。他就是南宋时期大词人辛弃疾。

少小有大志

辛弃疾（1140~1207），字幼安，号稼轩。宋高宗赵构绍兴十年（1140年）五月二十日出生于山东历城（今山东济南）。当时中原因"靖康之难"[①]沦陷已13年。父亲辛文郁早年去世，辛弃疾由祖父辛赞抚养。祖父在亳州谯县（今安徽亳县）做金国的县令，辛弃疾到了读书年龄时也跟到谯县，并拜当地负有盛名的学者刘瞻为师。

祖父辛赞没有随朝廷南迁，是考虑到家系庞大，搬迁不易，而且也不愿

[①] 亦称"靖康之变"。宋徽宗时期，北宋王朝日趋衰落，东北女真族却日益强大。1115年，完颜阿骨打建立金国。靖康元年（1126年），在金军尚未攻破东京（今河南开封）的情况下，钦宗竟然亲自到金营求降。第二年二月，金军废宋徽宗、宋钦宗，另立原宋朝宰相张邦昌为伪楚皇帝。四月，金军将俘虏的两位皇帝及后妃、皇子、宗室、贵戚等三千多人，及大量宝玺、舆服、法物、礼器等运至金国。史称"靖康之难"。

辛弃疾
——一个集大词家和干臣于一身的人

逃之夭夭，把自己的家园拱手让给金人。他内心一直希望有机会"投衅而起，以纾君父所不共戴天之愤"。他将这一希望寄托在孙子身上，为其取名"弃疾"。"弃疾"即"去病"之意。他是希望辛弃疾能像当年霍去病一样，为今日之宋朝驱逐金兵，解除危难。所以，几年来，他带着辛弃疾奔走

辛弃疾故里

各地，四方联络，串联起一批致力于抗金的有生力量，同时蓄积存储了大量物资，待机起事。

辛弃疾少年时，祖父常常带他"登高望远，指画山河"。绍兴二十四年（1154年）及二十七年（1157年），辛弃疾两度赴燕京应考，就是受祖父之命，前往金国首都附近的燕山，考察金人的各种政治经济状况及沿途军事布置、地形地貌等，为筹划反金活动作准备。

辛弃疾自幼受祖父影响，逐渐滋生了强烈的民族自尊意识，发誓要为"驱除鞑虏、恢复中原"而尽力。而他亲眼目睹了沦陷区人民的悲惨生活，更加深了他对侵略者的仇恨。这一切，使辛弃疾很早就立下了恢复中原、报国雪耻的大志，并终生不渝。他不但努力学习诗词文章，更着意于武功、兵法策论，希望有一天，自己能指挥调度千军万马，驰骋厮杀，以恢复祖国大好河山。

绍兴三十一年（1161年）夏，金主完颜亮大举南侵。这期间，在已经沦陷的北方地区，汉族人民纷纷聚众起义，抗金斗争如火如荼。22岁的辛弃疾也毅然举起抗金大旗，率领早就串联组织的两千余众辗转各地，游击作战，有力地打击着金军势力。不久，他率众投奔由耿京领导的山东最大一支起义军，在军中担任掌书记，负责书檄文告的起草，同时掌管军中大印。就在这一年十一月，金人内讧，完颜亮被部下所杀，金兵撤回北方，新的金国统治集团成立。辛弃疾极力说服耿京归附南宋朝廷，以便进可两方呼应，共谋北

征，退可引兵南归，养精蓄锐。耿京接受了辛弃疾的意见。

率众归宋营

绍兴三十二年（1162年）正月，辛弃疾等人奉表南归，就在他们到达建康（今南京市）的当日，宋高宗赵构接见了他们，承认义军的合法地位，并授辛弃疾承务郎。不料，就在辛弃疾成功完成南归使命之时，义军副统领张安国叛变，勾结金兵杀害了耿京。辛弃疾在北归途中听闻此事，迅即率领五十多人，急驰数百里，突袭济州（今山东巨野），在5万金兵营中活捉张安国，并成功劝服营中耿京旧部上万人起义。辛弃疾带领这上万人，成功摆脱金兵追赶，昼夜疾驰到达建康。南宋朝野为之震动，年轻的辛弃疾成为了传奇英雄。

之后，辛弃疾被委任为江阴军签判，协助地方官处理政务。这一工作，在辛弃疾看来，整天无所事事，毫无作为，只是帮助知府签批一下往来公文，这与他当初的希望实在相差太远。他只能等待时机，在这段时间里他仔细研究金宋两方军事部署之优劣，写成了《美芹十论》。这份长达十篇的煌煌巨论，凝结了他和祖父多年付出的心血。《美芹十论》的前三篇《审势》《察情》《观衅》论女真虚弱不足畏，且有"离合之衅"可乘，形势有利于我；后七篇《自治》《守淮》《屯田》《致勇》《防微》《久任》《详战》，提出强国的一系列具体规划和措施。《美芹十论》直到1164年才交到皇帝之手，然而他的一腔热血终归落空，奏章递上后如石沉大海。

○ 辛弃疾雕塑

1162年，宋高宗退位，由其过继子赵昚继位，是为宋孝宗。孝宗年轻气盛，不想再一味退缩忍让，于是雷厉风行地调整了朝中官员，改变以前的主和政策，起用主战派将领，谋划北伐之事。

张浚被委为枢密使。他上任后全心竭力,然而北宋遗留下来的军队制度①却使他徒劳无功。张浚的军队刚刚渡淮河北上,尚不及深入,就因部属内讧,将佐不能相辖而失去斗志,勉强在符离(今安徽宿县)待战。岂料等金兵一到,宋军便如被洪水扫过一般,全线溃散。

这次失败的结果是与金签订了屈辱投降的"隆兴和议"。从此,主和派重新当权,在长达四十多年的时间里,南宋朝廷对金一直俯首称臣,不敢言战。一时之间,朝野颓丧,皇帝也不再像起初那样信心十足,言必称战了。这半壁江山又一次在风雨飘零中重温升平苟安的迷梦。

在低迷、压抑的政治环境中,辛弃疾的抗金主张和复国言论始终不被统治者采纳。不仅如此,来自沦陷区的他还不断受到朝廷中人的猜疑、歧视和排挤。当权者明知他才智超群,却不肯重用。这样,辛弃疾南归后的第一个十年始终沉于宦海底层,先后担任江阴军签判、广德军通判、建康府通判、司农主簿等一系列无关紧要的低级职务。

尽管沉于下僚,辛弃疾却"位卑未敢忘忧国"。这期间,凭着对南北政治、军事形势的深刻了解,他不断为朝廷北伐之事献计献策。除上书宋孝宗的《美芹十论》外,他还在乾道六年(1170年)上书宰相虞允文《九议》。《九议》承接《美芹十论》,论用人、论长期作战、论敌我长短、论攻守、论阴谋、论虚张声势、论富国强兵、论迁都、论团结,进一步阐发《十论》思想。《十论》与《九议》,充分显示出辛弃疾经纶济世的非凡才能。然而这篇洋洋宏论所遭遇的命运和《美芹十论》一样,并没有引起统治集团的重视,反倒在文人士大夫中广为流传,赢得了许多爱国志士的共鸣和赞誉。

在朝为干臣

乾道八年(1172年),辛弃疾出任滁州(今属安徽)知府,开始了他南归后第二个十年的仕宦生涯。当时因滁州连遭灾荒,人烟冷落,城郭萧条,居民逃荒在外。他到任后,宽征薄赋,招收流民,恢复生产,训练民兵,实

---

①从宋太祖起,为了防止像唐末那样藩镇割据,宋朝建立了一整套相互牵制、彼此约束的军事体制。军队将帅往往数年一换,并设监军监督将帅决策行为,以防其培植个人势力。这种措施确实使帅各守其职,不敢妄为,但却极大地限制了军队的主动性。一方面兵不知将,将不知兵,下辖部属不听调遣;另一方面监军往往百般束缚将帅的兵权,阻挠许多决策命令,使将帅无法及时有效地根据军情作出反应。

行屯田，使荒凉的滁州很快就面貌一新。之后，他又连续担任了几个州、府、路的行政长官，职位较前十年有了提升。

在地方任上，辛弃疾恪尽职守。宋淳熙二年（1175年），辛弃疾时任江西提点刑狱，经过他的精心策划和部署，三个月就平息了茶商的武装叛乱，叛军首领赖文政亲身到辛弃疾处投降。在任江陵知府兼湖北安抚使时，他又平息了农民暴动。辛弃疾做这些事时，内心却很矛盾。他曾上书朝廷，指出老百姓上山为"盗"的真正原因是官逼民反，要想平息人民的

辛弃疾行迹示意图

暴动，就必须严肃官纪。

面对辛弃疾卓著的政绩，南宋朝廷更加强了对他的防范，频频调动其职务，怕他在一个地方待久了，会培植个人势力。在湖北任上两年后，宋淳熙七年（1180年），辛弃疾又被调到湖南，任潭州（今长沙）知府兼湖南安抚使。在那里他兴修水利，赈济饥民，整顿乡社，创建飞虎军，"军成，雄镇一方，为江上诸军之冠"（《宋史·辛弃疾传》）。一年后，他又被调离，改任南昌知府兼江西安抚使。

辛弃疾针对当时社会弊端，在地方大刀阔斧地整顿吏治，打击豪强，这就触动了某些特权阶层的利益，从而引起不少官僚的不满乃至嫉恨。淳熙八年（1181年）冬，他被人罗织罪名，弹劾免职。正如他自己所说："生平刚拙自信，年来不为众人所容，故恐言未脱口而祸不旋踵。"

宋淳熙八年（1181年），42岁的辛弃疾因受人弹劾，官职被削夺。其间除绍熙三年（1192年）至绍熙五年曾出任福建提点刑狱和安抚使外，前后18年，一直隐居在江西上饶城外的带湖和与上饶邻接的期思渡旁边的瓢泉二地。这是作为英雄的辛弃疾的失意期，也是作为词人的辛弃疾的艺术创作丰收期。

宋宁宗嘉泰三年（1203年），64岁高龄的辛弃疾再次被起用为绍兴知府兼浙东安抚使。这次起用他的是当时宰相韩侂胄。为筹划北伐，韩侂胄需要

起用一些主张抗金的元老重臣以造声势，辛弃疾便成了他的一个筹码。这次他在任只有一年多，又因被人诬以"好色贪财，淫刑聚敛"而免职。开禧二年（1206年）五月，南宋伐金全线溃败。这时，朝廷又想到了辛弃疾。但此时的辛弃疾已经卧病不起。开禧三年（1207年）9月10日，这位杰出的民族英雄在大喊"杀贼"声中含恨而逝。

辛弃疾墓

下野称词宗

罢官后的辛弃疾，把自己在江西上饶带湖居处以"稼"名之，自号稼轩居士。在这里，他看似淡泊平静，但内心却块垒难平，因为他始终难忘国家的危难、人民的痛苦，也无法忘记自己当年立下的宏伟志向。于是，他将自己的爱国热忱、英雄情怀，以及壮志难酬的怨愤，一并寄托于词中。尽管辛弃疾在南归后的前期就创作了不少脍炙人口的词篇，但只有在带湖与瓢泉的18年中，他才真正从一个政治家、军事家变为了一个文学家。

据统计，辛弃疾存词629首，是宋人中词作最多的一人。

辛弃疾生长在金统治区，对于北方各族人民反金斗争有着深切的体验，故而抗金与恢复中原，就成为辛词的重要内容："壮岁旌旗拥万夫，锦襜突骑渡江初。"（《鹧鸪天》"壮岁旌旗拥万夫"）辛弃疾在词中记录了自己早年一段传奇式的经历。南归后，他时刻将中原故土和国家、民族的命运挂在心头："凭栏望，有东南佳气，西北神州。"（《声声慢》"征埃成阵"）他以抗金、恢复中原的重任鞭策自己："算平戎万里，功名本是，真儒事，君知否？"（《水龙吟》"渡江天马南来"）他在词中高呼："要挽银河仙浪，西北洗胡沙。"（《水调歌头》"千里渥洼种"）"了却君王天下事，赢得生前身后名。"（《破阵子》"醉里挑灯看剑"）他以英雄自许，以歌词激励人们的斗志，高唱："破敌金城雷过耳，谈兵玉帐冰生颊"，"马革裹尸当自誓，蛾眉伐性休重说。"（《满江红》"汉水东流"）

辛弃疾看到南宋统治集团"忍耻事仇，饰太平于一隅以为欺"，加之他是南下"归正"官员，得不到信任，他只得把不满情绪通过委婉的方式进行表达。他谴责主降派对于抗金事业的干扰破坏，唱道："举头西北浮云，倚天万里须长剑。人言此地，夜深长见，斗牛光焰。我觉山高，潭空水冷，月明星淡。待燃犀下看，凭栏却怕，风雷怒，鱼龙惨。"（《水龙吟》"举头西北浮云"）"长剑倚天谁问，夷甫诸人堪笑，西北有神州。"（《水调歌头》"日月如磨蚁"）他幻想奔赴沙场，收拾残破河山，唱道："追亡事，今不见，但山川满目泪沾衣。落日胡尘未断，西风塞马空肥。"（《木兰花慢》"汉中开汉业"）"醉里重揩西望眼，唯有孤鸿明灭。世事从教，浮云来去，枉了冲冠发。"（《念奴娇》"倘来轩冕"）

歌唱抗金、恢复中原，体现了他的理想抱负，这类篇章大大加重了辛词的分量，构成辛词的主调。辛弃疾在大量闲适词中，所反映的归隐情趣，也因此染上了时代色彩。即使在"把吴钩看了，栏杆拍遍，无人会，登临意"的情况下，也不愿意归隐。但是，由于环境所迫，又不得不早作归计。闲居期间，辛弃疾歌唱："一松一竹真朋友，山鸟山花好弟兄。"（《鹧鸪天》"不向长安路上行"）"青山意气峥嵘，似为我归来妩媚生。解频教花鸟，前歌后舞；更催云水，暮送朝迎。"（《沁园春》"一水西来"）从词中我们可以体会到一代英豪的悲苦心境。

辛弃疾还有一部分农村词与爱情词。辛弃疾的农村词描绘了江南农村清新秀

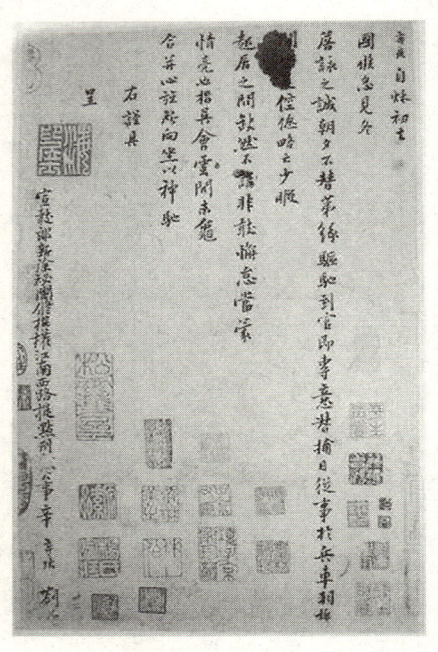

辛弃疾手迹《去国帖》

美的自然景象和劳动人民淳朴勤劳的风尚习俗，充满着浓烈的乡土气息；同时，也寄寓着他的美好愿望和理想。《浣溪沙》"北陇田高踏水频"、《鹧鸪天》"鸡鸭成群晚未收"、《西江月》"明月别枝惊鹊"等，描绘农村生活图景，朴实、宁静，充满活力。《清平乐》"茅檐低小"描绘一个农民家庭的生活场面，《鹊桥仙》"松冈避暑"描绘农村的婚嫁喜事，《鹧鸪天》"春日平原荠菜花"描写农村少女形象，真实、生动，饶有趣味。《玉楼春》"青山不解乘云去"及《浣溪沙》"父老争言雨水匀"，表现作者对劳动人民的同情和关怀，大都写得亲切、深刻，感人肺腑。

辛弃疾的词具有很高的艺术成就。首先，在驾驭词调上，辛弃疾有着非凡的才能。无论是篇幅短窄的小令，还是格式多变的慢调；无论以赋体、诗体入词，或者"以古文长篇法行之"（谭献《复堂词话》），都能够纵横谨严，各得其宜。其次，在语言运用上，尤其是在大量的用典、用事上，辛弃疾有着特殊的造诣。所谓"用事最多，然圆转流丽，不为事所使，称是妙手"（陈霆《渚山堂词话》卷二），便是辛词这种特殊造诣的体现。再次，通过艺术形象创造意境。如淳熙元年（1174年）中秋夜，辛弃疾在建康创作《太常引》"一轮秋影转金波"，下阕写道："乘风好去，长空万里，直下看山河。斫去桂婆娑，人道是清光更多。"这是用瑰丽的想象所创造的一个美好的境界。作者以"桂婆娑"暗指朝廷主降势力，希望除掉主降派以实现其光复祖国河山的宏图大略。

辛弃疾词对南宋词坛影响巨大。清人陈洵《海绡说词》曾说："南宋诸家鲜不为稼轩牢笼者。"在其同时或稍后，出现了不少与辛弃疾有着相同或相近创作倾向的词人，文学史上把他们称为辛派词人，著名者有陈亮、刘过、刘克庄、刘辰翁等。

后世人对辛弃疾的评价也非常高。清人王士祯《花草蒙拾》曰："婉约以易安为宗，豪放惟幼安称首。"《四库全书总目提要》评曰："其词慷慨纵横，有不可一世之慨，于倚声家为变调；而异军特起，能于剪红刻翠之外，屹然别立一宗，迄今不废。"近人王国维《人间词话》亦言："南宋词人，白石（姜夔）有格而无情，剑南（陆游）有气而乏韵，其堪与北宋人颉颃者，唯一幼安耳。"

（李辉）

王安石

——一个集文学家与政治改革家于一身的人

"穷则独善其身,达则兼善天下"是中国古代知识分子的追求,这在王安石身上表现得尤为突出。少年王安石就博览群书,凡事都有自己的见解,不拘泥于成规,显示出极强的个性。他目睹北宋王朝官冗兵弱、财力穷困、吏治败坏的现实,立志苦学,"欲与稷契遐相希",慕远古先贤,立下了学以致用、干一番经世治国的事业,由此奠定了他日后在荆棘丛生的道路上奋战的一生。

少小立远志

王安石(1021~1086),江西临川(今江西抚州)人,字介甫,晚号半山,小字獾郎,封荆国公,世人又称王荆公。

宋真宗天禧五年(1021年)十一月十二日,王安石出生在一个小官吏家庭。父亲王益,字损之,初任建安主簿,后为临江军判官,出领新淦县,知庐陵县,又移知四川新繁县,所至皆有政声。王安石自小爱读书,记忆力很强,"自百家诸子之书,至于《难经》《素问》《本草》,诸小说,无所不读"。(《答曾子固书》)他随父宦游南北各地,接触到一些社会现实,对农民的痛苦生活有所了解。从那时起,年轻的王安石便立下了"矫世变俗"之志。

19岁那年，人生道路上的第一次挫折降临到王安石头上：他的父亲病死于任所。王安石把父亲安葬在牛首山，并守孝三年。那三年母子经历了"母兄呱呱泣相守，三年厌食钟山薇"的困顿生活。

宋仁宗庆历二年（1042年），王安石应试汴梁，中进士第四名，以秘书郎签书淮南节度判官厅公事。

庆历七年（1047年），王安石任鄞县（今浙江宁波）知县。他看到这块滨海之地，环境虽好，但百姓同样穷困。他立即考察农田水利受到破坏的情况，并向上级官员条陈东南百姓饥馑的状况，指出其原因是官员豪绅只知鱼肉乡民，而从不问民疾苦和关心生产。他组织和带领县吏参加生产和水利情况的考察，行程数百里，查访14个乡，摸清了基本情况。他动员百姓不分老少投入水利工程的修治，疏导川渠河港，兴筑堤坝坡堰，以谋求旱涝两利。考虑到当地渔农春汛出海捕鱼而青黄不接的困难，王安石决定以常平储粮，低息贷给农民，秋收时还粮付息，这就为渔农解决了春荒的困难。这是王安石初步进行社会改革的尝试。

之后，王安石先后任舒州通判、常州知州、提点江东刑狱等地方官吏，均能体恤民情，为地方除弊兴利。

在十多年的行政生涯中，王安石一方面以所学理论指导工作实践，一方面又注重总结工作经验，成为一名干练有为的能吏。加上他文才超群，行止卓异，因此虽官职不高，却在社会上声名鹊起，深得欧阳修[1]等朝中高官的赏识。仁宗嘉祐二年（1057年），36岁的王安石写了著名的《上仁宗皇帝书》，指出宋王朝内部潜伏的诸多矛盾与危机，并针对这些问题提出要"法先王之意"进行"改易更革"。这篇万言书是王安石经多年思考而形成的全面改革纲领，但却没有引起仁宗的兴趣。

嘉祐三年（1058年）十月，王安石被调进京城，任三司度支判官。由于政绩突出，五年后被任命为同修起居注。在此期间，王安石逐步形成了积极进取、兴利除弊的系统变法思想。他渴望能对整个国家的政治变革和长治久

---

[1]欧阳修（1007~1072），北宋政治家、文学家，唐宋古文八大家之一。字永叔，号醉翁，晚年又号六一居士。庐陵（今江西吉安）人。四岁丧父，家境贫寒，母亲以荻杆画地教他识字。宋仁宗天圣八年（1030年）中进士，先后在中央和地方任职，历任知制诰、翰林学士、参知政事、刑部尚书、兵部尚书等。神宗熙宁四年（1071年），以太子少师的身分辞职，归于颖州（今安徽阜阳）。次年卒，谥文忠。

安有所贡献，渴望实现自己的人生价值。

英宗治平四年（1067年），英宗病逝，20岁的神宗即位。他对王安石心仪已久，特别是读过《上仁宗皇帝书》后，对他更是景仰有加。一旦登基为帝，神宗立即召王安石"越次入对"，深感王安石就是能助自己成就大业的人才。熙宁二年（1069年）二月，神宗任命王安石为参知政事，负责变法事宜。次年底，任命他为同中书门下平章事，成为宰相。一场波澜壮阔的变法改革运动被逐步推开。

变法图自强

王安石在执政前就认识到，只有在发展生产的基础上，才能解决好国家财政问题，因此，他把发展生产作为当务之急而摆在头等重要的位置上。他也认识到这次变法，涉及面广，对既得利益者触犯又深，因此遭到一部分人的反对是预料中事。在变法中王安石显示了一个伟大改革家所具有的过人的胆识、智慧和勇气，鲜明地提出了"三不足"的口号："人言不足恤，天变不足畏，祖宗之法不足守。"

△ 王安石纪念馆

在王安石变法思想的指导下，逐步推进了一系列新法。归纳起来，主要有以下几种：

(1) **青苗法** 熙宁二年（1069年）颁行。每年春天青黄不接时，政府以较低利息贷款或借谷物给农民，秋后偿还，目的是使农民避免地主豪绅的高利盘剥。这是王安石早年在鄞县采用的办法。

(2)募役法 熙宁四年（1071年）十月颁布。也称免役法。规定改差役为募役（用钱雇役）：原有差役负担的人，按田亩多少分等交"免役钱"；原来没有差役的人户（享有免役特权）一律按田产数交"免役钱"之半，官户后来又减少到1/4，但按家产纳钱的规定不变。家产越大，须交纳的免役助役钱越多。这样朝廷的收入增加了，废除了免役特权，对抑制兼并起到一定作用。

(3)农田水利法 熙宁二年（1069年）十月颁布。王安石任相后，派人专门分赴各路考察农田灌溉、徭役利害等情况，在掌握实情的基础上，参照前代兴修灌溉工程的经验，制定和颁布了《农田水利法》。规定各地共修水利工程，工料由当地居民依照户等按高下分派。不足部分，可依青苗法向政府贷款。此法的推行，有力地推动了农业的发展，使农民直接受益。

(4)方田均税法 政府重新丈量土地，按照土地的好坏，规定纳税的数目，官僚、地主不得例外。

(5)保甲法 把农村民户加以编制，10家为一保，50家为一大保。凡家有两丁以上，出一人作保丁。农闲时集保丁练武；平时，每一大保规定5人轮流值夜防盗。王安石还计划把保丁练成民兵，逐步代替募兵，即以征兵制代替募役制，以此改革冗兵之弊，为国家节省巨额经费。

(6)均输法 颁布于熙宁二年（1069年）七月。规定朝廷向东南六路征调财物的征调权统归发运使，由其掌管六路、京师的生产和府库的储备等，然后根据实际需要和各地产品情况征收，由国家调剂有无，权衡贵贱，统一运输。由于反对派反对，此法推行不久就废除了。

(7)市易法 在京师开封设立提举市易司，又在全国19个较大都市设立市易务。由国家出资，市议司（务）平议价格，收购因富商大贾操纵物价使商旅不能脱销的货物，再以地产、金帛为抵押，让普通商贩赊购进行经营，年息二分。这样，政府既掌握了议定物价权，打击了垄断市场的富商兼并势力，政府还增加了收入，商旅和城市商贩也有利可图。

与此同时，变法也对军事制度进行改革，以提高军队的素质和战斗力。为培养更多的社会需要人才，变法还对科举制度、学校教育制度进行了改革。王安石亲自撰写《周礼义》《书义》《诗义》，即所谓《三经新义》，为学校教育改革提供了新教材。

新法的实行大大增加了国家的财政收入，社会生产力有了明显发展；垦田面积大幅度增加，全国高达7亿亩，单位面积产量普遍提高；多种矿产品产量为汉代、唐中叶的数倍乃至数十倍；城镇商品经济取得了空前发展；军队的战斗力也有明显提高。宋王朝似乎又重新恢复了生机与活力，神宗欢欣鼓舞。正在神宗皇帝志满意得之时，形势却已开始逆转。

得失难定论

熙宁四年（1071年），东明等县上千农民进京上访，甚至冲击王安石的私人住宅，引起了神宗的注意。太皇太后、太后及各亲王也都纷纷进谏，指责所谓"安石乱天下"。神宗也开始犹豫了。恰在此时，发生了一宗诡谲怪异的事，动摇了王安石的政治地位。

熙宁六年至七年（1073年～1074年），宋朝东北部发生了严重的蝗灾和旱灾，从秋天到春天竟然有十个月滴雨未下，赤地千里，灾民四处逃荒。反对派趁机指控是王安石的新法惹怒了上天，并鼓噪"去安石，天乃雨"，要求废止新法。郑侠[①]一幅"流民图"，让神宗触目惊心。他反复思考，下诏暂停青苗、免役、保甲等八项新法。诏下当日，果然天降大雨，旱情立解。自然界的巧合把神宗惊得目瞪口呆！出于保护王安石之意，神宗作出了重大人事调整。熙宁七年（1074年）四月，神宗罢免了王安石的宰相职务，任命他为帝师。王安石坚决推辞，要求外放地方，于是改任江宁知府。神宗又依王安石的推荐，任命韩绛、吕惠卿[②]为正副宰相，继续变法改革。

第二年，宋神宗又把王安石召回京城当宰相。刚过了几个月，天空出现

[①]郑侠（1041～1119），字介夫，北宋诗人。治平四年（1067年）中进士，授将作郎、秘书省校书郎。后因反对变法，贬为京城安上门监门小吏。熙宁六年（1073年）六月，蝗虫成灾，七月起，又大旱九个月，赤地千里，致饥民逃荒，大批流入京城。郑侠决心为民请命，画成《流民图》，请求朝廷罢除新法。他以后在官场时起时伏，北宋宣和元年（1119年）八月卒，终年79岁。

[②]韩绛（1012～1088），字子华。开封雍丘（今河南杞县）人。仁宗庆历二年（1042年）进士，神宗继位后，拜枢密副使，参知政事。王安石罢相后，由他代相。封康国公，官至司空、检校太尉。77岁卒，谥献肃。吕惠卿（1032～1111），字吉甫，泉州晋江（今属福建）人。仁宗嘉祐二年（1057年）登进士第。变法初期，他支持王安石新法，事关变法，王安石皆与他商量计议，所有建请、章奏都由他起草。后来任参知政事时，他极力扩大个人势力，与王安石发生矛盾。之后，他在仕途上几经升降，宋徽宗政和元年（1111年）十月，他以观文殿学士、光禄大夫致仕，病死。

王安石
—— 一个集文学家与政治改革家于一身的人

⚫ 南京王安石故居半山园

了彗星。这本来是正常的自然现象，但在"天人感应"已深入人心的时代，是很难扭转人们的看法的。一些反对派又趁机攻击新法。王安石已无力继续贯彻自己的主张。到第三年（1076年）春，他再一次辞去宰相职位，回到了江宁府。

王安石走后，神宗单枪匹马继续推行新法。元丰四年（1081年）七月，讨伐西夏战争失败。五年七月，西夏军攻陷永乐城，宋军全军覆没。接连的打击使神宗几近崩溃。他悲愤交加，竟数日粒米不进。八年（1085年）三月，万念俱灰的神宗皇帝带着满腔的愤恨离开了这个世界，年仅38岁。10岁的哲宗继位，由神宗的母亲太皇太后高氏听政。高太后掌权后立刻驱逐变法派，任用司马光、吕公著[①]等人，尽废王安石新法。

新法被废，王安石蛰居江宁，日日反省。在极度的心理煎熬和丧子之痛的折磨中，竟一病不起。哲宗元祐元年（1086年）四月，王安石病逝，终年65岁。

[①] 吕公著（1018~1089），字晦叔，宰相吕夷简次子，进士及第。神宗熙宁二年（1069年），任御史中丞，对王安石推行的青苗法极力反对，因而被贬为颍州知州。哲宗即位后，以侍读召回朝廷。元祐元年（1086年），升任尚书右仆射兼中书侍郎（即宰相），与司马光同心辅政，全部废除王安石新法。元祐四年（1089年）二月去世，享年72岁，赠太师，封申国公，谥"正献"。

王安石虽贵为宰相，生活却极为俭朴，人品道德为人称道。在神宗眼里，王安石不是普通的臣子，而是自己的良师益友。这为王安石的工作带来了极大的便利。但他身为宰相，不可能事事亲历亲为。下面官员的能力、品格等，直接关系到变法的成败。

而王安石自身性格和行事风格也妨碍了他的事业发展，他较偏执，且刚愎自用，不善团结各方人士，这就把许多可用之才推向了自己的对立面。

王安石自己视功名如粪土，却信奉高官厚禄可以招徕人才，殊不知这是对正直知识分子的一种污辱。他在组建官员队伍时，只问政治态度，不问政治信仰，不问人品道德，从而导致一些投机分子跻身官场。这就为变法运动埋下了深深的隐患。

吕惠卿在变法之初曾起了很大作用，"安石事无大小必谋之"，均输、青苗、农田水利等法皆出自于他手。但当他爬上高位成为变法派二号人物后，便排斥异己，任人唯亲。甚至对王安石连下杀手，最终断送了王安石的政治生命，也摧毁了变法改革大业。

当然，新法实施后暴露出许多弊端，也是他始料未及的。如均输法，地方政府每年都要向朝廷上贡财物，这就是"输"。输的品种和数量都有硬性规定，这就有弊病：年成有好坏，物产有地出，地方政府为完成上贡任务，有时不得不以高价从外地购进凑数；同一种物资，有的因朝廷往年的还没用完，造成积压浪费，有的则消耗太大，不够使用。"富商大贾得操纵其间，以乘公私之急"，榨取暴利。为克服这些弊端，王安石颁布实施均输法。其内容是：将地方按事先规定贡奉，改为由朝廷按需要采购。为此专门设立发运使官，任命薛向为发运使。发运使根据库藏和收支情况，凡朝廷所需物资，尽量在价廉处或近地收购；国库里面剩余的物资，则运到高价地区销售，也就是"徙贵就贱，用近易远"。这样，既节省了采购费和运费，又使国用充足，并具有调剂供需、平抑物价的作用，富商大贾也就无从下手了。

但这样一来，发运使衙门就变成了一家最大的国营垄断企业，其实质就是政府直接经商做生意，这就为腐败大开方便之门。发运使衙门因此变成了最大的投机倒把商，薛向也成了一夜暴富的大贪官。

其他如青苗法、免役法、市易法、保马法、方田均税法等，也都大致如此：出发点是好的，效果是明显的，最后却因吏治腐败而害民。

王安石
—— 一个集文学家与政治改革家于一身的人

文章飘异香

王安石不仅是一位杰出的政治改革家，同时也是一位卓越的文学家。他反对西昆派杨亿、刘筠等人[1]空泛的靡弱文风，认为"所谓文者，务为有补于世而已矣"（《上人书》）。他的作品多揭露时弊、反映社会矛盾，具有较浓厚的政治色彩。

王安石为"唐宋八大家"之一。他的散文雄健简练，奇崛峭拔，说理透彻，阐述政治见解与主张，为变法革新服务。《上仁皇帝言事书》是王安石主张社会变革的一篇代表作，根据对北宋王朝内外交困形势的分析，提出了完整的变法主张，表现出作者"起民之病，治国之疵"的思想。《本朝百年无事札子》，在叙述并阐释宋初百余年间太平无事的情况与原因的同时，尖锐地提示了当时危机四伏的社会问题，期望神宗在政治上有所建树。《答司马谏议书》，以数百字的篇幅，针对司马光的指责，据理反驳，文章短小精悍，言简意赅。王安石的一些脍炙人口的小品文，如《鲧说》《读孟尝君传》《书刺客传后》《伤仲永》等，评价人物，笔力劲健，文风峭刻，富有感情色彩。他还有一部分山水游记散文，如《城陂院兴造记》简洁明快，酷似柳宗元的《游褒禅山记》。正如梁启超所说，王安石之文"无体不备，无美不搜，昌黎而外，一人而已"。

王安石手迹《楞严经旨要》

---

[1]西昆派，由《西昆酬唱集》得名。西昆派为北宋初年影响最大，声势最盛的流派，杨亿、刘筠、钱惟演为其代表作家。内容多歌咏宴饮生活，咏物、咏史及泛咏男女情爱，缺乏真挚情怀。在艺术上追求用典，属对工整，下字艳丽。

王安石的诗现存1500余首，大致可以他被罢相（1076年）那一年为界而分为前、后期。前期诗作，主要有针砭时弊、抒发政见、言情抒怀的政治诗、咏史诗，这些诗多长于说理，涉及许多重大的社会问题，注意下层人民的疾苦。如《河北民》反映了辽和西夏入侵，北宋王朝搜刮民脂民膏，屈辱求和，民不聊生的社会现实。《收盐》《省兵》《发廪》《兼并》《感事》等诗也都表现了诗人体恤百姓疾苦，主张改革弊政的思想。《明妃曲二首》《孔子》《孟子》《商鞅》《张良》《范增》《贾生》《谢安》《杜甫画像》等诗，或评价历史人物，或咏史抒怀，借古讽今，将思想性与艺术性融为一体。《元日》《歌元丰》等，热情讴歌了变法带来的新气象和人民的欢乐。

王安石《游褒禅山记》所记的华阳洞

后期的诗作，或直抒胸臆，抒发诗人被迫隐退的愤懑之情；或托物寄兴，表现诗人刚正不阿的禀性；而更多的尤为人们所称颂的则是那些描绘湖光山色的写景小诗，如《泊船瓜洲》《江上》《梅花》《书湖阴先生壁》等诗，观察细致，精工巧丽，意境幽远，表现了诗人对大自然美的歌颂和热爱，历来为人们所传诵。

王安石的词，今存二十余首。他虽不以词名世，但其"作品瘦削雅素，一洗五代旧习"（刘熙载《艺概·词曲概》）。《桂枝香·金陵怀古》一词，通过描写金陵壮景及怀古，揭露六朝统治阶级"繁华竞逐"的腐朽生活，豪纵沉郁，被赞为千古绝唱。

（李辉）

商博良

——破解古埃及的第一人

1802年初春的某一日，法国格勒诺布尔城伊泽尔省长官邸，来了一位特殊的小客人。省长傅立叶来到格勒诺布尔还没多久，他曾经随着拿破仑远征埃及，是当时顶尖的埃及专家，随身带着大量的古埃及文献。尽管身为一省之长，但此时他最关心的还是他急待完成的一部巨著——《埃及记叙》。来拜访他的是一个学生，却对埃及有着异乎寻常的了解和热爱，这引起了傅立叶的好奇。傅立叶向客人展示了他收集的记满古埃及文字的纸莎草和石片，一直拘谨的客人眼睛开始闪亮起来，他抚摸着那些奇形怪状的文字问："有谁认识这些文字吗？"傅立叶不无遗憾地摇了摇头。古埃及的大门已经尘封得太久，这种神秘的文字早已失传，上千年来，已经无人能够通过这些文字了解古埃及辉煌的往事了。客人点点头，突然高声地说："那么就是我了！等我长大了，我一定会解读这些文字的。"这个小客人名叫商博良，当时年仅11岁。

语言天才

让-弗朗索瓦·商博良（Jean-François Champollion，1790～1832）的家乡

有志者事竟成

位于法国东南部洛特省的菲雅克小镇。父亲雅克在镇上开了一家书店。1790年，他那已经怀过6个孩子的妻子嘉柳患上了重病，并因严重的风湿而瘫痪在床。镇上的医生几乎都束手无策。雅克不得已，只得请了一位江湖术士来试试运气。术士让嘉柳服了些草药，并预言，病人很快就会痊愈，而且很快就会怀上一个男孩。更为惊人的是，术士还信誓旦旦地宣称，这个男孩将会名扬青史。

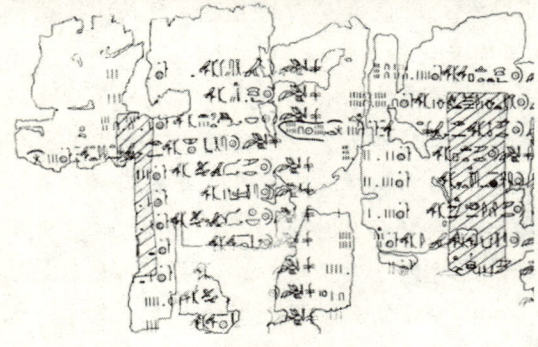

病人果然在第三天就有好转，并起了床。而且恰如那个神奇的术士所预言的那样，已经46岁的嘉柳，在八年未孕之后，居然再次怀了胎，并在同年12月23日的深夜，顺利地产下了一个健康的男孩。这就是小商博良。可以说，他一降临人世，就显得与众不同。

为了生活，父亲雅克常年在外奔波，幼小的商博良整天被关在家里。他非常聪明，行为举止也不像个小孩。直到7岁，他还没有接受正规教育。他开始自学认字和写字，开始描摹各种陌生的文字。在小商博良的心目中，"书写"如同画画。这不但培养了他的绘画天分，也使他的心智不为世俗常规所限制。他从此将图画看做文字，把文字当成图画。这种异乎常人的习惯无疑对他今后所痴迷的文字事业大有帮助。

△ 古埃及莎草纸残片

商博良的哥哥贾克·约瑟夫，比他大了整整12岁，是一个极有天赋的自学成才的语言学者，对考古尤其对古埃及有着强烈的兴趣。他不仅是弟弟的教父，也是商博良一生的引路人。商博良之后取得的成功，和这位言传身教、意志坚强的大哥是分不开的。贾克·约瑟夫是一个狂热的拿破仑崇拜者，曾经满怀希望想参加拿破仑的远征埃及大军，结果未能如愿，但这一切对小商博良却有着很大的影响。尽管哥哥很早离开了家乡，前往格勒诺布尔工作，但是却对弟弟依然关怀备至。

1798年，8岁的小商博良进了小学，但是刻板的学校生活让他无所适从，陈旧的教学模式令他厌倦不已。而他自成一格的拼写习惯也让他在学校里问题不断。1801年，贾克·约瑟夫将弟弟接到了格勒诺布尔，他要亲自教导弟弟。在大哥的悉心点拨下，商博良在语言学上很快就显示出惊人的天赋。11岁时他就在拉丁语和希腊语的学习上进展神速。很快他又开始了希伯来语的学习，他旺盛的求知欲似乎是难以控制的。进入学校后，他又开始了阿拉伯语、叙利亚语以及迦勒底语的学习。12岁时，他甚至开始自己动手编纂一部古代人物年表。商博良开始对古埃及越来越感兴趣，他所走的每一步似乎都是在为他今后的埃及事业架桥铺路。

1807年8月27日，商博良在格勒诺布尔公学（相当于高级中学）顺利毕业，并取得了前往巴黎就学的资格。这一天，商博良被要求在格勒诺布尔研究院全体会员面前宣读自由命题论文。结果，这位16岁的少年在众多地方学术名流面前毫不怯场，他旁征博引，侃侃而谈，讲述了自己将要着手的一部论著《法老王统治下的埃及》，这个构思征服了全体听众。在此之前，商博良的语言天分已经备受人们的关注，通过这次演讲，格勒诺布尔人又见识到了这位少年天才在原创性研究方面的巨大能力。当时大家就一致提议，格勒诺布尔研究院应该吸收商博良为院士。敏感的少年被演讲成功的喜悦激动得一时难以自控，以至于一走出讲演场，就一下子失去了知觉，昏倒在地。6个月后，格勒诺布尔市市长亲自向商博良宣布了他被批准为院士资格的消息，这也是这个学会历史上最年轻的成员。

在前往巴黎的旅途上，商博良告诉哥哥自己今后的理想，这也是他早已确定的目标："我要把埃及象形文字破译出来，我一定能做到！"

痴迷古埃及

到巴黎后，商博良似乎一点没有被首都的繁华所干扰，他把所有的精力都投入到了研究古埃及的文献中。他的生活天地已经完全被法兰西学院、皇家图书馆和东方语言学院所占据。他对东方语言的痴迷，让他就像海绵般贪婪地吸收着新的语言知识。他又学习了梵语和波斯语。他在阿拉伯语上花费的功夫之深，竟使他平时的声音都有了改变。为了尽快打开古埃及象形文字的神秘大门，他又开始学习埃及科普特语，并发誓要把这门语言掌握得犹如自己的母语一样精熟。他把掠过脑海的一切都翻译成科普特语。他写信给哥哥："我跟自己说科普特语，这是学习纯正埃及语真正有效的方法。这样，我就能很快去研究古埃及的莎草文献了。我一定会弄出一个结果来，我已经踏出重要的一步。"他同时也发现了当时科普特语资料的严重不足。于是，他一边学习，一边开始编纂一部科普特语词典。

1809年春，在苦学科普特语的同时，商博良开始了对著名的罗塞塔石碑的研究。罗塞塔石碑是一块刻着埃及法老托勒密五世时期一条赦令的大理石石碑，1799年由一名拿破仑远征军军官在埃及北部的罗塞塔镇挖掘工事时所发现。石碑上有三段文字，用三种不同的文字刻写，这些文字分别是古埃及象形文字、埃及通俗体文和希腊文。当时的学者很快根据翻译后的希腊文内容，推断出这是以三种语言记述的同一件事情。尽管古埃及象形文字已经失传很久，但根据已知的希腊文，来寻找出相对应的象形文字的内容，进而达到破解古埃及文字的目的，应该就有了很大的可能。这个消息传出后，令舆论和媒体都大为兴奋，纷纷宣告："从罗塞塔石碑中可以找到通往古埃及这个神秘王国的钥匙，用埃及人自己的文字来说明埃及已经为时不远了。"

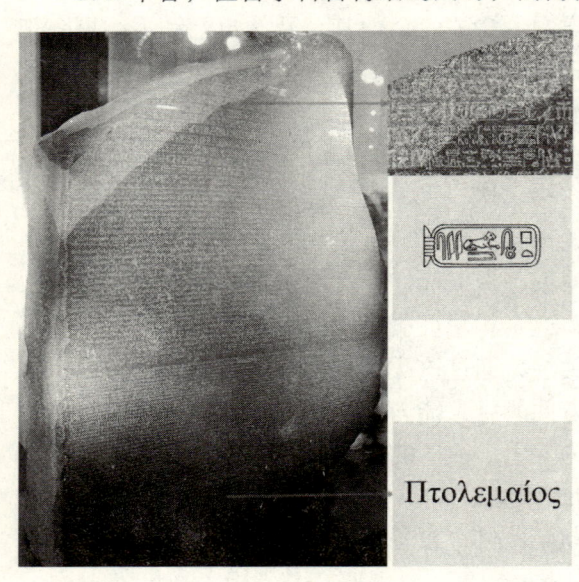

罗塞塔石碑上托勒密（Ptolemy）国王名字和希腊文（Πτολέμαιος）的对照

1809年10月，商博良结束了在巴黎的学习，回到格勒诺布尔，并立刻被聘请为格勒诺布尔大学历史系教授，这一年他才19岁。他的哥哥贾克·约瑟夫也同时被聘为该校的教授。几年后，商博良二卷本的《法老王统治下的埃及》也得以完成并出版。一时间,兄弟二人成了格勒诺布尔的风云人物。但是厄运也随之而来,先是学校中嫉妒的同僚对商博良百般暗算,让商博良不但失去大部分理应属于他的教授薪金,而且他被校园里的钩心斗角、尔虞我诈折磨得情绪低落,狼狈不堪。更危险的是,随着拿破仑的沉浮起落,法国的政局也变得极为动荡不安。商博良兄弟俩也在这历史的洪流中被冲击得几度难以自保,他们不但先后被解除教职,甚至被格勒诺布尔的保守派指控危害政府,被双双流放到自己的家乡菲雅克镇。尽管二人很快又重获自由,但贾克却就此离开了商博良,前往巴黎发展,而厄运却继续伴随着又回到格勒诺布尔重任教职的商博良。他一再受到保守势力的打压,并再次被撤除所担任的一切工作,一度还被控告犯了叛国罪,被送上了法庭。

与此同时,在学术上,除了出版了一本科普特语词典外,商博良在对埃及古文字的破解上也进展甚微。而且,在他的研究道路上还多了一位他平生最大的劲敌——英国学者托马斯·杨。这位大西洋彼岸的医生才华横溢,比起饱受贫困、资源匮乏、屡受政治迫害的商博良,杨的人生道路可谓一帆风顺。他和商博良一样,醉心于古埃及文字的破解研究,并取得了一些突破。

埃及学之父

1821年7月20日,商博良终于下定决心离开格勒诺布尔,从此他走出了生命的低谷。他回到巴黎,来到兄长兼导师贾克的身边,准备全力以赴地去破解古埃及的文字之谜。

古埃及象形文字,在埃及文化昌盛时期,曾经遍布于尼罗河两岸的神庙和各种碑石上,但随着罗马的兴起及基督教、伊斯兰教的盛行,人们开始使用希腊字母书写埃及语,象形文字慢慢成了过往的陈迹,再也无人问津。公元4世纪,埃及寺庙因基督教的强势而被迫关闭。此后,象形文字就像金字塔前的斯芬克斯一样神秘莫测。许多学者也曾尝试去破解,但人们一直认定古埃及文字是一种无法理解的以图示意的文字,去探索那些图形的象征性含义是徒劳的。结果,狂妄自大者肆意乱猜,而立意治学者则在传统的观念前一筹莫展,束手无策。

回到巴黎后,商博良潜心研究这种已经失传一千四百多年的文字,耐心地把手中的材料反复比较、排列、试验。慢慢地他发现，这些一直困扰着人们的象形文字其实是"字母"，或者如他所言："不是一套完整的按顺序排列的字母，而是注音字母。"这和杨及其他人的猜测不谋而合。但是其余人仅仅到此为止，再无进展了。即便是杨，由于他对语言学所知有限，也只能猜出其中少数几个单词和字母的含义，此后再也不能前进一步。但是商博良不同，多年语言知识的厚积薄发，使他的才识渐渐显露出来。

商博良精通十几种古代东方语言，尤其擅长科普特语，所以，一旦认准了方向，在探索古埃及语上他有着别人无法比拟的优势。他很快就看出了语言本身的内在体系，敏锐地选择以埃及法老的名字为突破口，对照着法老王的名字剥丝抽茧般慢慢地一点点破解着，终于编制出一份粗具雏形的字母表。

1822年9月14日，商博良起了一个大早，却出人意料地收到了几份来自埃及阿布辛巴神庙象形铭文的手绘复本。他仔细地查对着资料，心中豁然开朗：原来象形文字除了作为限定词等特殊用途的符号外，同时由表意符号和表音符号这两大类组合而成。顿时，一切变得清晰了然，他再三查对，确信已无差错，古埃及文字神秘的大门轰然而开。他大喜若狂，首先想到应该把这个惊人的喜讯通报给哥哥贾克。他抓起一叠文稿，飞也似的直奔雅克的办公室。当他见到贾克，已经跑得上气不接下气，他狂喊一声："我找到了！"然后一头扎到地上，人事不知。

1822年9月27日，商博良从成功的狂喜中恢复过来，参加了当年的铭文和文学学会，并在云集了几乎所有这个学术领域专家泰斗面前，宣读了他那篇包括24个埃及字母符号，以及希腊文和科普特文中与之相对应的字母图表的

△ 商博良破译了这段著名的象形文字：
"他说，安宁地来到这里并穿越天空的人，就是太阳神。"

著名论文。千百年来无人知晓的三千年前的人类历史文献，很快就要被揭开神秘的面纱了。商博良以20年不懈的执著和努力取得的成果震惊了所有与会者，其中也包括这些年来对他形成强烈挑战的英国学者托马斯·杨。商博良无可争辩的破解立刻迎来一片掌声和赞美，以至于一向谨慎和谦虚的商博良

商博良
——破解古埃及的第一人

在给家乡亲友的书信里也不无自豪地说:"我在象形文字上的发现得到了一致的肯定和好评,我所得到的赞誉几乎比圣母院的钟楼还高……"

会后商博良将他的论文整理出版,并正式致函给铭文和文学学会的终身书记达西尔先生。这篇标志着埃及学重大进展的报告,如今被简称为《致达西尔先生的信》,它正式宣告商博良是名副其实的"破解古埃及的第一人"。而1822年9月29日这一天,从此被确定为埃及学这门新兴学科的创立之日。

由于有了古埃及象形文字字母表,商博良破解铭文就变得很容易了。随后几年,他奔走于欧洲各地,忙于处理认证各种古埃及的文献文物。1826年,他被任命为卢浮宫埃及文物馆馆长。

1828年8月,商博良带领一支埃及考察团来到了埃及。这位一生浸润在埃及文字和文物中的欧洲人,仿佛一生都是为了等待这个日子的到来。他像回到了自己孩提时的梦境里,一切是那么亲切和熟悉。而当地人也对这个能够看懂各处庙宇和方尖碑上神秘的"法老语言"的异乡人好奇不已。商博良就像一个明星一样受到围观,而他也不负众望,在众人惊讶和敬佩的目光下,一次次大声地将石壁和碑文上那些古老的语言一一解读并朗读出来。尽管考察团面临极为困难的条件,商博良也不断遭受着病痛的折磨,但他在这片古老的土地上一直处于高度的亢奋状态,因为考察团的发现和挖掘出来的几乎所有的资料,都在证明他二十余年努力的成功。

商博良终于解开了古埃及文字之谜,但是他的生命仿佛也随之到了尽头。回到巴黎仅3年,1832年3月4日,他因病溘然长逝,享年41岁。他的生命实在太短,而在这短促的生命中却开启了漫长的古埃及学,他被尊称为"埃及学之父"。

▲ 埃及卡纳克神庙的百柱厅

(缪德民)

★ 莫 奈

——一个开启人类感官和表达史上新纪元的人

1874年4月，在法国巴黎，一群年轻的画家聚集到了一起。这是一个与传统的学院画派相抗争的团体，主张画家应置身于大自然之中，利用油画色彩，抓住光与影的瞬间变化，把自然界的生命力在人们视觉中的印象表现出来。为了把自己创作的新艺术公之于世，他们筹组了一个"无名画家、版画家及雕刻家协会画展"。他们一共有30个人，展出165件作品。画展受到了因循守旧的学院派的攻击。一位官方评论家借着画展代表人物莫奈的一幅海景画《日出·印象》为名，嘲笑这个团体为印象派。数年后，这些年轻人几乎都成了艺坛上叱咤风云的人物，他们提倡的画风风行一时。而印象派之名也就这样在艺术史上留了下来。这个流派的主将就是莫奈。

立志绘画

1840年11月14日，克劳德·莫奈（Claude Monet，1840～1926）出生于巴黎，少年时代生活在濒临塞纳河出海口的勒阿弗尔城。大西洋畔阳光明媚、惊涛拍岸的多变气候和壮丽景色充斥着他童年的记忆。莫奈是个调皮、机灵的孩子，从小有一个特长，就是以他敏锐的目光，迅速抓住人物的特征，并用画笔以生动而滑稽的笔法把观察对象描绘下来。这使莫奈很快在家乡小有

莫奈
—— 一个开启人类感官和表达史上新纪元的人

名气。在15岁时，他画的人物漫画就已经摆在了一家文具、画具专卖店出售，这让小莫奈着实赚了不少零花钱。

画家布丹一眼就发现这个孩子与众不同。布丹是法国印象派的先驱，尤其喜欢用画笔描绘天空的千变万化。法国诗人波德莱尔很欣赏布丹，给他取了一个很空灵的名字——"天空的搜索者"。布丹主动邀请莫奈一起去郊外写生，用画笔抓住大自然纯朴的美。他告诉莫奈："当场直接画下来的任何东西往往有一种你不能在画室里找到的力量和用笔的生动性。"他尤其要莫奈记住："要非常顽强地保留最初的印象，它是一个好东西。"布丹的开导对莫奈犹如醍醐灌顶，使他茅塞顿开。他在多年后说："仿佛一层纱幕突然被撕破，我霎时间明白了什么是绘画。……我的绘画生涯就此开始了。"他因此十分感激布丹："如果我今天算是个画家，那都是布丹的功劳。他以极大的爱心，由衷地教导我。在他的指导下，我的眼界逐渐开阔。我开始懂得了大自然，也学会了热爱大自然。"

△ 莫奈自画像

经营批发业的父亲希望莫奈能够继承自己的生意，莫奈却决心做一个画家。而当儿子中断了学业，跑到巴黎去学画时，他认为儿子只是一时心血来潮，只要兴头一过，必然回心转意。不久，莫奈的兵役期到了，他被要求前往非洲的阿尔及利亚服7年的兵役。当时在法国可以出钱买一位"替身"来代替他人服兵役。老莫奈便以此为条件，希望儿子放弃学画，继承家业。不料，莫奈宁愿当兵，也不肯放弃理想。莫奈在非洲仅当了一年兵，就染上了严重的伤寒，被送回家乡休养。在6个月的疗养中，莫奈聚精会神地作画，几乎到了废寝忘食的程度。老莫奈知道，再没有什么东西能够阻碍这位年轻艺术家的意志。他出钱替儿子"赎了身",免除了他的兵役,并于1862年将他送往巴黎国立高等美术学院,接受专业的绘画指导。

巴黎沙龙画展

在莫奈那个时代,一个画家的成功与否,完全取决于在"沙龙"的表现。沙龙本来是大客厅的意思,是贵族豪门接待学者名流和举办各种高雅聚会的地方。在19世纪的巴黎,每年一次的巴黎沙龙展,成了法国画坛主要交易和展出场所。凡是成名的或尚未成名的画家都要把自己最新的作品,送往沙龙接受公众和专家们的品评。对于一个画家,在沙龙得到展出的机会和所获的评语,往往成为决定他们成败的关键。

尽管莫奈生性叛逆,对传统的学院派作品很不以为然,在笔法和用色上也别具一格,但是作为一个初出茅庐的年轻画家,他几乎是别无选择,只能希望在沙龙展上获得肯定。1865年,莫奈首次参加了沙龙展,他的两幅海景图引起了评论家的注意:"在这里,我们要记下一个新的名字。过去,我们还不认识莫奈先生,但现在,我们再也不会忘记他。"

莫奈作品《日出·印象》

1866年,莫奈再次以他未来的妻子为模特创作了《绿衣女子》,参加沙龙展。这幅画很对学院派的胃口,深受各方的好评,甚至有人将莫奈的这幅作品与文艺复兴时代以运用华丽色彩著称的威尼斯大师维罗内歇的作品相提并论。一向着迷于画家写实技法的作家左拉更是对这幅作品赞不绝口:"这才是一个真男人的画!"

但是莫奈是属于光的世界的艺术家,他最喜欢的题材还是天空、海景、冰雪、水中的倒影。他在巴黎结识了一批志同道合的艺术家,如马奈、德加、塞尚、雷诺阿、毕沙罗等。这些新锐画家全都充满理想,敢于向传统挑战，主张艺术应该面向生活并走进自然。他们常在一起聚会、探讨，相互影响之下无形中形成了一股画坛新兴的力量。但是他们是不为学院、沙龙和保守的舆论界所承认的。

莫奈接下来的作品频频被沙龙拒之门外，画作也无人问津，一度连日常生活都遇到了困难。他开始哀叹："这次落选简直要命，我几乎断炊了。尽管我的作品标价不高，但画商和收藏家全都不理不睬。看到自己的作品得不到应有的评价，真伤心。"甚至有一次他不得不向朋友写信求救："已经断粮8天了，厨房里没有火，没有灯……"而那些评论家们却对他的作品极尽嘲讽之能事，一位艺评家在刊物上对着莫奈的新作厉声质问："恶魔才会接受这样的东西，你是在嘲弄我们吗？"

继1869年和1870年的沙龙展再次将他挡在门外后，莫奈再也无法忍受那些沙龙的评审委员们保守而挑剔的目光，他要为自己的信念和前途而抗争。他和那些与自己命运相似的朋友们决定独立举办一个属于自己的画展。从1874年到1886年，他们连续举办了8次这样的画展。那些保守势力嘲笑他们不顾传统的绘画技法，只是"凭着一时的粗浅印象作画"，称这群勇于革新的画家为"印象派"。尽管前两次画展受到了很大的阻力，但是他们清新、自然的画风很快被社会所接受，印象派成了当时最受欢迎的画派。

用画笔来留住光

莫奈的传记作家吉弗鲁瓦曾经这样描写莫奈："他隐约看见空间里有一首诗，一首大气与光线的诗。他要把诗固定下来。"从古至今，如此直接迷恋和描绘光线的画家可以说是绝无仅有。在莫奈的作品里，光，是永恒的主角。他的画笔总是在追逐光的变化。他谦虚地回信给吉弗鲁瓦："我不是一个伟大的画家，也不是伟大的诗人。我只知道，我要尽可能把我在大自然面前所感受的一切表现出来。"这也始终是莫奈画作的宗旨。

为了呈现光在不同季节不同时间中的变化，他开始创作系列组画，也就是用画笔来描绘同一主题在不同时间段的光影变化。从清晨到黄昏，莫奈为了捕捉其间的光影的千变万化，经常同时摆开几个画架，以尽可能快的速度，从各个角度来诠释光影。他完全视单调、乏味的主题于不顾，全身心地像猎手一般守候着光影的变幻。

几乎在将近一年的时间里,莫奈创作了一系列干草堆的作品。这样的题材在艺术史上可以说是前无古人的,乍看之下也是难登大雅之堂且缺乏想象力的,但是莫奈却乐在其中。他以尖锐的目光,巨细靡遗地勾勒出落日余晖中和晨光初照下的稻草堆,以及雪中午后及山雨欲来前的稻草堆在光影中的差别,前前后后共画了二十几幅稻草堆,获得了巨大成功。人们被莫奈笔下的光的魔力所震撼了,一时间他的画供不应求,人人都想拥有一幅莫奈的稻草堆。尤其在大西洋彼岸正在蒸蒸日上的美国,更是对莫奈情有独钟,大批莫奈的作品被送往这个新世界。

△ 莫奈系列作品《夏季的干草堆》

自1890年开始,莫奈就很少再着手单件作品,而是只创作"系列"画了,除了稻草堆,他还陆续创作了"罂粟田"和"白杨树"系列。1894年,他来到了法国西北部的鲁昂,开始了他更为浩大的"教堂"系列。他在三个差距极小的角度下,持之以恒、孜孜不倦地描绘不同光线下的鲁昂大教堂。有时,某些光和气氛只能维持稍纵即逝的短短几分钟,工作十分辛苦。他写信给家里:"每天我都要添一些新的东西上去,每天都会发现一些没有看见的东西,太困难了……我累坏了,感觉像要撑不下去了……有一夜我做噩梦,梦见教堂把我压垮了……"

但是,莫奈还是以对绘画和光的无比热情,坚持了下来。这个系列,莫奈画了整整两年,共30幅巨作。随着这个系列的完成,评论界也赞美不断,尤其令莫奈兴奋的是他的老朋友克莱蒙梭的评价。克莱蒙梭是法国政坛举足轻重的政治活动家,素有"老虎"之称,他专门撰写了一篇《教堂的革命》,称颂莫奈"开启了人类感官和表达史上的新纪元"。

莫奈
——一个开启人类感官和表达史上新纪元的人

光的神殿

晚年的莫奈可以称得上是功成名就。他在巴黎西部的吉维尼买了一座庄园，这个庄园成了莫奈梦想中的天堂。他凭借顽强的意志，主宰和塑造这座庄园。他指定每一株植物的位置，确认每一处景物的构思。这座庄园和莫奈的生命已经合二为一了，进入这座庄园，就像进入了莫奈的世界。庄园中长满睡莲的池塘，则成了莫奈的灵魂，是莫奈生活和工作的重心。他叹息着："普天下能引起我兴趣的，只有我的画，和我的花……"

"我拼命创作，我要在我什么也看不见之前，把一切都画下来。"莫奈常常在一天内不同的时间、不同的天气和光线状态下，坐在池塘边巨大的白色阳伞下作画，身边大约同时有12幅画布围绕着他。的确，除了画和花，他是什么也不关心，什么也看不见了。

但是莫奈的眼睛已经支撑不下去了，严重的白内障折磨着他。最严重时，他已经分不清调色板上的各种颜料了。一个毕生在追逐光与影变化的艺术大师，他的视觉已经变得朦朦胧胧、模糊不清，还有什么比这更痛苦的呢？身边的亲友也在慢慢地一个一个地离开他。1911年，他的妻子离开了他。几年后，他最钟爱的长子也因病去世。到了1919年，在青年时期就与他心意相通的印象派大师雷诺阿也去世了。当年意气风发的印象派团体，至此硕果仅存的就只有莫奈一人。巨大的痛苦和强烈的悲哀笼罩着莫奈。

但是他仿佛已经停不下脚步了。1915年，莫奈开始专注于巨幅的睡莲作品。此时，显现在

莫奈系列作品《睡莲》

画布上的光与影已经再不是常人肉眼所能看见的色彩景象了，这是这位80岁老人心灵的光彩和思想的颜色。莫奈在用他的画笔打造一座"印象派的光之圣殿"。第一次世界大战结束后，莫奈主动要求献给法国政府8幅巨幅"睡莲"，以纪念和平的到来。1923年，在好友克莱蒙梭的劝说下，他顺利地接受了一次摘除白内障的手术，大师重新又看到了灿烂的色彩。他不顾自己年事已高，亲自设计构思了安置"睡莲"的场馆布置。这位意志坚强的老人豪情不减当年："我忘情地工作，满意于自己所做的一切。"

1926年12月5日，莫奈在吉维尼离开了人世，享年86岁。

（缪德民）

★ 王羲之

——一个被后世尊为"书圣"的人

书法，是汉字书写特有的传统艺术。一种文字的书写被尊崇为艺术，这与书写的工具和操作方式有密切的关系。在中国漫长的艺术史中，人们常常说书画同源，而书法家尤其被人们推崇。书法直至近代几乎是每一个文人所必备的基本技能。在汉字的一笔一画之中，书写人的素养、品性及心态，往往会不自觉地渗透其中。而这样一种大众型的艺术里，只有一人，被后世毫无争议地尊为"书圣"，从中可以想见上千年来中国文人对他的仰慕之情。他就是中国晋代伟大书法家王羲之。

王谢子弟

王羲之（303~361），字逸少，祖籍山东琅琊。出生于西晋惠帝太安二年。王羲之的有生之年，正是中华民族大动荡的"五胡乱华"时期，战祸不断，民不聊生。大批北方士族在凶悍的胡人威胁下，被迫背井离乡，来到江南，偏安一隅，建立了以"门阀士族"专权的东晋王朝。当时，北有外族虎视眈眈，内有门阀明争暗斗，东晋王朝未能给百姓带来安宁，皇权时常更替，王羲之一生就历经了九代帝王政权交替。而王羲之出身的琅琊王族，因在建立东晋王朝时立下大功，一时权倾朝野。当时一度有"王马共天下"之说。此中的"马"就是皇族"司马氏"，而王便是以王羲之的族伯、大将军、督导六州军事的王敦和从伯、宰相王导为首的琅琊王氏。

当时大批知识分子历经磨难，终于脱离了国破家亡的境遇，但他们对时局充满了失望和悲观。为了寻求心理平衡，他们只能流连于山水之中，荡涤胸襟；沉迷于艺术里，寄托心志。书法，这门远在周代就被列为"六艺"之一的古老艺术，在这个时期得到了极大的发展。东晋名士风流潇洒，崇尚自然的品性使得书法艺术中的篆、隶、真、行、草各书体得到了逐步的美化和完善。

当时东晋社会书风极盛，书法几乎成了名门子弟不可或缺的技艺，各门各派都希望在自己的笔下使这种技艺尽善尽美。而作为当时名噪一时的王家子弟，王羲之自然也不例外。当时的琅琊王氏，出了许多书法大家。据祝嘉《书学史》记载，东晋一代，有著名书法家113人，而王氏一族就占了其中的23人。就连权倾一时的王敦、王导，也都擅长书法。尤其是王羲之的叔父王廙，当时号称"江东书画第一"，对王羲之影响极大。

勤习苦练

王羲之幼年时才智并不出众，更非神童。据《晋书·王羲之》说："羲之幼讷于言，人未之奇。"他学习书法也不算很早，但是他求知欲极强，而且素有大志。王羲之12岁那年，发现自己的父亲王旷常常独自一人待在书房，拿出一本书来十分恭敬地研读，然后研磨写字，写完后再小心翼翼地将书藏好，态度极其虔诚和认真。他十分好奇，便趁父亲一次外出的机会，偷偷取出那本书来看。原来这本书是东汉大书法家蔡邕的著作《笔论》，这是一本传授书法笔

△ 王羲之父子所书"鹅池"

诀，掌握真书、行书技法的书法启蒙教材。王羲之看后如获至宝，认真研读后，茅塞顿开，马上按图索骥，不断临摹学习，他的书法在很短的时间内有

了长足的进步。王旷发现儿子在书法上的变化，便猜测一定是在偷习《笔论》，而这本书王旷本来是打算等王羲之长大一点时再传授给他的。他问了王羲之，并告诉儿子自己的一片苦心。不料，王羲之很坦率地承认了自己偷学《笔论》的事实后，十分诚恳地请求父亲，希望自己现在就开始学习，

▲ 王羲之故居的洗砚池

否则"待成人晚矣"。王旷看到儿子志向如此远大坚决，也就不再坚持，便答应了儿子的要求。王羲之正式得到《笔论》，从此，他便整天如饥似渴地临摹学习。功夫不负有心人，"不盈数月，书便大进"。

　　王羲之的书法之所以在日后如此出类拔萃，也和他少年时的启蒙老师卫夫人是分不开的。卫夫人姓卫名铄，是当时名扬天下的书法家，她师承钟繇，擅长隶书和楷书。卫夫人不但在书法上造诣不凡，在书法理论上也见解独到，她著有一篇书法专著，名叫《笔阵图》，对用笔、执笔有一套生动形象的描述，且将组合成汉字的七个主要笔画与变化万千的大自然结合起来，第一次提出在书法书写上要"多力丰筋"，把"筋""骨""肉"之说引入书论，使之成为书法审美范畴，为后世的创作和欣赏开辟了新的思路。王羲之在卫夫人的指导下，很快便青出于蓝，超越了自己的老师。之后他又跟他的叔父王廙学习行书、草书和飞白书。

　　王羲之习练书法极为刻苦。后世传说，由于他书写不倦，所用坏的毛笔堆积成山，而他家门前的池塘也因不断洗刷笔砚，以至于一池尽染，成了"笔山墨池"。由于他的勤奋，他的书法技艺很快就登峰造极，名冠一时。

儒雅风流

　　王羲之在中国书法发展史乃至于艺术史上影响都极大。上千年来，他的

许多事迹也被人们传颂,有的演变成许多脍炙人口的传说。据说他13岁时,拜见了当时以爱才知人而享誉一时的名士周顗。周顗德高望重,文人学士都以得到周顗的耳提面命或一字一句的褒奖为幸事。周老先生见了少年王羲之后,交谈几句,发现这个少年谈吐气度极为不凡,"察而异之"。到了晚宴之上,当着全体宾客的面,周顗亲自将烤牛心首先切给了王羲之,这在当时是极为尊崇的礼仪。一时间少年王羲之的大名不胫而走,就连一代枭雄、王羲之的堂伯王敦也不由得对这个后生另眼相看,拍着他的肩膀说:"汝乃吾家佳弟子。"

王羲之爱书画如痴如醉。民间传说他酷爱鹅,因为鹅白颈红冠,或引颈高歌,或在水中悠游自在,给王羲之在书画中的运笔技巧带来了许多启示,所以他买鹅养鹅,认真观察鹅的一举一动。有一位山中道人听说王羲之爱鹅成癖,故意养了一大群鹅,引得王羲之心痒不已,道士便以抄写《黄庭经》为条件,要求与王羲之交换,王羲之一口答应,花了半天时间,工工整整地用楷书抄写了《黄庭经》给道士,高兴地"笼鹅而归"。这个故事直到几百年后的唐代,都让李白、贺知章等大诗人惊艳不已,都留有诗作,记叙这段"黄庭换鹅"的佳话。

魏晋时的名人雅士儒雅风流,崇尚自然。王羲之也是如此,当时的太尉郗鉴想要为自己的爱女选一女婿,便想在门当户对的王家挑选一位青年才俊。当时王家子侄极多,听说当朝太尉要选女

⬆ 王羲之书写的黄庭经(唐人临本,北京故宫博物院藏)

婿，个个都想尽力表现，以图脱颖而出。王羲之当时虽也在场，却是心不在焉。当时天气热，他袒露着胸腹，斜靠在胡床上，一手还在指指划划，专心琢磨着书法的笔意，全没把太尉选婿一事放在心上，结果反而被郗鉴一眼看中，招之为婿。这个故事也成为"坦腹东床"和"东床快婿"两个成语的由来。

兰亭集序

王羲之23岁时出仕，永和七年（351年）任会稽内史、右军将军，所以王羲之也常被后人称为"王右军"。会稽郡物产丰富，交通发达，更兼山水清幽，风景秀丽，人杰地灵。王羲之十分喜爱这个地方。

永和九年（353年）农历三月初三，王羲之会集当时名人雅士谢安、谢万，高僧支道林，以及自己的幼子、后有"小王"之称的王献之，共42人集于会稽山阴的兰亭。大家仿古代赋诗饮酒"曲水流觞"的习俗，列坐于小溪两侧。有小童将斟满美酒的酒器置于水中，任其漂流，一旦酒杯停在某人身前，则必吟诗一首，否则就要罚酒三杯。待到集会快要结束，大家把聚会中的诗句收集起来，共推这次聚会的召集人王羲之写一篇序文，来纪念这次聚会。当时王羲之已经酒酣耳热，兴趣盎然，手执鼠须笔，在蚕纸上一气呵成，写就了这篇被传颂为"天下第一行书"的《兰亭集序》。

兰亭序全篇共28行，324个字，可以称是"字字珠玑，精妙绝伦"，全文中共有20个"之"字，7个"不"字，形态各异，无一雷同。后人称赞："《兰亭集序》字既精美，尤善布置，所谓增一分太长，亏一分太短。极有分寸，直无遗憾，变化多端，尽如人意。"事后，王羲之自己都觉得惊讶，曾经尝试书写了不下百遍《兰亭集序》，但都不能达到当初出神入化的艺术效果。纵贯王羲之一生，留下许多传世佳作，但是都不能与《兰亭集序》相提并论。这主要是因为王羲之别的作品，一般都只是抄写别人的文字，或者只是在生活中的信笺便条，而《兰亭集序》则是在一种良辰美景、赏心乐事之际，又兼嘉宾美酒的陪衬，他用自己最擅长的书体，写出了自己一生中最得意的文章，这才有了这篇书法艺术史上登峰造极、震古烁今的杰作。

《兰亭集序》

书圣千古

　　王羲之在艺术上脱俗超群，不拘一格，在政坛上耿直、严谨。在官场上他向来喜欢仗义执言，以"骨鲠"著称，所以朝廷和那些高官都不喜欢他，他的政治理念得不到赞同，在政治上很不得志。加之王羲之一方面对风雨飘摇的东晋时局很是悲观，而他个性飘逸潇洒，本来就对仕途不感兴趣。永和十一年（355年）三月初九，他独自走到父母的墓前，陈词告誓，并以一篇情真意切、自谦自责的《告誓文》宣告自己从此离开政坛，归隐山林。

　　王羲之一生受道家思想影响很大，而会稽山水怡人，名人雅士云集，所以他喜欢与志同道合的朋友优游山水，相互唱和，并有归隐之意。刚到会稽时，他就说："吾为逸民之怀久矣"。在他心目中，与其屈尊俯就他所不屑的上司官僚，不如与朋友们一起寄情山水，逍遥自在。直到6年之后，他临终之前，还遗命自己的几个儿子，不可接受朝廷对他的任何追封。

　　王羲之在世时，他的书法就深受人们的喜爱。随着时间的推移，他的名声

王羲之雕塑

与日俱增，南北朝时期的袁昂就赞美王羲之："王右军书字势雄强，如龙跳天门，虎卧凤阙，故历代宝之，永以为训。"到了唐代，唐太宗对王羲之的书法更是到了推崇备至、爱不释手的地步。他不但想方设法网罗了天下包括《兰亭集序》在内的几乎所有王羲之的墨迹，还常常临摹王羲之的作品，揣摩王羲之书法的奥妙，并亲自"御撰"了一篇《王羲之传论》，赞叹："旷观古今，堪称尽善尽美者，其惟王逸少乎！"

唐太宗还下旨命令手下的名家好手钩摹了数个副本，流传天下。他至死都念念不忘王羲之书法，下令将其全部陪葬昭陵。至今世人再无缘一见王羲之的真迹，只有二十多幅唐朝的摹本，供人怀想一代书圣"飘若浮云，娇若惊龙"的书法神韵。

（缪德民）